元脱脱等撰

宋史

第三一册

卷三三二至卷三四七（傳）

中華書局

宋史卷三百三十二

列傳第九十一

滕元發　李師中　陸詵子師閔　趙卨　孫路　游師雄　穆衍

滕元發初名甫，字元發。以避高魯王諱，改字爲名，而字達道，東陽人。將生之夕，母夢虎行月中，墮其室。性豪雋慷慨，不拘小節。九歲能賦詩，范仲淹見而奇之。舉進士，廷試第三，用聲韻不中程，罷，再舉，復第三。授大理評事、通判湖州。孫沔守杭，見而異之，曰：「奇才也，後當爲賢將。」授以治劇守邊之略。

召試，爲集賢校理、開封府推官、鹽鐵戶部判官、同修起居注。英宗書其姓名藏禁中，未及用。神宗卽位，召問治亂之道，對曰：「治亂之道如黑白、東西，所以變色易位者，朋黨汩之也。」神宗曰：「卿知君子小人之黨乎？」曰：「君子無黨，辟之草木，綢繆相附者必蔓草，非松柏也。朝廷無朋黨，雖中主可以濟；不然，雖上聖亦殆。」神宗以爲名言，太息久之。

進知制誥、知諫院。御史中丞王陶論宰相不押班爲跋扈，神宗以問元發，元發曰：「宰相固有罪，然以爲跋扈，則臣以爲欺天陷人矣。」拜御史中丞。种諤擅築綏州，且與薛向發諸路兵，環、慶、保安皆出剽掠，夏人誘殺將官楊定。元發上疏極言諒祚已納款，不當失信，邊隙一開，兵連民疲，必爲內憂。又中書、樞密制邊事多不合，中書賞戰功而樞密降約束，樞密詰修堡而中書降褒詔。元發言：「戰守，大事也，而異同如是，願敕二府必同而後下。」宰相以其子判鼓院，諫官謂不可。神宗曰：「鼓院傳達而已，何與於事。」元發曰：「人有訴宰相，使其子達之，可乎？」神宗悟，爲罷之。

京師郡國地震，元發上疏指陳致災之由，大臣不悅，出知秦州。神宗曰：「秦州，非朕意也。」留不遣。館伴契丹使楊興公，開懷與之語，興公感動，將去，泣之而別。河北地大震，命元發爲安撫使。時城舍多圮，吏民懼壓，皆幄寢茇舍，元發獨處屋下，曰：「屋摧民死，吾當以身同之。」瘞死食饑，除田租，修隄障，察貪殘，督盜賊，北道遂安。除翰林學士、知開封府。民王穎有金爲隣婦所隱，閱數尹不獲直。穎憤而致傴，扶杖訴于庭。元發一問得實，反其金，穎投杖仰謝，失傴所在。

夏國主秉常被篡，元發言：「繼遷死時，李氏幾不立矣。當時大臣不能分建諸豪，乃以全地王之，至今爲患。今秉常失位，諸將爭權，天以此遺陛下，若再失此時，悔將無及。請擇立一賢將，假以重權，使經營分裂之，可不勞而定，百年之計也。」神宗奇其策，然不果用。

元發在神宗前論事，如家人父子，言無文飾，洞見肝鬲。神宗知其誠藎，事無巨細，人無親疏，輒皆問之。元發隨事解答，不少嫌隱。王安石方立新法，天下洶洶。恐元發有言〔一〕，神宗信之也，因事，以翰林侍讀學士出知鄆州。徙定州。初入郡，言新法之害，且曰：「臣始以意度其不可耳，既爲郡，乃親見之。」歲旱求言，又疏奏：「新法害民者，陛下既知之矣，但下一手詔，應熙寧三年以來所行有不便者，悉罷之，則民心悅而天意解矣。」皆不聽。

歷青州、應天府、齊鄧二州。會婦黨李逢爲逆，或因以擠之，黜爲池州，未行，改安州。流落且十歲，猶以前過貶居筠州。或以爲復有後命，元發談笑自若，曰：「天知吾直，上知吾忠，吾何憂哉。」遂上章自訟，有曰：「樂羊無功，謗書滿篋；卽墨何罪，毀言日聞。」神宗覽之惻然，卽以爲湖州。

哲宗登位，徙蘇、揚二州，除龍圖閣直學士，復知鄆州。學生食不給，民有爭公田二十年不決者，元發曰：「學無食而以良田飽頑民乎？」乃請以爲學田，遂絕其訟。時淮南、京東饑，元發慮流民且至，將蒸爲癘疫。先度城外廢營地，召諭富室，使出力爲席屋，一夕成二

千五百間，井竈器用皆具。民至如歸，所全活五萬。徙眞定，又徙太原

元發治邊凜然，威行西北，號稱名帥。河東十二將，其八以備西邊，分半番休。元發至之八月，邊遽來告，請八將皆防秋。元發曰：「夏若併兵犯我，雖八將不敵；若其不來，四將足矣。」卒遣更休。防秋將懼，扣閤爭之。元發指其頸曰：「吾已舍此矣，頭可斬，兵不可出。」是歲，塞上無風塵警。詔以四砦賜夏人，葭蘆在河東，元發請先畫境而後棄，且曰：「取城易，棄城難。」命部將訾虎領兵護邊，夏不敢近。夏既得砦，又欲以綏德城爲說，畫境出二十里外。元發曰：「是一舉而失百里，必不可。」九上章爭之。

以老力求淮南，乃爲龍圖閣學士，復知揚州，未至而卒，年七十一，贈左銀青光祿大夫，謚曰章敏。

李師中字誠之，楚丘人。年十五，上封事言時政。父緯爲涇原都監，夏人十餘萬犯鎭戎，緯帥兵出戰，而帥司所遣別將郭志高逗遛不進，諸將以衆寡不敵，不敢復出，緯坐責降。師中詣宰相辯父無罪，時呂夷簡爲相，詰問不屈，夷簡怒，以爲非布衣所宜言。對曰：「師中所言，父事也。」由是知名。

舉進士，鄜延龐籍辟知洛川縣。民有罪，妨其農時者必遣歸，令農隙自詣吏。令當下者榜于民，或召父老諭之。租稅皆先期而集。民負官茶直十萬緡，追繫甚衆，師中爲脫桎梏，語之曰：「公錢無不償之理，寬與汝期，可乎？」皆感泣聽命。乃令鄉置一匱，籍其名，許日輸所負，一錢以上輒投之，書簿而去。比終歲，逋者盡足。官移諸郡粟於邊，已而反之，盛冬大雪，勞且費，至賤售予兼并家。師中令過縣願輸者聽，躬坐庾門，執契以須，數日，得萬斛。使下其法於他縣。嘗出鄉亭，見戎人雜耕，皆兵興時入中國，人藉其力，往往結爲婚姻，久而不歸。師中言若輩不可雜處，言之經略使，并索旁郡者，徙諸絕塞。

龐籍爲樞密副使，薦其才。召對，轉太子中允、知敷政縣，權主管經略司文字。夏人以歲賜緩，移邊曰：「願勿逾歲暮。」詔吏報許，師中吏牒曰：「如故事。」樞密院劾爲擅改制書，師中曰：「所改者郡牒耳，非制也。」朝廷是之，薄其過。

提點廣西刑獄。桂州靈渠故通漕，歲久石窒舟滯，師中即焚石，鑿而通之。邕管有馬軍五百，馬不能夏，多死。師中謂地皆險阻，無所事騎，奏罷之。土人補攝官，銓授無法，權在吏。悉記其名，使待除于家。

初，邕州蕭注、宜州張師正謀啓邊釁，注欲以所管蠻峒酋豪往討交阯，云不用朝廷兵食。詔下經略使蕭固、轉運使宋咸，二人爲注所餌，合詞稱便，而師中至，詔以注奏付之。

師中邀注來，難之曰：「君以酋豪伐交阯，能保必勝乎？」曰：「不能。」師中曰：「既不能保必勝，脫有敗衄，奈何？」注知不可，遂罷議。會蠻徭申紹泰入追亡者，害巡檢宋士堯，注又張皇爲駭奏，仁宗爲之旰食。師中言無足憂，因劾注邀功生事，掊斂失衆心，卒致將率敗覆，按法當斬。於是注責泰州安置，幷按固、咸，皆坐貶。師中攝帥事。交阯耀兵於邊，聲言將入寇。師中方宴客，飲酒自若，草六榜揭境上，披以其情得，不敢動，卽日貢方物。紹泰懼，委巢穴遁去。儂智高子宗旦保火峒，衆無所屬，前將規討以幸賞，遂固守。師中檄諭禍福，立率其族以地降。邊人化其德，多畫象立祠以事，稱爲桂州李大夫，不敢名。

還，知濟、兗二州。濟水堙塞久，師中訪故道，自兗城西南啓鑿之，功未半而去。遷直史館、知鳳翔府。种諤取綏州，師中言：「西夏方入貢，叛狀未明，恐彼得以藉口，徒啓其釁端也。」鄜延路覘知西夏駐兵綏、銀州，檄諸路當牽制，師中疏論牽制之害。時諸將皆請行，師中曰：「不出兵，罪獨在帥，非諸將憂也。」既而此舉卒罷。

熙寧初，拜天章閣待制、河東都轉運使。西人入寇，以師中知秦州。詔賜以班超傳，師中亦以持重總大體自處。前此多屯重兵於境，寇至則戰，嬰其銳鋒，而內無以遏其入。師中簡善守者列塞上，而使善戰者中居，令諸城曰：「卽寇至，堅壁固守；須其去，出戰士尾襲之。」約束既熟，常以取勝。

王韶築渭、涇上下兩城，屯兵以脅武勝軍，撫納洮、河諸部。下師中議，遂言：「今修築必廣發兵，大張聲勢，及令蕃部納土，招弓箭手，恐西蕃及洮、河、武勝軍部族生疑。今不若先招撫青唐、武勝及洮、河諸族，則西蕃族必乞修城砦，因其所欲，量發兵築城堡，以示斷絕夏人鈔略之患，部人必歸心。唐於西域，每得地則建爲州，其後皆陷失，以淸水爲界。大抵根本之計未實，腹心之患未除，而勤遠略、貪土地者，未有不如此者。」詔師中罷帥事。

韶又請置市易，募人耕緣邊曠土，師中奏阻其謀。王安石方主韶，坐以奏報反覆罪，削職知舒州。徙洪、登、齊，復待制、知瀛州。又乞召司馬光、蘇軾等置左右。師中言時政得失，又自稱薦曰：「天生微臣，蓋爲聖世，有臣如此，陛下其舍諸。」呂惠卿駁其語，以爲罔上，遂貶和州團練副使安置。還右司郎中，卒，年六十六。

師中始仕州縣，邸狀報包拯參知政事，或云朝廷自此多事矣。師中曰：「包公何能爲，今鄞縣王安石者，眼多白，甚似王敦，他日亂天下，必斯人也。」後二十年，言乃信。

其志尚甚高，每進見，多陳天人之際、君臣大節，請以進賢退不肖爲宰相考課法。在官不貴威罰，務以信服人，至明而恕。去之日，民擁道遮泣，馬不得行。杜衍、范仲淹、富弼皆薦其有王佐才。然好爲大言，以故不容于時而屢黜，氣未嘗少衰。

陸詵字介夫，餘杭人。進士起家，簽書北京判官。貝州亂，給事不乏興；賊平，又條治其獄，無濫者。加集賢校理、通判秦州。范祥城古渭，詵主餽餉，具言：「非中國所恃，而勞師屯戍，且生事。」既而諸羌果怒爭，塞下大擾，經二歲乃定。

判太常禮院、吏部南曹，提點開封縣鎮。咸平龍騎軍皆故羣盜，牢廩不時得，毆涖給官，還營不自安，大校柴元煽使亂。詔詵往視，許元以不死，命取始禍者自贖，衆皆帖然。

提點陝西刑獄。時鑄錢法壞，議者欲變大錢當一，詵言：「民間素重小銅錢而賤大鐵錢，他日以一當三猶輕之，今減令均直，大錢必廢。請以一當二，則公私所損亡幾，而商賈可以通行；兼盜鑄者計其直無贏，將必自止。」從之。

徙湖南、北轉運使，直集英院，進集賢殿修撰、知桂州。奏言：「邕去桂十八驛，異時經略使未嘗行飭武備，臣願得一往，使羣蠻知省大將號令，因以聲震南交。」詔可。自儂徭定後，交人浸驕，守帥常姑息。詵至部，其使者黎順宗來，偃蹇如故態。詵絀其禮，召問折謫，導以所當爲，懾伏而去。詵遂至邕州，集左、右江四十五峒首詣麾下，閱簡工丁五萬，補置將吏，更鑄印給之，軍聲益張。交人滋益恭，遣使入貢。召爲天章閣待制、知諫院，命張田代之，英宗戒以毋得改詵法。

道除知延州，趣入覲，帝勞之曰：「卿在嶺外，施設無不當者。鄜延最當敵要，今將何先？」對曰：「邊事難以險度，未審陛下欲安靜邪，將威之也？」帝曰：「大抵邊陲當安靜。昨王素爲朕言，惟朝廷與帥臣意如此；至如諸將，無不貪功生事者。卿謂何如？」詵曰：「素言是也。」諒祚寇慶州，以敗還，聲言益發人騎，且出嫚辭，復攻圍大順城。詵謂由積習致然，不稍加折誚，則國威不立。乃留止請時服使者及歲賜，而移宥州問故。帝喜曰：「固知詵能辦此。」諒祚聞之大沮，盤旋不敢入，乃報言：「邊吏擅興兵，今誅之矣。」朝廷遣何次公持詔書諭告，詵以爲未可。明年，又乞留賜多服及大行遺留二使，而自以帥牒告之故。諒祚始因詵謝罪，共貢職。

銀州監軍嵬名山與其國隙，扣青㵎城主种諤求內附，諤以狀聞，遂欲因取河南地。詵曰：「數萬之衆納土容可受，若但以衆來，情僞未可知，且安所置之。」戒諤毋妄動。諤持之力，詔詵召諤問狀，與轉運使薛向議撫納。詵、向言：「名山誠能據橫山以扞敵，我以刺史世封之，使自爲守，故爲中國之利。今無益我而輕啓西釁，非計也。」乃共畫三策，令幕府張穆之人奏，而穆之陰受向指，詭言必可成。神宗意詵不協力，徙知秦、鳳。諤遂發兵取綏州，詵欲理諤不稟節制之狀，未及而徙。詵馳見帝，請棄綏州而上諤罪，帝愈不懌，罷知晉州。既諤抵罪，向、穆之皆坐貶，以詵知眞定，改龍圖閣學士、知成都。

青苗法出，詵言：「蜀峽刀耕火種，民常不足。今省稅科折已重，其民輕侈不爲儲積，脫歲儉不能償逋，適陷之死地，願罷四路使者。」詔獨置成都府一路。熙寧三年，卒，年五十九。子師閔。

師閔以父任爲官。熙寧末，李稷提舉成都路茶場，辟幹當公事；不三年，提舉本路常平，遂居稷職。在蜀茶額三十萬，稷既增而五之，師閔又衍爲百萬。稷死，師閔訟其前功，乞賜之土田。詔賜稷十頃，進師閔都大提舉成都、永興路榷茶，位視轉運使。又兼買馬、監牧，事權震灼，建請無不遂志，所行職事，他司莫預聞。

茶禍既被於秦、蜀，又欲延荆、楚、兩河，神宗不許。元祐初，用御史中丞劉摯言，遣黃廉入蜀訪察。右司諫蘇轍論其六害，謂：「李稷引師閔共事，增額置場，以金銀貨拘民間物折博，賤取而貴出之，其害過於市易。自法始行，至今四變，利益深，民益困。立法之虐，未有甚於此者。」廉奏至，如轍所陳。乃貶師閔主管東嶽廟。

久之，起知蘄州。會復置常平官，李淸臣在中書，卽以師閔使河北。尋加直祕閣，復領秦、蜀茶事，於是一切如初。又使掾屬詣闕奏券馬事，安燾〔二〕、韓忠彥議頗異，獨曾布以爲然，曰：「但行之一年，而以較綱馬，利害卽可見矣。」師閔遂請令蕃漢商人願持馬受券者，於熙、秦兩路印驗價給之，而請直于太僕，若此券盛行，則買馬場可罷。既用其策，明年，太僕會綱馬之籍，死者至什二，而券馬所損纔百分一。詔獎之，賜以金帛。改陝西轉運使，加集賢殿修撰、知秦州。

諸道方進築被爵賞，師閔在秦無所事，怏怏不釋。曾布議使督本部兵赴熙河共攻，師閔承命踊躍，集兵四萬以待。而章惇陰諷熙帥鍾傳先出塞，敕師閔聽傳節制，築淺井，又築乩囉，皆不成而還。傳更檄會兵于顛耳關，未至復卻。秦鳳之師再出再返，勞且弊，言者乞加責，不聽。

旋進寶文閣待制，召爲戶部侍郎。未及拜，坐秦州詐增首虜事，落職知鄆。未幾，還之。歷河南、永興軍、延安府，卒。

趙卨字公才，邛州依政人。第進士，爲汾州司法參軍。郭逵宣撫陝西，辟掌機宜文字。种諤擅納綏州降人數萬，朝廷以其生事，議誅諤，反故地歸降人，以解仇釋兵。卨上疏曰：「諤無名興舉，死有餘責。若將改而還之，彼能聽順而亡絕約之心乎？不若諭以彼衆餓莩，投死中國，邊臣雖擅納，實無所利，特以往年俘我蘇立、景詢輩爾。可遣詢等來，與降人交歸，各遵紀律，而疆場寧矣。如其蔽而不遣，則我留橫山之衆，未爲失也。」

又徙逵帥鄜延，爲逵移書執政，請存綏州以張兵勢，先規度大理河川，建堡砦，畫稼穡之地三十里，以處降者。若棄綏不守，則無以安新附之衆。援种世衡招蕃兵部敵屯青澗城故事。朝廷從之，活降人數萬，爲東路捍蔽。

熙寧初，夏人誘殺知保安軍楊定等，既而以李崇貴、韓道喜來獻，且請和。朝廷欲官其任事之酋，鐫歲賜以爲俸給，因使納塞門、安遠二砦而還綏州。禼言：「綏實形勢之地，宜增廣邊障，乃無窮之利。若存綏以觀其變，計之得也。」神宗召問狀，對曰：「綏之存亡，皆不免用兵。降二萬人入吾肝脾，釁隙已深，不可亡備。」神宗然之。除集賢校理。

夏人犯環慶，後復來賀正。禼請邊吏離其心腹，因以招橫山之衆，此不戰而屈人兵也。遷提點陝西刑獄。韓絳宣撫陝西，河東兵西討，禼爲絳言：「大兵過山界，皆砂磧，乏善水草，又亡險隘可以控扼，今切危之。若乘兵威招誘山界人戶，處之生地，當先經畫山界控扼之地，然後招降；不爾，勞師遠攻，未見其利。」絳欲取橫山，納种諤之策，遂城囉兀，以禼權宣撫判官。諤趣河東兵會銀川，規以後期斬將。禼白絳，令諤自往中路迎東兵。諤懼違節制，乃不敢逞。加直龍圖閣、知延州。

夏人屢欲款塞，每以虛聲搖邊。詔問方略，禼審計形勢，爲破敵之策以獻。遣裨將曲珍、呂眞以兵千人分巡東西路。夏人方以四萬衆自間道欲取綏，道遇珍，皇駭亟戰，眞繼至，夏衆敗走。夏自失綏，意未能已。卨揣知其情，奏言：「夏使請和，必欲畫綏界，願聽本路經略司分畫；歲賜，則俟通和之日復焉。」明年，遂用卨策，以綏爲綏德城。

初，鄜延地皆荒瘠，占田者不出租賦，倚爲藩蔽。寶元用兵後，凋耗殆盡，其曠土爲諸酋所有。卨因招問曰：「往時汝族戶若干，今皆安在？」對：「大兵之後，死亡流散，其所存止此。」卨曰：「其地存乎？」酋無以對。卨曰：「聽汝自募丁，家使占田充兵，若何？吾所得者人爾，田則吾不問也。」諸酋皆感服歸募，悉補亡籍。又檢括境內公私閑田，得七千五百餘頃，募騎兵萬七千。卨以異時蕃兵提空簿，漫不可攷，因議涅其手。屬歲饑，卨令蕃兵願刺手者，貸常平穀一斛，於是人人願刺，因訓練以時，精銳過於正兵。神宗聞而嘉之，擢天章閣待制。

交阯叛，詔爲安南行營經略、招討使，總九將軍討之，以中官李憲爲貳。卨與議不合，請罷憲。神宗問可代者，卨以郭逵老邊事，願爲裨贊，於是以逵爲宣撫使，卨副之。逵至，輒與卨異：卨欲乘兵形未動，先撫輯兩江峒丁，擇壯勇啖以利，使招徠攜貳，隳其腹心，然後以大兵繼之，逵不聽；卨又欲使人齎敕榜入賊中招納，又不聽。遂令燕達先破廣源，復還永平。卨以爲廣源間道距交州十二驛，趣利掩擊，出其不意，川途並進，三路致討，勢必分潰，固爭不能得。賊乘緩遂據江列戰艦數百艘，官軍不能濟。卨分遣將吏伐木治攻具，機石如雨，其艦被擊，皆廢。徐以罷卒致賊，設伏擊之，斬首數千級，馘其渠酋，遂皆降。逵怍於玩寇，乃移疾先還〔三〕。逵既坐貶，卨亦以不卽平賊，降爲直龍圖閣、知桂州。後復天章閣待制、權三司使。

時西師大舉，五路並進，以卨爲河東轉運使，領降卒赴鄜延餉种諤軍。諤抵罪，卨又坐餽輓不給，黜知相州。既而鐫職知淮陽軍，居數月，盡復故職。

知慶州。羌哆名昌詭稱送幣，將入寇，卨知蕃主白信可使，信適以罪係獄。破械出之，告以其故，約期日使往，果縛取以歸。明年，夏人欲襲取新壘，大治攻械。卨具上撓夏計。及夏侵蘭州，卨遣曲珍將兵直抵鹽韋，俘馘千，驅孳畜五千。其酋槐厥嵬名宿兵於賀蘭原，時出攻邊，卨遣將李照甫、蕃官歸仁各將兵三千左右分擊，耿端彥兵四千趍賀蘭原，戒端彥曰：「賀蘭險要，過嶺，則砂磧也。使敵入平夏，無繇破之。」又選三蕃官各輕兵五百，取間道出敵砦後，邀其歸路。端彥與戰賀羅平，敵敗，果趍平夏。千兵伏發，敵駭潰，斬馘甚衆，生擒嵬名，斬首領六，獲戰馬七百，牛羊、老幼三萬餘。遷龍圖閣直學士，復帥延安。

元祐初，梁乙埋數擾邊，卨知夏將入侵，檄西路將劉安、李儀曰：「夏卽犯塞門，汝徑以輕兵擣其腹心。」後果來犯，安等襲洪州，俘斬甚衆，夏遂入貢。既而以重兵壓境，諸將亟請益戍兵爲備，禼徐諭之曰：「第謹斥堠、整戈甲，無爲寇先，戍兵不可益也。」因遣人詰夏，夏兵遂去。遷樞密直學士。

乙埋終不悛。使間以善意問乙埋：「何苦與漢爲仇。必欲寇，第數來，恐汝所得不能償所亡，洪州是也。能改之，吾善遇汝。」遺之戰袍、錦綵，自是乙埋不復窺塞。禼乃縱間，國中疑而殺之。

五年，拜端明殿學士，遷太中大夫。夏遣使以地界爲請，朝廷許還葭蘆、米脂、浮屠、安疆四砦，以禼領分畫之議。夏既得四砦，猶未有恭順意，未幾復犯涇原。會禼卒，年六十五，贈右光祿大夫。紹聖四年，以禼與元祐棄地議，係其名于黨籍。

孫路字正甫，開封人。進士及第。元豐中，爲司農丞。鄧潤甫薦爲御史，召對，其言不合新政，神宗語輔臣以爲不可用，下遷主簿。路鞅鞅不釋，求通判河州，徙蘭州。夏人入寇，論扞禦功，進五階，除陝西轉運判官。

元祐初，爲吏部、禮部員外郎，侍講徐王府。司馬光將棄河、湟，邢恕謂光曰：「此非細事，當訪之邊人，孫路在彼四年，其行止足信，可問也。」光亟召問，路挾輿地圖示光曰：「自通遠至熙州纔通一徑，熙之北已接夏境，今自北關辟土百八十里，瀕大河，城蘭州，然後可以扞蔽。若捐以予敵，一道危矣。」光憣然曰：「賴以訪君，不然幾誤國事。」議遂止。

遷右司郎中，以直龍圖閣知慶州。章惇柄國，復議取棄地。時諸道相視未進，路聲言修舊壘，載器甲樓鹵，頓大順城下，夜半趍安疆，遲明據之，六日而城完。加寶文閣待制，遂築興平、橫山。進龍圖閣直學士，徙知熙州。

涇原城西安，詔出師牽制其勢。路卽將衆臨會州，遂建取靑唐之策。大將王愍、王贍擣邈川，贍先至，下之。愍與爭功，路右愍，顓屬以兵；贍有請，輒弗應。贍訴諸朝，召拜路兵部尙書，以龍圖閣學士知成都。未行，坐他事削職，知興國軍。徽宗立，歷太原、河南、永興軍、河中府，卒。

游師雄字景叔，京兆武功人。學於張載，第進士。爲儀州司戶參軍，遷德順軍判官。鄜延將劉璯與主帥議戰守策，欲自延安入安定、黑水，師雄以地薄賊境，懼有伏，請由他道。旣而諜者言夏伏精騎於黑水傍，璯謝曰：「微君言，吾不返矣。」

趙卨帥延安，辟爲屬。時夏人擾邊，戍兵在別堡，龍安以北諸城兵力咸弱，卨患之。師雄請發義勇以守，多聚石城上，待其至。夏人知有備，不敢入，但襲荒堆、三泉而還。歲饑，行諸壘振貸，計口賦粮，人無殍亡。運石瑩甲，深溝繕城，邊備益固。

元祐初，爲宗正寺主簿。執政將棄四砦，訪於師雄。師雄曰：「此先帝所立，以控制夏人者也，若何棄之，不惟示中國之怯，將起敵人無厭之求。儻瀘、戎、荆、粤視以爲請，亦將與之乎？萬一燕人遣一乘之使，來求關南十縣，爲之奈何？」不聽。因著分疆錄。遷軍器監丞。

吐蕃寇邊，其酋鬼章青宜結乘間脅屬羌構夏人爲亂，謀分據熙河。朝廷擇可使者與邊臣措置，詔師雄行，聽便宜從事。既至，諜知夏人聚兵天都山，前鋒屯通遠境。吐蕃將攻河州，師雄欲先發以制之，請於帥劉舜卿。舜卿曰：「彼衆我寡，奈何？」師雄曰：「在謀不在衆。脫事不濟，甘受首戮。」議三日乃定，遂分兵爲二，姚兕將而左，种誼將而右。兕破六逋宗城，斬首千五百級，攻講朱城，斷黃河飛梁，青唐十萬衆不得度。誼破洮州，擒鬼章及大首領九人，斬首千七百級。捷書聞，百僚表賀，遣使告永裕陵。將厚賞師雄，言者猶以爲邀功生事，止遷一官，爲陝西轉運判官、提點秦鳳路刑獄。

夏人侵涇原，復入熙河，師雄言：「蘭州距賊一舍，通遠不百里，非有重山複嶺之阻。宜於定西、通渭之間建汝遮〔四〕、納迷、結珠三栅，及護耕七堡〔五〕，以固藩籬，此無窮之利也。」

詔付范育，皆如初議。

入拜祠部員外郎，加集賢校理，爲陝西轉運使。內地移粟於邊，民以輦僦爲病。師雄言：「往者邊土不耕，仰給於內，今積粟已多，軍食自足，宜令內地量轉輸致之直，以免大費。」報可。召詣闕，哲宗勞之曰：「洮州之役，可謂雋功，但恨賞太薄耳。」對曰：「皆上稟廟算，臣何力之有焉。唯當時將士勳勞未錄，此爲欠也。」因陳其本末。拜衞尉少卿。哲宗數訪邊防利病，師雄具慶曆以來邊臣施置之臧否，朝廷謀議之得失，及方今禦敵之要，凡六十事〔六〕，名曰紹聖安邊策，上之。

出知邠州，改河中府，進直龍圖閣、知秦州，未至，詔攝熙州。以夏人擾邊，詔使者與熙帥、秦帥共謀之。使者銳於討擊，師雄謂：「進築城壘以自蔽，席卷之師未應深入也。」上章爭之，不報。既而使者知攻取之難，卒用師雄策。

自復洮州之後，于闐、大食、佛林、邈黎諸國皆懼，悉遣使入貢。朝廷令熙河限其二歲一進。師雄曰：「如此，非所以來遠人也。」未幾還秦，徙知陝州。卒，年六十。師雄慷慨豪邁，有志事功，議者以用不盡其材爲恨。

穆衍字昌叔，河內人，徙河中。第進士，調華池令。民牛爲仇家斷舌而不知何人，訟于縣，衍命殺之。明日，仇以私殺告，衍曰：「斷牛舌者乃汝耶？」訊之具服。

後知淳化，耀之屬縣。衍從韓絳宣撫陝西，遇慶卒潰亂，衍念母在耀，亟謁歸，信宿走七驛。比至，慶卒嘗戍華池，知衍名，不敢近。時諸郡捕賊兵糧糒無以給，遂擅發常平倉，且懼得罪。衍曰：「饑之不恤，則吾兵將爲慶卒矣。」衍考課爲一路最。

元豐中，种諤西征，參其軍事。諤第賞，以死事爲下。衍曰：「此非所以勸忠也。」力爭之。諤還入塞，詔往靈武援渭、慶兩軍。將行，衍曰：「吾兵惰，歸未及解甲，安能犯不測於千里外哉？」諤乃止。同幕畏罪，陽謝衍曰：「師不再舉，君之力也。」衍識其意，曰：「全萬衆之命，以一身塞責，衍無憾焉。」

元祐初，大臣議棄熙、蘭，衍與孫路論疆事，以爲「蘭棄則熙危，熙棄則關中震。唐自失河、湟，西邊一有不順，則警及京都。今二百餘年，非先帝英武，孰能克復。若一旦委之，恐後患益前，悔將無及矣」。議遂止。改陝西轉運判官，金部、戶部員外郎。

熙河分畫未決，詔衍視之。還言：「質孤、勝如據兩川美田，實彼我必爭之地，自西關失利，遂廢不守。請界二壘之間，城李諾平以控要害，及他城堡皆起亭障，以通涇原。」明年，遂城李諾，名曰定遠。三遷左司郎中。

紹聖初，以直祕閣爲陝西轉運使，加直龍圖閣、知慶州，徙延安，又徙秦州，未行而卒。年六十三。敕河中官庀其葬，後追錄不棄蘭州議，官其一子。

論曰：自熙寧至於紹聖，四方之事多矣。夏人乍服乍叛，其地或予或奪，廟堂之上，論靡有定，相爲短長，元發、師中輩七人，一時謀謨，蓋可考也。元發論君子小人，言簡而盡，足動人主，而神宗惑安石之言，竟弗之悟。師中豫識安石於鄞令，以爲目肖王敦，將亂天下，蓋又先於呂誨矣。詵能鎮撫西夏，又能靖交阯之難，誠有禦邊之才；其子師閔爲時籠利，無足取者。趙卨狃於西陲之勝，取敗南裔，後獲嵬名，庶足自贖。朝臣議棄河、湟，孫路以一言止之，使司馬光自悔幾於誤國；及取青唐，下邈川，可驗其能，然右王愍而困王贍，非大將之器也。游師雄之禽鬼章，復洮州，以致諸國入貢，校之諸將，其功獨爲雋偉。衍爲政得民心，既去而亂兵不忍驚其母，德之足以感人，有如是夫。

校勘記

〔一〕恐元發有言　「恐」原作「然」，據東都事略卷九一本傳改。

〔二〕安壽　疑爲「安燾」之訛。燾，本書卷三二八有傳。

〔三〕乃移疾先還　「還」字原脫，據東都事略卷九一趙卨傳補。

〔四〕汝遮　原作「安遮」，據本書卷四八六夏國傳、張舜民畫墁集補遺游師雄墓誌銘改。參考本書卷八七地理志。

〔五〕七堡　原作「七垩」，據同上書同卷同篇改。

〔六〕凡六十事　畫墁集補遺游師雄墓誌銘作「一十六事」。

宋史卷三百三十三

列傳第九十二

楊佐　李兌從弟先　沈立　張掞　張燾　俞充　劉瑾
閻詢　葛宮　張田　榮諲　李載　姚渙　朱景子光庭
李琮　朱壽隆　盧士宏　單煦　楊仲元　余良肱　潘夙

楊佐字公儀，本唐靖恭諸楊後，至佐，家于宣。及進士第，爲陵州推官。州有鹽井深五十丈，皆石也，底用柏木爲榦，上出井口，垂綆而下，方能及水。歲久榦摧敗，欲易之，而陰氣騰上，入者輒死；惟天有雨，則氣隨以下，稍能施工，晴則亟止。佐敎工人以木盤貯水，穴竅灑之，如雨滴然，謂之「雨盤」。如是累月，井榦一新，利復其舊。

累遷河陰發運判官，幹當河渠司。皇祐中，汴水殺溢不常，漕舟不能屬。佐度地鑿瀆以通河流，於是置都水監，命佐以鹽鐵判官同判。京城地勢南下，涉夏秋則苦霖潦，佐開永通河，疏溝澮出野外，自是水患息。又議治孟陽河，議者謂不便。佐言：「國初歲轉京東粟數十萬，今所致亡幾，儻不濬復舊跡，後將廢矣。」乃從其策。

出爲江、淮發運使。孟陽之役，調民七、八千，夷丘墓百數，怨聲盈塞。詔開封鞫治，官吏獨捨佐不問。糾察刑獄劉敞請加貶黜，不聽。召爲鹽鐵副使，拜天章閣待制，復判都水，知審官院，權發遣開封府。

嘗使契丹，虜饋以方物，書獨稱名。英宗升遐，奉遺留物再往使，卒于道，年六十一。詔護喪歸，賻以黃金，恤其家。

李兌字子西，許州臨潁人。登進士第，由屯田員外郎爲殿中侍御史。按齊州叛卒，獄成，有欲夜篡囚者，兌以便宜斬之，人服其略。

張堯佐判河陽，兌言堯佐素無行能，不宜以戚里故用。改同知諫院。狄青宣撫廣西，入內都知任守忠爲副，兌言以宦者觀軍容，致主將掣肘，非計。仁宗爲罷守忠。太常新樂成，王拱辰以爲十二鐘磬一以黃鐘爲律，與古異，胡瑗及阮逸亦言聲不能諧。詔近臣集議，久而不決。兌言：「樂之道廣大微妙，非知音入神，詎容輕議。願參新舊，但取諧和近雅者，合而用之。」進侍御史知雜事，擢天章閣待制、知諫院。轉運使制祿與郡守殊，時有用彈劾奪節及老疾請郡者，一切得仍奉稍。兌言非所以勸沮，乃詔悉依所居官格。兌在言職十年，凡所論諫，不自表襮，故鮮傳世。

出知杭州，帝書「安民」二字以寵。徙越州，加龍圖閣直學士、知廣州，南人謂自劉氏納土後，獨兌著淸節。還知河陽，帝又寵以詩。徙鄧州。富人榜僕死，係頸投井中而以縊爲解。兌曰：「既赴井，復自縊，有是理乎？必吏受賕敎之爾。」訊之果然。

兌歷守名郡，爲政簡嚴，老益精明。自鄧歸，泊然無仕宦意。對便殿，力丐退，英宗命無拜，以爲集賢院學士、判西京御史臺。積官尙書右丞，轉工部尙書致仕。卒，年七十六，謚曰莊。從弟先。

先字淵宗，起進士，爲虔州觀察推官，攝吉州永新令。兩州俗尙訟，先爲辨枉直，皆得其平。

知信州、南安軍，撫楚州，歷利、梓、江東、淮南轉運使。壽春民陳氏施僧田，其後貧弱，往丐食僧所而僧逐之，取僧園中筍，遂執以爲盜。先詰其由，奪田之半以還之。所至治官如家，人目以俚語：在信爲「錯安頭」，謂其無貌而有材也；在楚爲「照天燭」，稱其明也。楚有民迫於輸賦，殺牛鬻之。里胥白于官，先愍焉，但令與杖。通判孫龍舒以爲徒刑，毀其様。明日龍舒來，先引囚曰：「汝罪應杖，以通判貸汝矣。」遣之出。

積官至祕書監致仕。兄兌尙無恙，事之彌篤。以子敍封，得太中大夫，閑居一紀卒，年八十三。子庭玉，年六十即棄官歸養。人賢其家法云。

沈立字立之，歷陽人。舉進士，簽書益州判官，提舉商胡埽。采摭大河事迹、古今利病，爲書曰河防通議，治河者悉守爲法。遷兩浙轉運使。蘇、湖水，民艱食，縣戒強豪民發粟以振，立亟命還之，而勸使自稱貸，須歲稔，官爲責償。茶禁害民，山場、榷場多在部內，歲抵罪者輒數萬，而官僅得錢四萬。立著茶法要覽，乞行通商法，三司使張方平上其議。後罷榷法，如所請；立召爲戶部判官。

奉使契丹，適行册禮，欲令從其國服，不則見於門。立折之曰：「往年北使講見儀，未嘗令北使易冠服，況門見邪？」契丹愧而止。

遷京西北轉運使。都水方興六塔河，召與議，立請止修五股等河及漳河，分殺水勢以省役，從之。加集賢修撰、知滄州，進右諫議大夫、判都水監，出爲江、淮發運使。居職辦治，加賜金，數詔嘉之。知越州、杭州、審官西院、江寧府。

初，立在蜀，悉以公粟售書，積卷數萬。神宗問所藏，立上其目及所著名山水記三百卷。徙宣州，提舉崇禧觀。卒，年七十二。

張掞字文裕，齊州歷城人。父蘊，咸平初，監淄州兵。契丹入寇，游騎至淄、青間，州人將棄城，蘊拔刀遮止於門，力治守備，游騎爲之引去。郡守媿，始謀掠爲己功，反陷以罪，蘊受而不校。

掞幼篤孝，蘊病，刲股肉以療。舉進士，知益都縣。當督賦租，置里胥弗用，而民皆以時入。石介獻息民論，請以益都爲天下法。丁內艱，時隆寒，徒跣舉柩，叩首流血，與兄揆廬墓左。

明道中，京東饑，盜起，以御史中丞范諷薦，知萊州掖縣。民訴旱于州，拒之，掞自爲奏聞，詔除登、萊稅。通判永興軍，爲集賢校理，四遷爲龍圖閣直學士、知成德軍。宦者閻士良爲鈐轄，多撓帥權，用危法中軍校，掞直之，而劾士良。英宗登極，朝廷使來告，士良辭疾居家，宴客自若，奏抵其罪。入判太常、司農寺，累官戶部侍郎致仕。熙寧七年，卒，年八十。

揆忠篤誠愨，既老益康寧。少從劉潛、李冠游，及其死，率里人葬之，置田贍其孥。事揆如父，理家必諮而行，爲鄉黨矜式。

張燾字景元，樞密直學士奎之子也。舉進士，通判單州。州卒謀亂，期有日，燾得告者，徐詣營取首惡，置諸法。知沂、濰二州。沂產布，濰產絹，而有司科賦相反，燾始革之。濰多圭田，率計畝徵絹，而蠲河役，燾不肯踵例，廢法還其役，入損於舊五之四，且命吏曰：「吾知守己而已，無妨後人，汝勿著爲式。」

提點河北刑獄，攝領澶州，七日而商胡決。燾拯溺救飢，所全活者十餘萬，猶坐免。數年，復提點河東、陝西、京西刑獄，爲鹽鐵判官、淮南轉運使、江淮發運副使。泗州水，城且壞，燾悉力營護，詔寵其勞。入爲戶部副使。京師賦麴於酒，人有常籍，毋問售不售，或蹶產以償。燾請罷歲額，嚴禁令，隨所用麴多寡以售，自是課增溢。官修睦親宅，議取民居，燾言：「芳林園有餘地，宗室足自處，無庸起民居。」從之。孝嚴殿成，請圖乾興以來文武大臣像於壁。

遷天章閣待制、陝西都轉運使。蒲津浮橋壞，鐵牛皆沒水中，燾以策列巨木於岸以爲衡，縋石其杪，挽出之，橋復其初。保安二士豪善騎射，爲邊人所憚，故縱善馬誘使取之，而彊以漢法。燾按得其狀，俱以隸軍。加龍圖閣直學士、知成都府。蜀人苦多盜，燾嚴保伍，使不得隱，而中其捕限。南蠻寇黎、雅，討走之，罷磨刀崖戍卒。改知瀛州。

母喪服闋。故事，起執政以詔，近臣以堂帖；神宗特命賜詔。判太常寺，知鄧、許二州，復判太常，知通進、銀臺司，提舉崇福宮，由給事中易通議大夫。卒，年七十。

燾才智敏給，常從范仲淹使河東。至汾州，民遮道數百趨訴，仲淹以付。燾方與客弈，局未終，處決已竟。英宗時，三司前奏事，帝詰鑄錢本末，皆不能對，燾悉論無隱。帝是之，顧左右識其姓名，後欲以爲觀察使守邊，曰：「卿家世事也。」燾對曰：「臣叔父亢有大才，臣愚不可繼。」遂止。

俞充字公達，明州鄞人。登進士第。熙寧中爲都水丞，提舉沿汴淤泥溉田，爲上腴者八萬頃。檢正中書戶房，加集賢校理、淮南轉運副使，遷成都路轉運使。茂州羌寇邊，充上十策禦戎。神宗遣內侍王中正同經制，建三堡，復永康爲軍，因詐殺羌衆以爲中正功，與深相結，至出妻拜之。中正還闕，舉充可任。召判都水監，進直史館。中書都檢正御史彭汝礪論其媢事中正，命遂寢。

河決曹村，充往救護，還，陳河防十餘事，槪論「水衡之政不修，因循苟且，寖以成習。方曹村決時，兵之在役者僅十餘人，有司自取敗事，恐未可以罪歲也。」加集賢殿修撰、提舉市易，歲登課百四十萬。故事當賜錢，充曰：「奏課，職也，願自今罷賜。」詔聽之。

擢天章閣待制、知慶州。慶陽兵驕，小繩治輒肆悖，充嚴約束，斬妄言者五人於軍門。聞有病苦則巡撫勞餉，死不能舉者出私財以周其喪，以故莫不畏威而懷惠。環州田與夏境犬牙交錯，每穫必遭掠，多棄弗理，充檄所部復以時耕植。慕家族山夷叛，舉戶亡入西者且三百，充遣將張守約耀兵塞上，夏人亟反之。

充之帥邊，實王珪薦，欲以遏司馬光之入。充亦知帝有用兵意，屢倡請西征，後言：「夏酋秉常爲母梁所戕，或云雖存而囚，不得與國政。其母宣淫凶恣，國人怨嗟，實爲興師問罪之秋也。秉常亡，將有桀黠者起，必爲吾患。今師出有名，天亡其國，度如破竹之易。願得乘傳入覲，面陳攻討之略。」詔令掾屬入議，未及行，充暴卒，年四十九。

劉瑾字元忠，吉州人，沆之子也。第進士，爲館閣校勘。沆亡，得襃贈。知制誥張瓌草詞，語涉譏貶，瑾泣涕不能食，闔門衰絰，邀宰相自言。朝廷爲改書命，黜瓌爲州，瑾亦坐衰服入公門罷職。沒喪不就官，丐守墳墓。王素爲請，以伸孝子之志。詔復職，遷集賢校理、通判睦州，爲淮南轉運副使。

召修起居注，加史館修撰、河北轉運使，拜天章閣待制、知瀛州。坐與世居通問，徙明州。未行，改鎭廣州。與樞密院論戍兵不合，改虔州。戰櫂都監楊從先奉旨募兵不至，擅遣其子懋糾諸縣巡檢兵集郡下，瑾怒責之，遽發悖謬語，懋訴瑾于朝，遂廢于家。踰年，復待制、知江州，歷福州、秦州、成德軍，卒。

瑾素有操尙，所治以能稱，然御下苛嚴，少縱舍，好面折人短，以故多致訾怨。

閻詢字議道，鳳翔天興人。少時以學問著聞，擢進士第，又中書判拔萃科。累遷祕書丞，爲監察御史裏行。詔治王素獄，坐有姻嫌不以聞，降監河陽酒稅，累遷爲鹽鐵判官。

使契丹。詢頗諳北方疆理，時契丹在靴淀，迓者王惠導詢由松亭往，詢曰：「此松亭路也，胡不徑葱嶺而迂枉若是，豈非夸大國地廣以相欺邪？」惠慚不能對。加直龍圖閣、知梓州。徙河東轉運使，言：「三路土兵疲老者，聽其族以強壯者代。」從之。進集賢殿修撰、知河中府。大河漲，壞浮橋，詢易爲長橋。拜天章閣待制、知廣州，不即赴，罷職知商州。神宗轉右諫議大夫，改邠、同二州，提舉上淸太平宮，卒，年七十九。

葛宮字公雅，江陰人。舉進士，授忠正軍〔一〕掌書記。善屬文，上太平雅頌十篇，眞宗嘉之，召試學士院，進兩階。又獻寶符閣頌，爲楊億所稱。知南充縣，東川饑，民艱食，部使者檄守資、昌兩州，以惠政聞。知南劍州。土豪彭孫聚黨數百，憑依山澤爲盜，出害吏民，不可捕，宮遣沙縣尉許抗諭降之。並溪山多產銅、銀，吏挾姦罔利，課歲不登，宮一變其法，歲羨餘六百萬。三司使聞於朝，論當賞。宮曰：「天地所產，吾顧盜之，又可爲功乎？」卒不言。

徙知滁、秀二州，秀介江湖間，吏爲關涇瀆上，以征往來，間有昏葬，踰期者多不克，宮命悉毀之。積官祕書監、太子賓客。治平中，轉工部侍郎。熙寧五年，卒，年八十一。宮性敦厚，恤錄宗黨，撫孤嫠，賴以存者甚衆。

宮弟密，亦以進士爲光州推官。豪民李新殺人，嫁其罪於邑民葛華，且用華之子爲證。

獄具，密得其情，出之。法當賞，密白州使勿言。仕至太常博士。天性恬靖，年五十，忽上章致仕，姻黨交止之，笑曰：「俟罪疾、老死不已而休官者，安得有餘裕哉。」即退居，號草堂逸老，年八十四乃終。平生爲詩慕李商隱，有西崑高致。

子書思，踵登第，調建德主簿。時密已老，欲迎以之官，密難之。書思曰：「曾子不肯一日去親側，豈以五斗移素志哉？」遂投劾歸養十年餘。近臣表其志行，以爲泗州教授，弗就。密不得已，許以他日偕行，始乞監新市鎮。居父喪，哀毀骨立，盛暑不釋苴麻，終禫不忍去冢舍。累年，乃出仕，歷封丘主簿、漣水〔三〕。時兄書元爲望江令，同隸淮南監司，有捨兄而薦己者，移書乞改薦兄，不許，則封檄還之。其篤行類皆若此。仕至朝奉郎，亦告老，父子歸休皆不待年。卒，年七十三，特謚曰清孝。子勝仲，孫立方，皆以學業至侍從，世爲儒家。勝仲自有傳。

論曰：佐、立擅水衡之政，爲時所稱。兌居官論諫，無所表襮，先克承之。揆之孝，燾之智，瑾之苛嚴，詢之辭令，皆著一時，自致顯官。俞充制軍禁暴，足爲能臣，而希時相之意，倡請西征，使其不死，邊陲之禍，其可既乎？葛氏自宮以下，簪纓相繼，盛哉。

張田字公載，澶淵人。登進士第，知應天府司錄。歐陽脩薦其才，通判廣信軍。夏竦、楊懷敏建策增七郡塘水，詔通判集議，田曰：「此非禦敵策也，壞良田，浸冢墓，民被其患，不爲便。」因奏疏極論，謫監郢州稅。

久之，通判冀州。內侍張宗禮使經郡，酣酒自恣，守貳無敢白者，田發其事，詔配西陵洒掃。攝度支判官。祫享太廟，又請自執政下差減賚費，唐介論其虧損上恩，出知蘄州。俄提點湖南刑獄，介與司馬光又狀其傾險，改知湖州，徙廬州，治有善迹。

移桂州。異時蠻使朝貢假道，與方伯抗禮，田獨坐堂上，使引入拜於庭，而犒賄加腆。土豪劉紀、廬豹素爲邊患，訖田去，不敢肆。京師禁兵來戍，不習風土，往往病於瘴癘，田以兵法訓峒丁而奏罷戍。或告交阯李日尊兵九萬，謀襲特磨道，諸將請益兵，田曰：「交阯兵不滿三萬，必其國有故，張虛聲以嚇我耳。」諜既得實，果其兄弟內相殘，懼邊將乘之也。宜州人魏利安負罪亡命西南龍蕃，從其使入貢，凡十反。至是龍以烈來，復從之。田因其入謁，詰責之，梟其首，欲幷斬以烈，叩頭流血請命。田曰：「汝罪當死，然事幸在新天子卽位赦前，汝自從朝廷乞恩。」乃密請貸其死。

熙寧初，加直龍圖閣、知廣州。廣舊無外郭，民悉野處，田始築東城，環七里，賦功五十萬，兩旬而成。初，役人相驚以白虎夜出，田迹知其僞，召戒邏者曰：「今夕有白衣人出入林間者，謹捕之。」如言而獲。城既就，東南微陷，往視之，暴卒，年五十四。

田爲人伉直自喜，好嫚駡，氣陵其下，故死無哀者。然臨政以清，女弟聘馬軍帥王凱，欲售珠犀于廣，顧曰：「南海富諸物，但身爲市舶使，不欲自汙爾。」作欽賢堂，繪古昔清刺史像，日夕師拜之。蘇軾嘗讀其書，以侔古廉吏。

榮諲字仲思，濟州任城人。父宗範，知信州鉛山縣。詔罷縣募民采銅，民散爲盜，宗範請復如故。眞宗嘉異，擢提點江、浙諸路銀銅坑冶，歷官九年。

諲舉進士，至鹽鐵判官。晉州產礬，京城大豪歲輸錢五萬緡，顓其利，諲請榷于官，自是數入四倍。爲廣東轉運使。廣有板步古河路絕險，林箐瘴毒。諲開眞陽峽，至洸口古徑，作棧道七十間抵清遠，趨廣州，遂爲夷塗。

復入爲開封府判官。太康民事浮屠法，相聚祈禳，號「白衣會」，縣捕數十人送府。尹賈黯疑爲妖，請殺其爲首者而流其餘，諲持不從，各具議上之。中書是諲議，但流其首而杖餘人。加直史館、知澶州。改京東轉運使。萊陽產銀砂，民有私採者，事露，安撫使欲論以劫盜。諲曰：「山澤之利，人得有之，所盜者豈民財耶？」貸免甚衆。又使成都府路，召爲戶部副使，以集賢殿修撰知洪州。以疾故，徙舒州，未至而卒。累官祕書監，年六十五。

李載字伯熙，黎陽人。少苦學，隆暑讀書，置足于水，雖得疾，不舍去。登進士第，調冀州推官。知大名冠氏縣，府守呂夷簡入相，薦其材，知齊州。鈐轄趙瑜使酒毆載，乃扃戶避逸。瑜得罪，載坐不舉劾，黜爲信陽軍。安撫使錢明逸等爲之申理，改常州。知祥符縣，有巫以井泉飲人，云可愈疾，趨者旁午，載杖巫，堙其井。歷知虢州、漣水軍。載性篤孝，侍母病不解帶，至病亟不能食，載亦不食，母知之，爲強食。六爲州，一以寬厚稱。以光祿卿提舉仙源觀，卒，年七十四。

姚渙字虛舟，世家長安。隋開皇中，有景徹者，以討平瀘夷，策功爲普州刺史，卒，子孫遂家普州。渙第進士，監益州交子務，發姦隱萬緡，主吏皆當死，渙曰：「戮人以干澤，非吾志也，義不蔽姦而已。」請於使者，願不受賞，於是全活者衆。

知峽州。宜都民爲盜所殘，縣執囚訊服，以獄上。渙移劾於他有司，居亡何，眞盜獲。大江漲溢，渙前戒民徙儲積、遷高阜，及城沒，無溺者。因相地形築子城、埽臺，爲木岸七十丈，繚以長隄，樋以薪石，厥後江漲不爲害，民德之。徙知涪州，賓化夷多犯境，渙施恩信拊納，酋豪爭羅拜廷下，訖渙去無警。終光祿卿，年六十七。

朱景字伯晦，河南偃師人。舉進士，調滎澤簿。西方用兵，詔侍從館閣舉縣令，景預選，知隴州汧源縣。累遷知汝州。葉驛道遠，隸囚爲送者所虐，多死，俗傳爲「葉家關」，景重禁以絕其患。擢知壽州，秩祿視提點刑獄。始至，亟發廩振給，勸富者出積穀，所活數萬。城西居民三千室，建請築外郭環入之，公私稱便。再遷光祿卿。

熙寧初，病革，自占遺表，呼其子光庭操筆書之。其略云：「切聞河北水災、地震，陛下當減膳避殿，齋居加省，召二府大臣朝夕咨訪闕失，思所以弭咎。」凡數百言，無一語求恩。卒，年七十一。詔加賻贈，錄其子以官。

光庭字公掞，十歲能屬文。辭父蔭擢第，調萬年主簿。數攝邑，人以「明鏡」稱。歷四縣令。曾孝寬以才薦，神宗召見，問欲再舉安南之師。光庭對曰：「願陛下勿以人類畜之。蓋得其地不可居，得其民不可使，何益於廣土闢地也。」又問治何經，對曰：「少從孫復學春秋。」又問：「今中外有所聞乎？」對曰：「陛下更張法度，臣下奉行或非聖意，故有便有不便。誠能去其不便，則天下受福矣。」帝以其言爲疎闊，不用。簽書河陽判官，從呂大防於長安幕府。五路出師討西夏，雍爲都會，事倚以辦，調發期會甚急，光庭每執不從。使者怒，將加以乏興罪，光庭求免去，大防爲之解。

哲宗即位，司馬光薦爲左正言，首乞罷提舉常平官、保甲青苗等法。論蔡確爲山陵使，而乃先靈駕而行，爲臣不恭。又言章惇欺罔肆辯，韓縝挾邪冒寵，言甚切。宣仁后嘉其守正，諭令盡言，毋有所畏避。遷左司諫，又論「蘇軾試館職發策云：『今欲師仁祖之忠厚，而患百官有司不舉其職，或至於媮；欲法神考之厲精，而恐監司、守令不識其意，流入於刻。』臣謂仁宗難名之盛德，神考有爲之善志，而不當以『媮』、『刻』爲議論，望正其罪，以戒人臣之不忠者。」未幾，中丞傅堯俞、侍御史王巖叟相繼論列。宣仁后曰：「詳覽文意，是指今日百官有司、監司守令言之，非所以諷祖宗也。」遂止。

河北饑，遣持節行視，即發廩振民；而議者以耗先帝積年兵食之蓄，改左司員外郎。遷太常少卿，拜侍御史。論蔡確怨謗之罪，確貶新州。拜右諫議大夫、給事中。乞補外，除集賢殿修撰、知亳州。數月召還，復爲給事中。

坐封還劉摯免相制，復落職守亳。歲餘，徙潞州，加集賢院學士。鄰境旱饑，流民入境者踵接，光庭日爲食以食之，常至暮，自不暇食，遂感疾，猶自力視事。出禱雨，拜不能興，再宿而卒，年五十八。紹聖中，追貶柳州別駕。元符初，又停錮其諸子。徽宗立，復其官。

光庭始學於胡瑗，瑗告以爲學之本在於忠信，故終身行之。

李琮字獻甫，江寧人。登進士第，調寧國軍推官。州庾積穀腐敗，轉運使移州散於民，俾至秋償新者。守將行之，琮曰：「穀不可食，強與民責而償之，將何以堪。」持不下，守愧謝而止。

呂公著尹開封，薦知陽武縣。役法初行，琮處畫盡理，旁近民相率摑登聞鼓，願視以爲則。徽宗召對，擢利州路、江東轉運判官。行部至宣城，按民田詭稱逃絕者九千戶，他縣皆然。言於朝，命以戶部判官使江、浙，選彊明吏立賞劚抉。吏幸賞，以多爲功，琮亦因是希進，民患苦之，得緡錢百餘萬。進度支判官，頒職式於諸道。淮南賦入甲它部，以爲轉運副使，徙梓州路。

元祐初，言者論其括隱稅之害，黜知吉州。御史呂陶又言巴蜀科折已重，琮復強民輸稅，且無得以奇數併合，人尤咨怨。於是凡以括田受賞者悉奪之。歷相、洪、潞三州。潞有謀亂者，爲書期日揭道上，部使者聞之，懼，檄索姦甚亟。琮置不問，以是日置酒高會，訖無他。入爲太府卿，遷戶部侍郎，以寶文閣待制知杭州、永興軍、河南、瀛州。卒，年七十五。

琮長於吏治，而所至主於掊克，爲士論嗤鄙。子回，紹興初參知政事。

朱壽隆字仲山，密州諸城人。以蔭知九隴縣。吏告民一家七人以火死，壽隆曰：「寧有盡室就焚無一脫者，殆必有姦。」逾月獲盜，果殺其人而縱火也。知宿州，宿多劇盜，至白晝被甲剽攻，郡縣不能制。壽隆設方略耳目，捕斬千餘人。

擢提點廣西刑獄。嶺外新經儂寇，修營城障，貴州虐用其人，不能聊生。壽隆馳詣州，械守送獄，奏黜之。老稚婦女遭亂，流轉不能自還者，檄所在資送其還。舊制，溪蠻侵暴羈夔州，雖殺人無得讎報，壽隆請聽相償，蠻始畏戢。

歷鹽鐵度支判官、夔路轉運使。巴峽地隘，民困於役，免其不應法者千五百人。復爲鹽鐵判官、京東轉運使，賜三品服。歲惡民移，壽隆諭大姓富室畜爲田僕，舉貸立息，官爲置籍索之，貧富交利。以少府監知揚州，卒，年六十八。

壽隆爲人和厚，接談怡怡，必當於理，而不屈於權貴。狄青討賊，欲殺裨將不用命者數人，壽隆極論罪不當死。孫沔在坐，曰：「儂賊害民萬計，此何足惜。」壽隆曰：「王師之來以除民害，顧可效賊爲暴邪？」青感其言而止。

盧士宏字子高，新鄭人。以父任屢更州縣，所至著清名。知信陽軍。官捕爲妖術者，餘黨懼及，羣聚山谷間，士宏請減其罪招之，即相帥歸命。徙知漢州，校實民產，使力役不濫，人德之。又知洋州。先是，圭田多虛籍。士宏考校，令隨實以輸，自部使者而下，皆十損七八。文彥博、包拯以廉能薦，由三司開拆司擢夔州路轉運使，遂知廣州。或傳安南舟數百泊海中，將爲寇，嶺徼驚搖。士宏灼其非，是日，從賓客宴游爲樂，民賴以安。受代還，引疾丐便郡，知鄭州。未幾，以光祿卿致仕。卒，年七十三。凡衣衾棺槨之制，皆有遺命，戒諸子勿爲銘誌。

單煦字孟陽，平原人。舉進士，知洛陽縣。民以妖幻傳相教授，煦迹捕戮三十餘人，當得上賞，不肯言。轉知昌州，時詔城蜀治，煦以蜀地負山帶江，一旦毀籬垣而興板築，其費巨萬，非民力所堪，請但築子城。轉運使卽移諸郡如其議。

徙清平軍使。有二盜殺人，捕治不承，煦縱使之食，甲食之旣，乙不下咽，執而訊之，果殺人者。爲御史臺推直官，江南人誣轉運使呂昌齡以賄，中丞張昪訊而論之。鞫未就，敕煦往治，煦不肯阿其長，卒直昌齡。乞外遷，知濮、合二州。合居涪、漢間，夏秋患於淫潦，煦築東隄以禦之。赤水縣鹽井涸，奏蠲其賦。累官光祿卿，卒，年七十七。

煦友愛兄熙，兄嘗毆人至死，未有知者。煦曰：「家貧親老，仰兄以養，義當代之死。」卽趨詣門所以待捕。已而死者甦，驚問之，煦以情告。其人感歎，遂輟訟。

楊仲元字舜明，管城人。第進士，調宛丘主簿。民訴旱，守拒之，曰：「邑未嘗旱，狡吏導民而然。」仲元白之曰：「野無青草，公日宴黃堂，宜不能知，但一出郊可見矣。狡吏非他，實仲元也。」竟免其稅。知澤州沁水縣，民持物來輸者，視其價稍增之，餘則下其估。官有所須，不強賦民，聽以所有與官爲入，度相當則止，率常先辦。河外用兵，督餫轉西界，夕宿洪谷口。仲元相其地，乃寇所由徑路，亟命去之。民以困乏爲辭，不聽，寇果夜出劫諸部，沁水獨免。後二十年，其子過縣，父老拜泣曰：「河西之役，非公無今日矣。」

初，軍期尙緩，而仲元督行良急。至則芻糧有不集者皆可賤市，後期者物數倍其價，民始知其爲利。州買羊，斂民差出錢，弊滋蔓，病民爲甚，仲元更其令，戶纔費錢百。又遣吏市羔於他所，明年以供州，不科一錢。徙知鄖鄉縣，宰相張士遜先塋隸境內，將屬之，召不往。至則按籍均役之，雖堂帖求免，不爲減。

歷知光、虔、虢三州，官光祿卿，改中散大夫。戒諸子曰：「吾入官五十年，未嘗以私怒加人，雖杖刑之微，苟有兩比，不敢與輕法，以是爲報國耳。」卒，年七十五。

余良肱字康臣，洪州分寧人。第進士，調荆南司理參軍。屬縣捕得殺人者，既自誣服，良肱視驗屍與刃，疑之曰：「豈有刃盈尺而傷不及寸乎？」白府請自捕逮，未幾，果獲眞殺人者。民有失財物逾十萬，逮平民數十人，方暑，搒掠號呼聞于外；或有附吏耳語，良肱陰知其爲盜，亟捕詰之，贓盡得。

改大理寺丞，出知湘陰縣。縣逋米數千石，歲責里胥代輸，良肱論列之，遂蠲其籍。通判杭州，江潮善溢，漂官民廬舍，良肱累石隄二十里障之，潮不爲害。時王陶爲屬官，常以氣犯府帥，吏或訴陶，帥挾憾欲按之，良肱不可曰：「使陶以罪去，是以直不容也。」帥遂已。後陶官于朝，果以直聞。知虔州，士大夫死嶺外者，喪車自虔出，多弱子寡婦。良肱悉力振護，孤女無所依者，出奉錢嫁之。以母老，得知南康軍。丁母憂，服除，爲三司使判官。

方關、陝用兵，朝議貸在京民錢，良肱力爭之，會大臣亦以爲言，議遂格。內府出腐幣售三司，三司吏將受之，良肱獨曰：「若賦諸軍，軍且怨；不則貨諸民，民且病。請付文思，以奉帷幄。」

改知明州。朝廷方治汴渠，留提舉汴河司。汴水澱淤，流且緩，執政主狹河議。良肱謂：「善治水者不與水爭地。方冬水涸，宜自京左浚治，以及畿右，三年，可使水復行地中。」弗聽。又議伐汴隄木以資狹河。良肱言：「自泗至京千餘里，江、淮漕卒接踵，暑行多病暍，藉蔭以休。又其根盤錯，與隄爲固，伐之不便。」屢爭不能得，迺請不與其事。執政雖怒，竟不爲屈。改太常少卿、知潤州，遷光祿卿、知宣州，治爲江東最。請老，提舉洪州玉隆觀，卒，年八十一。七子，卞、爽最知名。

卞字洪範，爽字荀龍，皆以任子恩試校書郎。卞博學多大略〔三〕，累爲唐州判官、湖北安撫司勾當機宜文字。討叛蠻有功，知沅州。蠻殺沿邊巡檢，卞設方略復平之，加奉議郎。先是，良肱爲鼎州推官，五溪蠻叛，良肱運糧境上，周知其利害，上書言：「此彈丸地，不足煩朝廷費，不如棄與而就撫之。」當時是其議，未果棄也。及蠻叛，斷渠陽道，扼官軍不得進，卞適使湖北，帥唐義問卽授卞節制諸將。陰選死士三千人，夜銜枚繞出賊背，伐山開道，漏未盡數刻，入渠陽。黎明整衆出，賊大駭，盡銳來戰，奮擊大破之。鼓行度險，賊七遇七敗，斬首數千級，蠻遂降。尋有詔廢渠陽軍爲砦，盡拔居人護出之。紹聖初，治棄渠陽罪，免歸。徽宗卽位，復奉議郎，管勾玉隆觀。未幾，復渠陽爲靖州，又論前事免，終於家。

爽尙氣自信，不少貶以合世。應元豐詔，上便宜十五事，言過剴切。元祐末，爽復極言請太皇太后還政事，章惇憾爽不附己，乃擿其言爲謗訕，以瀛州防禦推官除名，竄封州。久之，起知明州，未行，以言者罷，監東嶽廟。崇寧中，與卞俱入黨籍。

潘夙字伯恭，鄭王美從孫也。天聖中，上書論時政，授仁壽主簿。久之，知韶州，擢江西轉運判官，提點廣西、湖北刑獄。邵州蠻叛，湖南騷動，遷轉運使，專制蠻事，親督兵破其團峒九十。徙知滑州，改湖北轉運使，知桂州。坐在湖北時匿名書誣判官韓繹，謫監隨州酒稅。起知光化軍。大臣以將帥才舉之，易端州刺史，再遷徙鄜州。召對，訪交、廣事稱旨，還司封郎中、直昭文館，復知桂州。

交人敗於占城，僞表稱賀以爲大捷，神宗詔之曰：「智高之難方二十年，中人之情，燕安忽事，直謂山僻蠻獠，無可慮之理。殊不思禍生於所忽，唐六詔爲中國患，此前事之師也。卿本將家子，寄要蕃，宜體朕意，悉心經度。」夙遂上書陳交阯可取狀，且將發兵。未報，而徙河北轉運使，歷度支、鹽鐵副使，知河中府。章惇察訪荆湖，討南、北江蠻徭，陳夙憂邊狀，以知潭州。再遷光祿卿，知荆南、鄂州，卒，年七十。

論曰：士之官斯世，有一善可稱，致生民咸被其澤於無窮者，故州郡之寄爲尤重。張田殄禁兵毒於瘴癘，士宏考圭田出於實輸，朱景父子、譓、載、煦、渙、士宏、壽隆輩，皆有德在民。仲元不以私怒加人，良肱明於折獄，夙以將家子而能留心邊務，用當其材，舉能其官。若琮也雖長於吏治，而所至掊克，君子奚取焉。

校勘記

〔一〕忠正軍　原作「中正軍」，按本書卷八八地理志，忠正軍是壽州節度軍額；卷一六八職官志所列節度軍額，有「忠正」而無「中正」。「中」字當爲「忠」之訛。據改。

〔二〕歷封丘主簿漣水　據葛勝仲丹陽集卷一五葛書思行狀，「漣水」下脫「縣丞」二字。

〔三〕卞博學多大略　「卞」原作「爽」。按下文所敍都是佘卞事蹟，長編卷四八〇、宋會要蕃夷五之九二都有「知沅州佘卞」的紀載，和傳文相合。可見此處「爽」字實爲「卞」字之訛。據改。

宋史卷三百三十四

列傳第九十三

徐禧 李稷附　高永能　沈起　劉彝　熊本　蕭注　陶弼　林廣

徐禧字德占，洪州分寧人。少有志度，博覽周游，以求知古今事變、風俗利疚，不事科舉。熙寧初，王安石行新法，禧作治策二十四篇以獻。時呂惠卿領修撰經義局，遂以布衣充檢討。神宗見其所上策，曰：「禧言朝廷用經術變士，十已八九，然竊襲人之語，不求心通者相半，此言是也。宜試於有用之地。」卽授鎭安軍節度推官、中書戶房習學公事。歲餘召對，顧問久之，曰：「朕多閱人，未見有如卿者。」擢太子中允、館閣校勘、監察御史裏行。與中丞鄧綰、知諫院范百祿雜治趙世居獄。李士寧者，挾術出入貴人間，嘗見世居母康，以仁宗御製詩贈之。又許世居以寶刀，且曰：「非公不可當此。」世居與其黨皆神之，曰：

「士寧，二三百歲人也。」解釋其詩，以爲至寶之祥。及鞫世居得之，逮捕士寧，而宰相王安石故與士寧善，百祿劾士寧以妖妄惑世居，致不軌。禧奏：「士寧遺康詩實仁宗製，今獄官以爲反，臣不敢同。」百祿言：「士寧有可死之狀，禧故出之以媚大臣。」朝廷以御史雜知、樞密承旨參治，而百祿坐報上不實貶，進禧集賢校理、檢正禮房。

安石與惠卿交惡，鄧綰言惠卿昔居父喪，嘗貸華亭富人錢五百萬買田事，詔禧參鞫。禧陰右惠卿，綰劾之，會綰貶官，獄亦解。禧出爲荊湖北路轉運副使。元豐初，召知諫院。惠卿在鄜延，欲更蕃漢兵戰守條約，諸老將不謂然，帝頗采聽，將推其法於他路，遣禧往經晝。禧是惠卿議，渭帥蔡延慶亦以爲不然，帝召延慶還，加禧直龍圖閣，使往代，以母憂不行。服除，召試知制誥兼御史中丞。官制行，罷知制誥，專爲中丞。鄧綰守長安，禧疏其過，帝知其以惠卿故，雖改綰青州，亦左遷禧給事中。

种諤西討，得銀、夏、宥三州而不能守。延帥沈括欲盡城橫山，瞰平夏，城永樂，詔禧與內侍李舜舉往相其事，令括總兵以從，李稷主餽餉。禧言：「銀州雖據明堂川、無定河之會，而故城東南已爲河水所吞，其西北又阻天塹，實不如永樂之形勢險阨。竊惟銀、夏、宥三州，陷沒百年，一日興復，於邊將事功，實爲俊偉，軍鋒士氣，固已百倍；但建州之始，煩費不貲。若選擇要會，建置堡柵，名雖非州，實有其地，舊來疆塞，乃在腹心。」已與沈括議築砦堡各六〔二〕。砦之大者周九百步，小者五百步；堡之大者二百步，小者百步，用工二十三萬。」遂城永樂，十四日而成。禧、括、舜舉還米脂。

明日，夏兵數千騎趨新城，禧亟往視之。或說禧曰：「初被詔相城，禦寇，非職也。」禧不聽，與舜舉、稷俱行，括獨守米脂。先是，种諤還自京師，極言城永樂非計，禧怒變色，謂諤曰：「君獨不畏死乎？敢誤成事。」諤曰：「城之必敗，敗則死，拒節制亦死；死於此，猶愈於喪國師而淪異域也。」禧度不可屈，奏諤跋扈異議，詔諤守延州。

夏兵二十萬屯涇原北，聞城永樂，卽來爭邊。人馳告者十數，禧等皆不之信，曰：「彼若大來，是吾立功取富貴之秋也。」禧亟赴之，大將高永亨曰：「城小人寡，又無水，不可守。」禧以爲沮衆，欲斬之，既而械送延獄。比至，夏兵傾國而至，永亨兄永能請及其未陳擊之。禧曰：「爾何知，王師不鼓不成列。」禧執刀自率士卒拒戰。夏人益衆分陣，迭攻抵城下。曲珍兵陳於水際，官軍不利，將士皆有懼色。珍白禧曰：「今衆心已搖，不可戰，戰必敗，請收兵入城。」禧曰：「君爲大將，奈何遇敵不戰，先自退邪？」俄夏騎卒度水犯陳。鄜延選鋒軍最爲驍銳，皆一當百，銀槍錦襖，光彩耀日，先接戰而敗，奔入城，蹂後陳。夏人乘之，師大潰，死及棄甲南奔者幾半。

珍與殘兵入城，崖峻徑窄，騎卒緣崖而上，喪馬八千匹，遂受圍。水砦爲夏人所據，掘井不及泉，士卒渴死者太半。夏人蟻附登城，尚扶創拒鬥。珍度不可敵，又白禧，請突圍而南；永能亦勸李稷盡捐金帛，募死士力戰以出，皆不聽。戊戌夜大雨，城陷，四將走免，禧、舜舉、稷死之，永能沒于陳。

初，括奏夏兵來逼城，見官兵整，故還。帝曰：「括料敵疎矣，彼來未出戰，豈肯遽退邪？必有大兵在後。」已而果然。帝聞禧等死，涕泣悲憤，爲之不食。贈禧金紫光祿大夫、吏部尚書，謚曰忠愍。官其家二十人。稷工部侍郎，官其家十二人。

禧疎曠有膽略，好談兵，每云西北可唾手取，恨將帥怯爾。呂惠卿力引之，故不次用。自靈武之敗，秦、晉困棘，天下企望息兵，而沈括、种諤陳進取之策。禧素以邊事自任，狂謀輕敵，猝與強虜遇，至於覆沒。自是之後，帝始知邊臣不可信倚，深自悔咎，遂不復用兵，無意於西伐矣。子俯自有傳。

李稷字長卿，邛州人。父絢，龍圖閣直學士。稷用蔭歷管庫，權河北西路轉運判官，修拓深、趙、邢三州城，役無愆素，然陗刻嚴忍。察訪使者以爲言，都水丞程昉亦訴其越職。詔令件析。御史周尹又論稷父死二十年不葬，僅徙東路，俄提舉蜀部茶場。甫兩歲，羨課七十六萬緡，擢鹽鐵判官。詔推揚其功以勸在位，遂爲陝西轉運使、制置解鹽。秦民作舍道傍者，創使納「侵街錢」，一路擾怨，與李察皆以苛暴著稱。時人語曰：「寧逢黑殺，莫逢稷、察。」

种諤起興、靈議，稷聞之亦上言：「可令邊面諸將各出兵撓之，使不得耕種，則其國必困，國困衆離，取可決也。」及出境，稷督餉，民苦摺運，多散逸，稷令騎士執之，斷其足筋，宛轉山谷間，凡數千人，累日乃得死。始，稷受旨得斬郡守以下，於是上下相臨以峻法，雖小吏護丁夫，亦顚戮不請。軍食竟不繼。諤謀斬稷，客呂大鈞引義責之，復使還取糧。既集，諤猶宣言稷乏軍興，致大功不就，坐削兩秩，貶爲判官。

永樂既城，稷悉輦金、銀、鈔、帛充牣其中，欲夸示徐禧，以爲城甫就而中已實。積金既多，故受圍愈急，而稷守之不敢去，以及于難。李舜舉別有傳。

高永能字君舉，世爲綏州人。初，伯祖文岯舉州來歸，即拜團練使，已而棄之北遷，其祖文玉獨留居延川，至永能始家靑澗。少有勇力，善騎射，由行伍補殿侍，稍遷供奉官。种諤取綏州，發永能兵六千先驅入囉兀，五戰皆捷，轉供備庫副使。治綏德城，闢地四千頃，增戶千三百，即知城事。

元豐初，爲鄜延都監。秋，大稔，夏人屯二千騎於大會平，將取稼。永能簡精騎突過其營，騎卒驚潰，獲鈐轄二人。轉六宅使。夏人患之，令曰：「有得高六宅者，賞金等其身。」經略使呂惠卿行邊，永能伏騎谷中，以備侵軼。邊騎果至，馳出擊走之。夏兵二萬犯當川堡，永能以千騎與相遇，度不能支，依險設疑兵，且鬥且卻，而令後騎揚塵，若援兵至者，奮而前，遂解去。擢本路鈐轄。

四年，西討，永能爲前鋒，圍米脂城。邊人十萬來援，永能謂弟永亨曰：「彼恃衆集易吾軍，營當大川，宜嚴陳待其至，張左右翼擊之，可破也。」詰旦，鏖戰于無定河，斬首數千級，得馬三千、橐駝牛羊萬計。城猶未下，密遣諜說降其東壁守將，衣以文錦，導以鼓吹，耀諸城下，酋令介訛遇乃出降。進東上閤門使、寧州刺史，以年請老，不許，又進四方館使、榮州團練使。

永樂之役，獻謀皆不用。城既陷，其孫昌裔欲掖之從間道出，永能歎曰：「吾結髮從事西羌，戰未嘗挫，今年已七十，受國大恩，恨無以報，此吾死所也。」顧易一卒敝衣，戰而死。其子世亮與昌裔求得尸以歸。詔贈房州觀察使，錄世亮爲忠州刺史，諸孫皆侍禁殿直。

永能家世州將，所領多故部曲，拊之有恩惠，遇敵則身先之。下有傷者，載以己副馬，故能得士死力。遠近喜言其事，稱之曰「老高」。及死，邊人無不痛惜。嘗過其遠祖唐綏州刺史思祥淘沙川廟，得畫像及神道碑上之，詔即所在賜田三十頃，以奉祭祀。

永能之亡，延州將皇城使寇偉亦力戰而沒，贈均州防禦使。

沈起字興宗，明州鄞人。進士高第，調滁州判官，與監眞州轉般倉。聞父病，委官歸侍，以喪免，有司劾其擅去。終喪，薦書應格當遷用，帝謂輔臣曰：「觀過知仁。今由父疾而致罪，何以厚風教而勸天下之爲人子者。」乃特遷之，知海門縣。縣負海地卑，間歲海潮至，冒民田舍，民徙以避，棄其業。起爲築隄百里，引江水灌漑其中，田益闢，民相率以歸，至立祠以報。御史中丞包拯舉爲監察御史。吏部格，選吏以贓私絓法，無輕重終身不遷。起論其情可矜者，可限年敍用，遂著爲令。立縣令考課法，設河渠司領諸道水政，乞采漢故事，擇卿大夫子弟入宿衞，選賢良文學高第給事宮省，勿專任宦官，宗室袒免親令補外官，復府兵，汰冗卒，書數十上。以論興國鐵官事不合，出通判越州，改知蘄、楚二州。

京東歲飢盜起，除提點刑獄。至，則開首贖法擕其伍，盜內自睽疑，轉相束縛唯恐後。改開封府判官，爲湖南轉運使。凡羽毛、筋革、舟楫、竹箭之材，多出所部，取於民無制，吏挾爲姦。起會其當用，自與商人貿易，所省什六七。召爲三司鹽鐵副使，直舍人院。

熙寧三年，韓絳使陝西，加起集賢殿修撰、陝西都轉運使。慶州軍變，將寇長安，起率兵討平之。會韓絳城綏州不利，起亦罷知江寧府。入知吏部流內銓。奉使契丹，至王庭，其位著乃與夏使等，起曰：「彼陪臣爾，不當與王人齒。」辭不就列，遂升東朝使者，自是爲定制。六年，拜天章閣待制、知桂州。

自王安石用事，始求邊功，王韶以熙河進，章惇、熊本亦因此求奮。是時，議者言交阯可取，朝廷命蕭注守桂經略之。注蓋造謀者也，至是，復以爲難。起言：「南交小醜，無不可取之理。」乃以起代注，遂一意事攻討。妄言密受旨，擅令疆吏入溪洞，點集土丁爲保伍，授以陣圖，使歲時肄習。繼命指使因督餉鹽之海濱，集舟師寓教水戰。故時交人與州縣貿易，悉禁止之。於是交阯益貳，大集兵丁謀入寇。

蘇緘知邕州，以書抵起，請止保甲，罷水運，通互市。起不聽，劾緘沮議，起坐邊議罷。命劉彝代之以守廣，日遏絕其表疏，於是交人疑懼，率衆犯境，連陷廉、白、欽、邕四州，死者數十萬人。事聞，貶起團練使，安置郢州，徙越，又徙秀而卒。

起生平喜談兵，嘗以兵法謁范仲淹，仲淹器其材，注孫武書以自見，卒用此敗。

劉彝字執中，福州人。幼介特，居鄉以行義稱。從胡瑗學，瑗稱其善治水，凡所立綱紀規式，彝力居多。第進士，爲邵武尉，調高郵簿，移朐山令。治簿書，恤孤寡，作陂池，教種藝，平賦役，抑姦猾，凡所以惠民者無不至。邑人紀其事，目曰「治範」。

熙寧初，爲制置三司條例官屬，以言新法非便罷。神宗擇水官，以彝悉東南水利，除都水丞。久雨汴漲，議開長城口，彝請但啓楊橋斗門，水卽退。爲兩浙轉運判官。知虔州，俗尙巫鬼，不事醫藥。彝著正俗方以訓，斥淫巫三千七百家，使以醫易業，俗遂變。加直史館，知桂州。禁與交人互市，交阯陷欽、廉、邕三州，坐貶均州團練副使，安置隨州。又除名爲民，編隸涪州，徙襄州。

元祐初，復以都水丞召還，病卒于道，年七十。著七經中義百七十卷，明善集三十卷，居陽集三十卷。

論曰：兵，凶器也，雖聖人猶曰未學。輕敵寡謀，鮮有不自焚者。永樂之陷，安南之衄，死者百萬，罹禍甚慘，良由數人者不自量度，以開邊釁。禧、稷、永能之死，宜矣。起執議益堅，妄意輕舉，雖貶官莫贖其責。彝不能行所學，而規規然蹈前車之轍，以濟其過，烏得無罪？

熊本字伯通，番陽人。兒時知學，郡守范仲淹異其文。進士上第，爲撫州軍事判官，稍遷秘書丞、知建德縣。縣令頃包魚池爲圭田，本弛以與民。

熙寧初，上書言：「陛下師用賢傑，改修法度，得稷、禼、皐、夔之佐。」由是提舉淮南常平、檢正中書禮房事。

六年，瀘州羅、晏夷〔三〕叛，詔察訪梓、夔，得以便宜治夷事。本嘗通判戎州，習其俗，謂：「彼能擾邊者，介十二村豪爲鄉導爾。」以計致百餘人，梟之瀘川，其徒股栗，願矢死自贖。本請于朝，寵以刺史、巡檢之秩，明示勸賞，皆踊躍順命，獨柯陰一酋不至。本合晏州十九姓之衆，發黔南義軍強弩，遣大將王宣、賈昌言率以進討。賊悉力旅拒，敗之黃葛下，追奔深入。柯陰窘乞降，盡籍丁口、土田及其重寶善馬，歸之公上，受貢職。於是烏蠻羅氏鬼主諸夷皆從風而靡，願世爲漢官奴。遷刑部員外郎、集賢殿修撰、同判司農寺。神宗勞之曰：「卿不傷財，不害民，一旦去百年之患，至於檄奏詳明，近時鮮儷焉。」賜三品服。西南用兵蠻中始此。

蔡京時爲秀州推官〔三〕，本言其學行純茂，練習新法，薦爲幹當公事。河、湟初復，本爲秦鳳路都轉運使。熙河法禁闊略，蓄積不支歲月，本奏省冗官百四十員，歲減浮費數十萬。

渝州南川獠木斗叛，詔本安撫。本進營銅佛壩，抗其亢，焚積聚，以破其黨。木斗氣索，舉溱州地五百里來歸，爲四砦九堡，建銅佛壩爲南平軍。初，熟獠王仁貴以木斗親繫獄，本釋其縛置麾下，至是推鋒先登。大臣議加本天章閣待制，帝曰：「本之文，朕所自知，當典書命。」遂知制誥。帝數稱其文有體，命院吏別錄以進。

又上疏云：「天下之治，有因有革，期於趣時適治而已。議者猥用持盈守成之說，文苟簡因循之治，天下之吏因以安常習故爲俗，奮言納忠者，悠悠之徒相與蹙額盱衡而詆罵之。陛下出大號，發大政，可謂極因革之理。然改制之始，安常習故之羣圜視四起，交讙而合譟，或諍於廷，或謗於市，或投劾引去者，不可勝數。陛下燭見至理，獨立不奪，今雖少定，彼將伺隙而逞。願陛下深念之，勿使譟讙之衆有以窺其間，而終萬世難就之業，天下幸甚。」本之意，專以媚王安石也。

范子淵創浚河之役，文彥博爭之，命本行視，議如彥博。安石白出本分司西京。居三年，起知滁州，改廣州，召爲工部侍郎。宜州蠻擾邊，道除龍圖閣待制、知桂州。至則諭溪洞酋長，戒邊吏勿生事，請選將練兵代戍，益市馬以足騎兵，宜州遂無事。民蔡寶琂扇龍蕃與峒戶相仇殺，欲引兵致討以爲功。本質之，色動，縛而投之海。蠻夷以爲神。

諜告交人明年將入寇，使者實其言，詔訪，本曰：「使者在道，安得此？藉使有謀，何自先知之？」已而果妄。是時，既以順州賜李乾德，疆畫未正，交人緣是輒暴勿陽地而逐儂智會。智會來乞師，本檄問狀，乾德斂兵謝本，因請以宿桑八洞不毛之地賜之，南荒遂安。

轉運判官許彥先議通湖南鹽於西廣，計口授民，度可得息三十萬。本言：「桂管民貧地瘠，恐不堪命。」議遂格。入爲吏部侍郎。踰年，力請外，仍待制、知洪州。言者謂本棄八洞爲失謀，奪一官，徙杭州、江寧府，再知洪州。召還，卒于道。有文集、奏議共八十卷。

蕭注字巖夫，臨江新喻人。磊落有大志，尤喜言兵。常言：「四方有事，吾將兵數萬，鼓行其間，戰必勝，攻必取，豈不快哉！」

舉進士，攝廣州番禺令。儂智高圍州數月，方舟數百攻城南，勢危甚。注自圍中出募海濱壯士，得二千人，乘大舶集上流，因颶風起，縱火焚賊舟，破其衆。即日發縣門納援兵，民持牛酒、芻糧相繼入，城中人始有生意。自是每戰以勝歸。蔣偕上其功，擢禮賓副使、廣南駐泊都監。賊還據邕管，余靖患其嘯誘諸洞，以屬注。注挺身入蠻中，施結恩信。狄青師次賓州，召會諸將，疑注倚賊聲勢爲姦利，欲誅之。注覺，託爲游辭，不肯往。賊破，青始聞注前功，以知邕州。

智高走大理國，母與二弟寓特磨道。注帥師往討，獲一裨將。引致臥內，與之語，具得賊情，悉擒送闕下。拜西上閤門副使。募死士使入大理取智高，至則已爲其國所殺，函首歸獻。轉爲使。

居邕數年，陰以利啗廣源羣蠻，密繕兵甲，乃上疏曰：「交阯雖奉朝貢，實包禍心，常以蠶食王土爲事。往天聖中，鄭天益爲轉運使，嘗責其擅賦雲河洞。今雲河乃落蠻數百里，蓋年侵歲吞，馴致於是。臣已盡得其要領，周知其要害。今不取，異日必爲中國憂。願馳至京師，面陳方略。」未報，而甲洞申紹泰犯西平，五將被害。諫官論注不法致寇，罷爲荆南鈐轄、提點刑獄。李師中又劾其沮威嗜利，略智高閹民爲奴，發洞丁采黃金無帳籍可考。中使按驗頗有實，貶泰州團練副使。淮南轉運使言：「注椎牛屠狗，招集游士，部勒爲兵，教之騎射，請徙大州以縻之。」詔改鎭南軍節度副使。

近臣有訟注廣州功者，起爲右監門將軍、邠州都監。熙寧初，以禮賓使知寧州。環慶

知桂州。

李信之敗，列城皆堅壁，注獨啓關夜宴如平時。復閤門使，管幹麟府軍馬。辭云：「身本書生，差長拊納，不閑戰鬥，懼無以集事。」時有言「交人挫於占城，衆不滿萬，可取也」。遂以注入覲，神宗問攻取之策，對曰：「昔者臣有是言，是時溪洞之兵，一可當十；器甲堅利，親信之人皆可指呼而使。今兩者不如昔，交人生聚敎訓十五年矣，謂之『兵不滿萬』，妄也。」既至桂，種酋皆來謁。注延訪山川曲折，老幼安否，均得其驩心，故李乾德動息必知之。然有獻征南策者，輒不聽。會沈起以平蠻自任，帝使代注而罷，注歸，卒于道，年六十一。詔優錄其子，賻絹三百。

注有膽氣，嗜殺，而能相人。自陝西還，帝問注：「韓絳爲安撫使，施設何如？」對曰：「廟算深遠，臣不能窺。然知絳當位極將相。」帝喜曰：「果如卿言，絳必成功。」問王安石，曰：「安石牛目虎顧，視物如射，意行直前，敢當天下大事。然不如絳得和氣爲多，惟氣和能養萬物爾。」王韶爲建昌參軍，注曰：「君他日類孫沔，但壽不及。」後皆如其言。

陶弼字商翁，永州人。少倜儻，放宕吳中。行山間，有雙鯉戲溪水上，竚觀之。傍一老父顧曰：「此龍也，行且鬥，君宜亟去。」去百步許，雷大震而雨，岸圮木拔。又出大雲，倉卒遇風暴怒，二十七艘同時溺，獨弼舟得濟，人以是異之。一見丁謂，謂妻以宗女，因從學兵法，能持論縱橫。

慶曆中，楊畋討湖南徭，弼上謁，畋授之兵使往襲，大破之。以功得陽朔主簿。儂智高犯南海，畋爲安撫使，辟參軍謀。使下英江會諸將議擊，未至，智高解去。弼舍舟，從其徒數十人，間關步出赴畋。次臨賀，大將蔣偕適戰死，餘衆畏亡將被誅，多降賊。弼數與之遇，亟矯畋命揭榜道上，論使歸，許以不死，凡得千五百人。府罷，調陽朔令。課民植木官道旁，夾數百里，自是行者無夏秋暑暍之苦，它郡縣悉効之。攝興安令。移書說桂守蕭固浚靈渠以通漕，不聽；至李師中，卒浚之。師征安南，餽餉於是乎出，大爲民利。

知賓、容、欽三州，換崇儀副使，遷爲使，知邕州。邕經儂寇，井隧蕩然，人不樂其生。弼綏輯惠養，至忘其勤。諸峒獻土物求內附，弼降意撫答，謝其贄，皆感悅無犯邊者。邕地卑下，水易集，夏大雨彌月，弼登城以望，三邊皆漫爲陂澤，亟窒垠江三門，諭兵民即高避害。俄而水大至，弼身先版臿，召僚吏賦役，爲土囊千餘置道上，水果從竇入，隨塞之。城雖不壞，而人皆乏食，則爲發廩以振於內，方舟以饁於外，水不及女牆者三板，旬有五日乃退，公私一無所失亡。自橫、潯以東數州皆沒。弼久於邕，請便郡徙鼎州。章惇經理五溪蠻事，薦爲辰州，遷皇城使。降北江彭師宴，授忠州刺史。

郭逵南征，轉弼康州團練使，復知邕州。民再罹禍亂，散匿山谷，弼率百騎深入左江峒，民知其至，扶老攜幼以歸。逵帥官軍臨富良江，使弼殿。交人納款，逵欲班師，恐爲所襲。乃以計夜起，軍不整，騎步相蹈藉亂行。賊隔江陰伺覘，知弼殿，弗敢追。弼申令帳下毋動，遲明，結隊徐行，逵賴以善還。建所得廣源峒爲順州，桄榔爲縣。進弼西上閤門使，留知順州。

州去邕二千里，多毒草瘴霧，戍卒死者什七八，弼亦疾甚，然蚤暮勞軍，視其良苦，意氣激揚，士莫不感泣，彊奮起爲用。交人襲取桄榔，揚聲欲圖州，獨難弼。弼素得人心，賊動息皆先知。獲間諜不殺，諭以逆順，縱之去，恩威兩施，以是終弼在不敢犯。加東上閤門使，未拜而卒。詔錄其家五人。

弼能爲詩，好士樂施，所得奉祿，悉以與人，家至貧不恤也。既死，妻在鄉里，僦屋以居。

林廣，萊州人。以捧日軍卒爲行門，授內殿崇班，從環慶蔡挺麾下。李諒祚寇大順城，廣射中之。李信敗於荔原，廣引兵西入，破十二盤，攻白豹、金湯，皆先登。夜過洛河，夏人來襲，廣揚聲選彊弩列岸側，實卷甲疾趨，夏人疑不敢渡。嘗護中使臨邊，將及烏雞川，遽率衆循山行。道遇熟羌以險告，廣不答，夏人果伏兵於川，計不行而去。告者乃諜也。

夏人圍柔遠城，廣止守，戒士卒即有變毋得輕動。火夜起積薪中，衆屯守自若。明日，敵至馬平川，大持攻具來。廣被甲啓他門鼓而出，若將奪其馬，敵舍城救馬，廣復入，益修守備，夜募死士斫其營。夏人數失利，始引退。累遷禮賓使。韓絳奏爲本道將。

慶兵据北城叛，廣在南城，望其衆進退不一，曰：「是不舉軍亂也。」挺身縋城出其後，諭以逆順，皆投兵聽命。出者財三百人，廣語餘衆曰：「亂者去矣，汝曹事我久，能聽我，不唯得活，仍有功。」得百餘人。激厲要束，使反攻城下兵，禽戮皆盡，遂平北城。出追亂者，至石門山與之遇，諭之不肯降；縱兵尾擊，敵知不得免，始請命。廣曰：「不從吾言，今窘而就死，非降也。」悉斬之。遷本路都監。

詔入對，神宗獎金湯、石門之功，慰賜甚厚，將使開熙河。辭以不習洮、隴事，乃遷鈐轄使，還徙鄜延。攻踏白城，功最，遷皇城使。進討洮羌，加帶御器械、環慶副都總管。安南用師，詣闕請行。帝曰：「南方卑濕。知卿病足，西邊方開拓，宜復歸。」擢龍神衞四廂都指揮使、英州刺史。邊臣或言：「往者劉平因救鄜道戰沒，今宜罷援兵。」廣曰：「此乃制賊長計也。使賊悉力寇一路，而他道不救，雖古名將亦無能爲已。平之所以敗，非出援罪。」乃止。

再轉步軍都虞候。韓存寶討瀘蠻乞弟，逗撓不進，詔廣代之。廣至，閱兵合將，𥳑人材勇怯，三分之，日夕肄習，間椎牛享犒，士心皆奮。遣使開曉乞弟，仍索所亡卒。乞弟歸卒七人，奏書降而身不至。乃決策深入，陳師瀘水，率將吏東鄉再拜。誓之曰：「朝廷以存寶用兵亡狀，使我代之，要以必禽渠魁。今孤軍遠略，久駐賊境，退則爲戮，冒死一戰，勝負未可知。縱死，猶有賞，愈於退而死也。與汝等戮力而進，可乎？」衆皆踊躍。

廣挾所得渠帥及質子在軍，而令以次酋護餉，以是入箐道而無鈔略之患。師行有二途，從納溪抵江門近而險，從寧遠抵樂共壩遠而平。蠻意官軍必出江門，盛兵阻隘；而師趨樂共，蠻不能支，皆遁去。廣分兵繞帽溪，掩江門後，破其險，水陸皆通行，益前進，每戰必捷。次落婆遠，乞弟遣叔父阿汝約降求退舍，又約不解甲。廣策其有異，除阜爲壇，距中軍五十步，且設伏。明日，乞弟擁千人出降，匿弩士氈裘，猶豫不前謝恩。廣發伏擊之，蠻奔潰，斬阿汝及大酋二十八人。乞弟以所乘馬授弟阿字，大將王光祖追斬之，軍中爭其尸，乞弟得從江橋下脫走。得其種落三萬，進次歸徠州，窮探巢穴，發故酋甫望箇恕冢。天寒，士多墮指，而乞弟竟不可得。監軍先受密詔，聽引兵還，遂班師。拜衞州防禦使、馬軍都虞候。西兵未解，上疏求面陳方略。及入見，言：「韓存寶雖有罪，功亦多，以今日朝廷待諸將，存寶不至死。」廣還部，至闅鄉，疽發斷頸卒，年四十八。

廣爲人有風義，輕財好施，學通左氏春秋。臨事持重，長於料敵，以智損益八陣圖，又撰約束百餘條列上，邊地頗推行之。其名聞於西夏。秉常母梁氏將內侮，論中國將帥，獨畏廣，聞其南征，乃舉兵。然在瀘以敕書招蠻，既降而殺之，此其短也。湍被惡疾死，或以爲殺降之報云。

論曰：宋太宗既厭兵，一意安邊息民，海內大治。眞宗、仁宗深仁厚澤，涵煦生民，然仁文有餘，義武不足，蓋是時中國之人，不見兵革之日久矣。於是契丹、西夏起爲邊患，乃不吝繒帛以成和好。神宗撫承平之運，銳焉有爲，積財練兵，志在刷恥。故一時材智之士，各得暴其所長，以興立事功，若熊本、蕭注、陶弼、林廣實然。本、注起身科第，弼能詩好士，廣學通左氏春秋。昔孫權勸呂蒙學，文武豈二致哉！本上書以媚時相，廣之征蠻，發塚殺降，君子疵之。

校勘記

〔一〕議築砦堡各六　「堡」字原脫，據下文和長編卷三二八補。

〔二〕瀘州羅晏夷　「瀘州」原作「瀘川」。按本書卷四九六瀘州蠻傳、長編卷二四五記載此事，都作「瀘州」。據改。

〔三〕蔡京時爲秀州推官　按本書卷四七二蔡京傳，京曾任舒州推官，未任秀州推官。

宋史卷三百三十五

列傳第九十四

种世衡 子古 諤 誼 孫朴 師道 師中

种世衡字仲平，放之兄子也。少尚氣節，昆弟有欲析其貲者，悉推與之，惟取圖書而已。以放蔭補將作監主簿，累遷太子中舍。

嘗知涇陽縣，里胥王知謙以姦利事敗，法當徒〔一〕，遁去。比郊赦輒出，世衡曰「遂府則會赦」，杖其脊而請罪于府，知府李諮奏釋之。後通判鳳州。州將王蒙正，章獻后姻家也，所爲不法。嘗干世衡以私，不聽，蒙正怒，乃誘知謙訟寃而陰助之，世衡坐流竇州，徙汝州。弟世材上一官以贖，爲孟州司馬。久之，龍圖閣直學士李紘爲辨其誣，宋綬、狄棐繼言之，除衞尉寺丞，歷監隨州酒，簽書同州、鄜州判官事。

西邊用兵，守備不足。世衡建言，延安東北二百里有故寬州，請因其廢壘而興之，以當寇衝，右可固延安之勢，左可致河東之粟，北可圖銀、夏之舊。朝廷從之，命董其役。夏人屢出爭，世衡且戰且城之。然處險無泉，議不可守。鑿地百五十尺，始至于石，石工辭不可穿，世衡命屑石一畚酬百錢，卒得泉。城成，賜名青澗城。

遷內殿崇班、知城事。開營田二千頃，募商賈，貸以本錢，使通貨贏其利，城遂富實。間出行部族，慰勞酋長，或解與所服帶。嘗會客飲，有得敵情來告者，卽以飲器予之，繇是屬羌皆樂爲用。再遷洛苑副使、知環州。

蕃部有牛家族奴訛者，素屈彊，未嘗出謁郡守，聞世衡至，遽郊迎。世衡與約，明日當至其帳，往勞部落。是夕大雪，深三尺。左右曰：「地險不可往。」世衡曰：「吾方結諸羌以信，不可失期。」遂緣險而進。奴訛方臥帳中，謂世衡必不能至，世衡蹵而起，奴訛大驚曰：「前此未嘗有官至吾部者，公乃不疑我耶！」率其族羅拜聽命。

羌酋慕恩部落最強，世衡嘗夜與飲，出侍姬以佐酒。既而世衡起入內，潛於壁隙中窺之。慕恩竊與侍姬戲，世衡遽出掩之，慕恩慙懼請罪。世衡笑曰：「君欲之耶？」卽以遺之，由是得其死力。諸部有貳者，使討之無不克。有兀二族，世衡招之不至，卽命慕恩出兵誅之。其後百餘帳皆自歸，莫敢貳。因令諸族置烽火，有急則舉燧，介馬以待。

葛懷敏敗，率羌兵數千人以援涇原，無敢後者。嘗課吏民射，有過失，射中則釋其罪；有辯某事、請某事，輒因中否而與奪之。人人自厲，皆精於射，繇是數年敵不敢近環境。

遷東染院使、環慶路兵馬鈐轄。范仲淹檄令與蔣偕築細腰城，世衡時臥病，即起，將所部甲士晝夜興築，城成而卒。

初，世衡在青澗城，元昊未臣，其貴人野利剛浪唛、遇乞兄弟有材謀，皆號大王。親信用事，邊臣欲以謀間之。慶曆二年，鄜延經略使龐籍，兩爲保安軍守劉拯書，賂蕃部破丑以達野利兄弟，而涇原路王沿、葛懷敏亦遣人持書及金寶以遺遇乞。會剛浪唛令浪埋、賞乞、媚娘等三人詣世衡請降，世衡知其詐，曰：「與其殺之，不若因以爲間。」留使監商稅，出入騎從甚寵。

有僧王光信者，趫勇善騎射，習知蕃部山川道路。世衡出兵，常使爲鄉導，數盪族帳，奏以爲三班借職，改名嵩。世衡爲蠟書，遺嵩遺剛浪唛，言浪埋等已至，朝廷知王有向漢心，命爲夏州節度使，奉錢月萬緡，旌節已至，趣其歸附，以棗緣畫龜，喻其早歸之意。剛浪唛得書大懼，自所治執嵩歸元昊。元昊疑剛浪唛貳己，不得還所治，且錮嵩穽中。使其臣李文貴以剛浪唛旨報世衡，且言不達所遺書意，或許通和，願賜一言。世衡以白籍。時朝廷已欲招拊，籍召文貴至，諭以國家寬大開納意，縱使還報。元昊得報，出嵩，禮之甚厚，使與文貴偕來。自是繼遣使者請降，遂稱臣如舊。

世衡聞野利兄弟已誅，爲文越境祭之。籍疏嵩勞，具言元昊未通時，世衡畫策遣嵩冒艱險間其君臣，遂成猜貳，因此與中國通，請優進嵩官。遷三班奉職。後嵩因對自陳，又進侍禁、閤門祗候。

世衡死，籍爲樞密使。世衡子古上書訟父功，爲籍所抑。古復上書，遂贈世衡成州團練使，詔流內銓授古大縣簿尉，押還本貫。籍旣罷，古復辯理，下御史考驗，以籍前奏王嵩疏爲定。詔以其事付史官，聽古從官便郡。

世衡在邊數年，積穀通貨，所至不煩縣官益兵增饋。善撫養士卒，病者遣一子專視其食飲湯劑，以故得人死力。及卒，羌酋朝夕臨者數日，靑澗及環人皆畫象祠之。子古、諤、診，皆有將材。關中號曰「三种」。誼，其幼子也。孫朴、師道、師中。

古字大質，少慕從祖放爲人，不事科舉。當任官，辭以與弟，時稱「小隱君」。世衡卒，錄古爲天興尉，累轉西京左藏庫副使、涇原路都監、知原州。

羌人犯塞，古禦之，斬級數百。築城鎭戎之北，以據要害。神宗召對，遷通事舍人，官其三弟。與弟診破環州折薑會，斬首二千級，遷西上閤門副使。民有損直鬻田於熟羌以避役者，古按其狀，得良田三千頃，丁四千，悉刺爲民兵。歷環慶、永興軍路鈐轄。

坐訟范純仁不當，奪一官，知寧州，徙鎭戎軍。熙河師十萬道境上，須芻粮，僚佐以他路爲言。古曰：「均王師也。」命給之。又徙鄜、隰二州，卒，年七十。

古明達孝義。弟諤坐擅興繫獄，乞納官贖其罪。世衡遺張問田千畝，問返之，而世衡死，古終不復受。然世衡受知於范仲淹，因立青澗功，而古以私憾訟純仁，士論少之。

諤字子正，以父任累官左藏庫副使，延帥陸詵薦知青澗城。

夏酋令㥄內附，詵恐生事，欲弗納，諤請納之。夏人來索，詵問所以報，諤曰：「必欲令㥄，當以景詢來易。」乃止。詢者，中國亡命至彼者也。

夏將嵬名山部落在故綏州，其弟夷山先降，諤使人因夷山以誘之，賂以金盂，名山小吏李文喜受而許降，而名山未之知也。諤卽以聞，詔轉運使薛向及陸詵委諤招納。諤不待報，悉起所部兵長驅而前，圍其帳。名山驚，援槍欲鬥，夷山呼曰：「兄已約降，何爲如是？」文喜因出所受金盂示之，名山投槍哭，遂擧衆從諤而南。得酋領三百、戶萬五千、兵萬人。

將築城，詵以無詔出師，召諤還。軍次懷遠，晨起方櫛，敵四萬衆坌集，傅城而陳。諤開門以待，使名山帥新附百餘人挑戰，諤兵繼之，鼓行而出。至晉祠據險，使偏將燕達、劉甫爲兩翼，身爲中軍，乃閉壘，悉老弱乘城鼓譟以疑賊。已而合戰，追擊二十里，俘馘甚衆，遂城綏州。

詵劾諤擅興，且不稟節制，欲捕治，未果而詵徙秦。言者交攻之，遂下吏，貶秩四等，安置隨州。會侯可以言水利入見，神宗問其事，對曰：「种諤奉密旨取綏而獲罪，後何以使人？」帝亦悔，復其官。

韓絳宣撫陝西，用爲鄜延鈐轄。絳城囉兀，規橫山，令諤將兵二萬出無定川，命諸將皆受節度，起河東兵會銀州。城成而慶卒叛，詔罷師，棄囉兀，責授汝州團練副使。再貶賀州別駕，移單州，又移華州。絳再相，訟其前功，復禮賓副使、知岷州。董氈將鬼章聚兵于洮、岷，新羌多叛，諤討襲誅之。從李憲出塞，收洮州，下逋宗、講珠、東宜諸城，掩擊至大河，斬首七千級。

遷東上閤門使、文州刺史、知涇州，徙鄜延副總管。上言：「夏主秉常爲其母所囚，可急因本路官擣其巢穴。」遂入對，大言曰：「夏國無人，秉常孺子，臣往持其臂以來耳。」帝壯之，決意西討，以爲經略安撫副使，諸將悉聽節制。諤即次境上，帝以諤先期輕出，使聽令於王中正。敵屯兵夏州，諤率本路并畿內七將兵攻米脂，三日未下。夏兵八萬來援，諤禦之無定川，伏兵發，斷其首尾，大破之，降守將令介訛遇。捷書聞，帝大喜，羣臣稱賀，遣中使諭獎，而罷中正。

諤留千人守米脂，進次銀、石、夏州，不見敵。始，被詔當會靈武，諤迂枉不進，士卒飢憊，欲以粮運不繼歸罪轉運使李稷。駐軍麻家平，大校劉歸仁以衆潰，詔令班師。猶遷鳳州團練使、龍神衞四廂都指揮使。

諤謀據横山之志未已，遣子朴上其策。帝召朴問狀，擢爲閤門祗候。將進城横山，命徐禧、李舜舉使鄜延計議。諤言：「横山延袤千里，多馬宜稼，人物勁悍善戰，且有鹽鐵之利，夏人恃以爲生；其城壘皆控險，足以守禦。今之興功，當自銀州始。其次遷宥州，又其次修夏州，三郡鼎峙，則横山之地已囊括其中。又其次修鹽州，則横山彊兵戰馬、山澤之利，盡歸中國。其勢居高，俯視興、靈，可以直覆巢穴。」而禧與沈括定議移銀州，城永樂，與諤始謀異，乃奏留諤守延。既而永樂受圍，諤觀望不救，帝冀其後效，置不問，且虞賊至，就命知延州。疽發背卒，年五十七。

諤善馭士卒，臨敵出奇，戰必勝，然詐誕殘忍，左右有犯立斬，或先刳肺肝，坐者掩面，諤飲食自若。敵亦畏其敢戰，故數有功。李稷之餽軍也，旦入諤營，軍吏鳴鼓聲喏。諤呼問吏曰：「軍有幾帥？要當借汝頭以代運使。」卽叱斬之。稷惶怖遽出。嘗渡河，猝遇敵，紿門下客曰：「事急矣，可衣我衣，乘我馬，從旗鼓千騎，亟趨大軍。」客信之，敵以爲諤，追之，幾不免。自熙寧首開綏州，後再舉西征，皆其兆謀，卒致永樂之禍。議者謂諤不死，邊事不已。

諠字壽翁。熙寧中，古入對，神宗問其家世，命諠以官。從高遵裕復洮、岷，又平山後羌，至熙河副將。

使靑唐，董氊遣鬼章迎候境上，取道故爲回枉，以夸險遠。諠固習其地里，誚之曰：「爾跳梁坎井間，謂我不知遠近邪？」命趨便道。鬼章怒，脅以兵，諠聲氣不動，卒改塗。外爲路都監。自蘭州渡河討賊，斬首六百，累轉西京使。

元祐初，知岷州。鬼章誘殺景思立，後益自矜，大有窺故土之心，使其子詣宗哥請益兵入寇，且結屬羌爲內應。諠刺得其情，上疏請除之。詔遣游師雄就商利害，遂與姚兕合兵出討。羌迎戰，擊走之，追奔至洮州。諠亟進攻，晨霧蔽野，跬步不可辨。諠曰：「吾軍遠來，彼固不知厚薄，乘此可一鼓而下也。」遂親鼓之。有頃，霧霽，先登者已得城，鬼章就執。諠戲問之曰：「別後安否？」不能對，徐謂人曰：「我生惡种使，今日果爲所擒。天不使我復有故土，命也。」遂俘以歸。拜西上閤門使、康州刺史，徙知鄜州。

夏人犯延安，趙卨使諠統諸將。敵聞諠至，皆潰去。延人謂：「得諠，勝精兵二十萬。」

進熙河鈐轄、知蘭州。蘭與通遠皆絕塞，中間保障不相接，腴田多棄不耕，諒請城李諾平以扼衝要。會遷東上閤門使、保州團練使，卒，年五十五。

諒倜儻有氣節，喜讀書。莅軍整嚴，令一下，死不敢避；遇敵，度不勝不出，故每戰未嘗負敗。岷羌酋包順、包誠恃功驕恣，前守務姑息，諒至，厚待之。適有小過，叱下吏，將置法，順、誠叩頭伏罪，願效命以贖，乃使輸金出之，羣羌畏惕。及洮州之役，二人功最多。

朴以父任右班殿直，積勞，遷至皇城使、昌州刺史，徙熙河蘭會鈐轄兼知河州，安撫洮西沿邊公事。

河南蕃部叛，屬羌阿章率他族拒官軍，熙帥胡宗回使朴出討。時朴至州才二日，以賊鋒方銳，且盛寒，欲姑徐之，而宗回馳檄至六七，不得已，遂出兵。羌知朴來，伏以待。朴遇伏，首尾不相應，朴殊死戰，爲賊所殺，以馬負其尸去。

羌乘勝追北。師還遇隘，壅迮不得行。偏將王舜臣者善射，以弓掛臂，獨立敗軍後。羌來可萬騎，有七人介馬而先。舜臣念此必羌酋之尤桀黠者，不先殪之，吾軍必盡。乃宣言曰：「吾令最先行者眉間插花。」引弓三發，隕三人，皆中面；餘四人反走，矢貫其背。萬騎愕眙莫敢前，舜臣因得整衆。須臾，羌復來。舜臣自申及酉，抽矢千餘發，無虛者。指裂，血流至肘。薄暮，乃得踰隘。將士氣奪，無敢復言戰。當是時，微舜臣則師殲矣。事聞，贈朴雄州防禦使，官其後十人。

師道字彝叔。少從張載學，以蔭補三班奉職，試法，易文階，爲熙州推官、權同谷縣。縣吏有田訟，彌二年不決。師道繙閱案牘，窮日力不竟，然所訟止母及兄而已。引吏詰之曰：「母、兄，法可訟乎。汝再期擾鄉里足未？」吏叩頭服罪。

通判原州，提舉秦鳳常平。議役法忤蔡京旨，換莊宅使、知德順軍。又謂其詆毀先烈，罷入黨籍，屏廢十年。以武功大夫、忠州刺史、涇原都鈐轄知懷德軍。夏國畫境，其人焦彥堅必欲得故地，師道曰：「如言故地，當以漢、唐爲正，則君家疆土益蹙矣。」彥堅無以對。

童貫握兵柄而西，翕張威福，見者皆旅拜，師道長揖而已。召詣闕，徽宗訪以邊事，對曰：「先爲不可勝，來則應之。妄動生事，非計也。」貫議徙內郡弓箭手實邊，而指爲新邊所募。帝復訪之，對曰：「臣恐勤遠之功未立[三]，而近擾先及矣。」帝善其言，賜襲衣、金帶，以爲提舉秦鳳弓箭手。時五路並置官，帝謂曰：「卿，吾所親擢也。」貫滋不悅，師道不敢拜，以請，得提舉崇福宮。久之，知西安州。

夏人侵定邊，築佛口城，率師往夷之。始至渴甚，師道指山之西麓曰：「是當有水。」命工求之，果得水滿谷。累遷龍神衞四廂都指揮使、洛州防禦使、知渭州。督諸道兵城席葦平〔三〕，士賦工，敵至，堅壁葫蘆河。師道陳于河滸，若將決戰者。陰遣偏將曲充徑出橫嶺，揚言援兵至，敵方駭顧，楊可世潛軍其後，姚平仲以精甲衷擊之，敵大潰，斬首五十級〔四〕，獲橐駝、馬牛萬計，其酋僅以身免。卒城而還。

又詔帥陝西、河東七路兵征臧底城，期以旬日必克。既薄城下，敵守備甚固。官軍小怠，列校有據胡床自休者，立斬之，尸于軍門。令曰：「今日城不下，視此。」衆股栗，譟而登城，城卽潰，時兵至纔八日。帝得捷書喜，進侍衞親軍馬軍副都指揮使、應道軍承宣使。

從童貫爲都統制，拜保靜軍節度使。貫謀伐燕，使師道盡護諸將。師道諫曰：「今日之舉，譬如盜入鄰家不能救，又乘之而分其室焉，無乃不可乎？」貫不聽。既次白溝，遼人譟而前，士卒多傷。師道先令人持一巨梃自防，賴以不大敗。

遼使來請曰：「女眞之叛本朝，亦南朝之所甚惡也。今射一時之利，棄百年之好，結豺狼之鄰，基他日之禍，謂爲得計可乎？救災恤鄰，古今通義，惟大國圖之。」貫不能對，師道復諫宜許之，又不聽，密劾其助賊。王黼怒，責爲右衞將軍致仕，而用劉延慶代之。延慶敗績于盧溝，帝思其言，起爲憲州刺史、知環州，俄還保靜軍節度使，復致仕。

金人南下，趣召之，加檢校少保、靜難軍節度使、京畿河北制置使，聽便宜檄兵食。師道方居南山豹林谷，聞命卽東。過姚平仲〔五〕，有步騎七千，與之俱北。至洛陽，聞斡離不已屯京城下，或止勿行曰：「賊勢方銳，願少駐汜水，以謀萬全。」師道曰：「吾兵少，若遲回不進，形見情露，祇取辱焉。今鼓行而前，彼安能測我虛實？都人知吾來，士氣自振，何憂賊哉！」揭榜沿道，言种少保領西兵百萬來〔六〕。遂抵城西，趨汴水南，徑逼敵營。金人懼，徙砦稍北，斂游騎，但守牟駝岡，增壘自衞。

時師道春秋高，天下稱爲「老种」。欽宗聞其至，喜甚，開安上門，命尙書右丞李綱迎勞。時已議和，入見，帝問曰：「今日之事，卿意如何？」對曰：「女眞不知兵，豈有孤軍深入人境而能善其歸乎？」帝曰：「業已講好矣。」對曰：「臣以軍旅之事事陛下，餘非所敢知也。」拜檢校少傅、同知樞密院、京畿兩河宣撫使，諸道兵悉隸焉。以平仲爲都統制。

師道時被病，命毋拜，許肩輿入朝。金使王汭在廷頡頏，望見師道，拜跪稍如禮。帝顧笑曰：「彼爲卿故也。」京城自受圍，諸門盡閉，市無薪菜。師道請啓西、南壁，聽民出入如常。

金人有擅過偏將馬忠軍者，忠斬其六人。金人來訴，師道付以界旗，使自爲制，後無有敢越佚者。又請緩給金幣，使彼惰歸，扼而殲諸河，執政不可。

种氏、姚氏皆爲山西巨室，平仲父古方以熙河兵入援。平仲慮功名獨歸种氏，乃以士不得速戰爲言達于上。李綱主其議，令城下兵緩急聽平仲節度。帝日遣使趣師道戰，師道欲俟其弟秦鳳經略使師中至，奏言過春分乃可擊。時相距纔八日，帝以爲緩，竟用平仲斫營，以及于敗。既敗，李邦彥議割三鎮，師道爭之不得。

李綱罷，太學諸生、都人伏闕願見种、李，詔趣使彈壓。師道乘車而來，衆褰簾視之，曰：「果我公也。」相率聲喏而散。

金師退，乃罷爲中太一宮使。御史中丞許翰見帝，以爲不宜解師道兵柄。上曰：「師道老矣，難用，當使卿見之。」令相見於殿門外。師道不語，翰曰：「國家有急，詔許訪所疑，公勿以書生之故不肯談。」師道始言：「我衆彼寡，但分兵結營，控守要地，使彼糧道不通，坐以持久，可破也。」翰嘆味其言，復上奏謂師道智慮未衰，尚可用。於是加檢校少師，進太尉，換節鎮洮軍，爲河北、河東宣撫使，屯滑州，實無兵自隨。

師道請合關、河卒屯滄、衞、孟、滑，備金兵再至。朝論以大敵甫退，不宜勞師以示弱，格不用。既而師中戰死，姚古敗，朝廷震悚，召師道還。太原陷，又使巡邊。次河陽，遇王汭，揣敵必大舉，亟上疏請幸長安以避其鋒。大臣以爲怯，復召還。既至，病不能見。十月，卒，年七十六〔七〕。帝臨奠，哭之慟，贈開府儀同三司。

京師失守，帝搏膺曰：「不用种師道言，以至于此！」金兵之始退也，師道中前議，勸帝乘半濟擊之，不從，曰：「異日必爲國患。」故追痛其語。建炎中，加贈少保，謚曰忠憲。

師中字端孺。歷知環濱邠州、慶陽府、秦州，侍衞步軍馬軍副都指揮使、房州觀察使，奉寧軍承宜使。

金人內侵，詔提秦鳳兵入援，未至而敵退，乃以二萬人守滑。遣副姚古爲河北制置使，古援太原，師中援中山、河間。或謂師中自磁、相而北，金人若下太行，則勢不能自還，此殷凝師于河上比也。時大臣立議矛盾，樞密主破敵，而三省令護出之。師中渡河，卽上言：「黏罕已至澤州，臣欲由邢、相間捷出上黨，擣其不意，當可以逞。」朝廷疑不用。斡離不還，師中逐出境。黏罕至太原，悉破諸縣，爲鎖城法困之，內外不相通。姚古雖復隆德、威勝，扼南北關，而不能解圍。於是詔師中由井陘道出師，與古掎角，進次平定軍，乘勝復壽陽、楡次，留屯眞定。

時黏罕避暑雲中，留兵分就畜牧，覘者以爲將遁，告諸朝。知樞密院許翰信之，數遣使督師中出戰，且責以逗撓。師中歎曰：「逗撓，兵家大戮也。吾結髮從軍，今老矣，忍受此爲罪乎！」卽日辦嚴，約古及張灝俱進，輜重賞犒之物，皆不暇從行。五月，抵壽陽之石坑，爲金人所襲。五戰三勝，回趨楡次，去太原百里，而古、灝失期不至，兵飢甚。敵知之，悉衆攻，右軍潰而前軍亦奔。師中獨以麾下死戰，自卯至巳，士卒發神臂弓射退金兵，而賞賚不及，皆憤怨散去，所留者纔百人。師中身被四創，力疾鬥死。師中老成持重，爲時名將，諸軍自是氣奪。劉韐言：「師中聞命卽行，奮不顧身，雖古忠臣，不過也。」請加優贈，以勸死國者。詔贈少師，謚曰莊愍。

論曰：宋懲五季藩鎭之弊，稍用逢掖治邊陲、領介胄。然兵勢國之大事，非素明習，而欲應變決策於急遽危難之際，豈不仆哉。种氏自世衡立功青澗，撫循士卒，威動羌、夏，諸子俱有將材，至師道、師中已三世，號山西名將。徽宗任宦豎起邊釁，師道之言不售，卒基南北之禍。金以孤軍深入，師道請遲西師之至而擊之，長驅上黨，師中欲出其背以擠之，可謂至計矣。李綱、許翰顧以爲怯緩逗撓，動失機會，遂至大衄，而國隨以敗，惜哉！

校勘記

〔一〕法當徒　「徒」原作「徙」。按本書卷一九九刑法志無徙刑而有徒刑，東都事略卷六一本傳正作「徒」，據改。

〔二〕臣恐勤遠之功未立　「勤」原作「動」，據北盟會編卷六〇折彥質种師道行狀、東都事略卷一〇七本傳改。

〔三〕督諸道兵城席葦平　「平」字原脫，據本書卷八七地理志、北盟會編卷六〇种師道行狀補。

〔四〕斬首五十級　「五十」，北盟會編卷六〇种師道行狀、東都事略卷一〇七本傳都作「五千」。

〔五〕過姚平仲　北盟會編卷三〇、東都事略卷一〇七本傳都作「遇」。

〔六〕言种少保領西兵百萬來　「西兵」原作「兩兵」。按种師道等所領之兵，是涇原、秦鳳路兵，當時稱爲西兵。本傳論曰：「師道請遲西兵之至而擊之。」北盟會編卷三〇敍述种等先遣軍到達東京時說：「遊騎知西兵至，退走。」「兩」字當爲「西」字之訛，據改。

〔七〕年七十六　原作「年六十七」，據北盟會編卷六〇种師道行狀、東都事略卷一〇七本傳改。

宋史卷三百三十六

列傳第九十五

司馬光 子康 呂公著 子希哲 希純

司馬光字君實，陝州夏縣人也。父池，天章閣待制。光生七歲，凛然如成人，聞講左氏春秋，愛之，退爲家人講，卽了其大指。自是手不釋書，至不知飢渴寒暑。羣兒戲於庭，一兒登甕，足跌沒水中，衆皆棄去，光持石擊甕破之，水迸，兒得活。其後京、洛間畫以爲圖。仁宗寶元初，中進士甲科。年甫冠，性不喜華靡，聞喜宴獨不戴花，同列語之曰：「君賜不可違。」乃簪一枝。

除奉禮郎，時池在杭，求簽蘇州判官事以便親，許之。丁內外艱，執喪累年，毁瘠如禮。服除，簽書武成軍判官事，改大理評事，補國子直講。樞密副使龐籍薦爲館閣校勘，同知禮院。

中官麥允言死，給鹵簿。光言：「繁纓以朝，孔子且猶不可。允言近習之臣，非有元勳大勞，而贈以三公官，給一品鹵簿，其視繁纓，不亦大乎。」夏竦賜謚文正，光言：「此謚之至美者，竦何人，可以當之？」改文莊。加集賢校理。

從龐籍辟，通判幷州。麟州屈野河西多良田，夏人蠶食其地，爲河東患。籍命光按視，光建：「築二堡以制夏人，募民耕之，耕者衆則糴賤，亦可漸紓河東貴糴遠輸之憂。」籍從其策；而麟將郭恩勇且狂，引兵夜渡河，不設備，沒於敵，籍得罪去。光三上書自引咎，不報。籍沒，光升堂拜其妻如母，撫其子如昆弟，時人賢之。

改直祕閣、開封府推官。交趾貢異獸，謂之麟，光言：「眞僞不可知，使其眞，非自至不足爲瑞，願還其獻。」又奏賦以風。修起居注，判禮部。有司奏日當食，故事食不滿分，或京師不見，皆表賀。光言：「四方見、京師不見，此人君爲陰邪所蔽；天下皆知而朝廷獨不知，其爲災當益甚，不當賀。」從之。

同知諫院。蘇轍答制策切直，考官胡宿將黜之，光言：「轍有愛君憂國之心，不宜黜。」詔寘末級。

仁宗始不豫，國嗣未立，天下寒心而莫敢言。諫官范鎭首發其議，光在幷州聞而繼之，且貽書勸鎭以死爭。至是，復面言：「臣昔通判幷州，所上三章，願陛下果斷力行。」帝沉思久之，曰：「得非欲選宗室爲繼嗣者乎？此忠臣之言，但人不敢及耳。」光曰：「臣言此，自謂必死，不意陛下開納。」帝曰：「此何害，古今皆有之。」光退未聞命，復上疏曰：「臣向者進說，意謂卽行，今寂無所聞，此必有小人言陛下春秋鼎盛，何遽爲不祥之事。小人無遠慮，特欲倉卒之際，援立其所厚善者耳。『定策國老』、『門生天子』之禍，可勝言哉？」帝大感動曰：「送中書。」光見韓琦等曰：「諸公不及今定議，異日禁中夜半出寸紙，以某人爲嗣，則天下莫敢違。」琦等拱手曰：「敢不盡力。」未幾，詔英宗判宗正，辭不就，遂立爲皇子，又稱疾不入。光言：「皇子辭不貲之富，至于旬月，其賢於人遠矣。然父召無諾，君命召不俟駕，願以臣子大義責皇子，宜必入。」英宗遂受命。

兗國公主嫁李瑋，不相能，詔出瑋衞州，母楊歸其兄璋，主入居禁中。光言：「陛下追念章懿太后，故使瑋尙主。今乃母子離析，家事流落，獨無雨露之感乎？瑋旣黜，主安得無罪？」帝悟，降主沂國，待李氏恩不衰。

進知制誥，固辭，改天章閣待制兼侍講、知諫院。時朝政頗姑息，胥史喧譁則逐中執法，輦官悖慢則退宰相，衞士凶逆而獄不窮治，軍卒詈三司使而以爲非犯階級。光言皆陵遲之漸，不可以不正。

充媛董氏薨，贈淑妃，輟朝成服，百官奉慰，定謚，行册禮，葬給鹵簿。光言：「董氏秩本微，病革方拜充媛。古者婦人無謚，近制惟皇后有之。鹵簿本以賞軍功，未嘗施於婦人。唐平陽公主有舉兵佐高祖定天下功，乃得給。至韋庶人始令妃主葬日皆給鼓吹，非令典，不足法。」時有司定後宮封贈法，后與妃俱贈三代，光論：「妃不當與后同，袁盎引却愼夫人席，正爲此耳。天聖親郊，太妃止贈二代，而況妃乎？」

英宗立，遇疾，慈聖光獻后同聽政。光上疏曰：「昔章獻明肅有保佑先帝之功，特以親用外戚小人，負謗海內。今攝政之際，大臣忠厚如王曾，淸純如張知白，剛正如魯宗道，質直如薛奎者，當信用之；猥鄙如馬季良，讒諂如羅崇勳者，當疏遠之，則天下服。」

帝疾愈，光料必有追隆本生事，卽奏言：「漢宣帝爲孝昭後，終不追尊衞太子、史皇孫；光武上繼元帝，亦不追尊鉅鹿、南頓君，此萬世法也。」後詔兩制集議濮王典禮，學士王珪等相視莫敢先，光獨奮筆書曰：「爲人後者爲之子，不得顧私親。王宜準封贈期親尊屬故事，稱爲皇伯，高官大國，極其尊榮。」議成，珪卽命吏以其手稿爲按〔二〕。旣上與大臣意殊，御史六人爭之力，皆斥去。光乞留之，不可，遂請與俱貶。

初，西夏遣使致祭，延州指使高宜押伴，傲其使者，侮其國主，使者訴於朝。光與呂誨乞加宜罪，不從。明年，夏人犯邊，殺略吏士。趙滋爲雄州，專以猛悍治邊，光論其不可。至是，契丹之民捕魚界河，伐柳白溝之南，朝廷以知雄州李中祐爲不材，將代之。光謂：「國家當戎夷附順時，好與之計較末節，及其桀驁，又從而姑息之。近者西禍生於高宜，北禍起於趙滋；時方賢此二人，故邊臣皆以生事爲能，漸不可長。宜敕邊吏，疆場細故輒以矢刃相加者，罪之。」

仁宗遺賜直百餘萬，光率同列三上章，謂：「國有大憂，中外窘乏，不可專用乾興故事。若遺賜不可辭，宜許侍從上進金錢佐山陵。」不許。光乃以所得珠爲諫院公使錢，金以遺舅氏，義不藏於家。后還政，有司立式，凡后有所取用，當覆奏乃供。光云：「當移所屬使立供已，乃具數白后，以防矯僞。」

曹佾無功除使相，兩府皆遷官。光言：「陛下欲以慰母心，而遷除無名，則宿衞將帥、內侍小臣，必有覬望。」已而遷都知任守忠等官，光復爭之，因論〔三〕：「守忠大姦，陛下爲皇子，非守忠意，沮壞大策，離間百端，賴先帝不聽；及陛下嗣位，反覆交構，國之大賊。乞斬於都市，以謝天下。」責守忠爲節度副使，蘄州安置，天下快之。

詔刺陝西義勇二十萬，民情驚撓，而紀律疏略不可用。光抗言其非，持白韓琦。琦曰：「兵貴先聲，諒祚方桀驁，使驟聞益兵二十萬，豈不震慴？」光曰：「兵之貴先聲，爲無其實也，獨可欺之於一日之間耳。今吾雖益兵，實不可用，不過十日，彼將知其詳，尙何懼？」琦曰：「君但見慶曆間鄉兵刺爲保捷，憂今復然，已降敕榜與民約，永不充軍戍邊矣。」光曰：

「朝廷嘗失信，民未敢以爲然，雖光亦不能不疑也。」琦曰：「吾在此，君無憂。」光曰：「公長在此地，可也；異日他人當位，因公見兵，用之運粮戍邊，反掌間事耳。」琦嘿然，而訖不爲止。不十年，皆如光慮。

王廣淵除直集賢院，光論其姦邪不可近：「昔漢景帝重衞綰，周世宗薄張美。廣淵當仁宗之世，私自結於陛下，豈忠臣哉？宜黜之以厲天下。」進龍圖閣直學士。

神宗卽位，擢爲翰林學士，光力辭。帝曰：「古之君子，或學而不文，或文而不學，惟董仲舒、揚雄兼之。卿有文學，何辭爲？」對曰：「臣不能爲四六。」帝曰：「如兩漢制詔可也；且卿能進士取高第，而云不能四六，何邪？」竟不獲辭。

御史中丞王陶以論宰相不押班罷，光代之，光言：「陶由論宰相罷，則中丞不可復爲。臣願俟既押班，然後就職。」許之。遂上疏論修心之要三：曰仁，曰明，曰武；治國之要三：曰官人，曰信賞，曰必罰。其說甚備。且曰：「臣獲事三朝，皆以此六言獻，平生力學所得，盡在是矣。」御藥院內臣，國朝常用供奉官以下，至內殿崇班則出；近歲暗理官資，非祖宗本意。因論高居簡姦邪，乞加遠竄。章五上，帝爲出居簡，盡罷寄資者。旣而復留二人，光又力爭之。張方平參知政事，光論其不叶物望，帝不從。還光翰林兼侍讀學士。

光常患歷代史繁，人主不能遍覽，遂爲通志八卷以獻。英宗悅之，命置局祕閣，續其書。

至是，神宗名之曰資治通鑑，自製序授之，俾日進讀。

詔錄潁邸直省官四人爲閤門祗候，光曰：「國初草創，天步尚艱，故御極之初，必以左右舊人爲腹心耳目，謂之隨龍，非平日法也。閤門祗候在文臣爲館職，豈可使廝役爲之。」

西戎部將嵬名山欲以橫山之衆，取諒祚以降，詔邊臣招納其衆。光上疏極論，以爲：「名山之衆，未必能制諒祚。幸而勝之，滅一諒祚，生一諒祚，何利之有；若其不勝，必引衆歸我，不知何以待之。臣恐朝廷不獨失信諒祚，又將失信於名山矣。若名山餘衆尚多，還北不可，入南不受，窮無所歸，必將突據邊城以救其命。陛下不見侯景之事乎？」上不聽，遣將种諤發兵迎之，取綏州，費六十萬〔三〕，西方用兵，蓋自此始矣。

百官上尊號，光當答詔，言：「先帝親郊，不受尊號。末年有獻議者，謂國家與契丹往來通信，彼有尊號我獨無，於是復以非時奉册。昔匈奴冒頓自稱『天地所生日月所置匈奴大單于』，不聞漢文帝復爲大名以加之也。願追述先帝本意，不受此名。」帝大悅，手詔獎光，使善爲答辭，以示中外。

執政以河朔旱傷，國用不足，乞南郊勿賜金帛。詔學士議，光與王珪、王安石同見，光曰：「救災節用，宜自貴近始，可聽也。」安石曰：「常衮辭堂饌，時以爲衮自知不能，當辭位不當辭祿。且國用不足，非當世急務，所以不足者，以未得善理財者故也。」光曰：「善理財者，不過頭會箕斂爾。」安石曰：「不然，善理財者，不加賦而國用足。」光曰：「天下安有此理？天地所生財貨百物，不在民，則在官，彼設法奪民，其害乃甚於加賦。此蓋桑羊欺武帝之言，太史公書之以見其不明耳。」爭議不已。帝曰：「朕意與光同，然姑以不允答之。」會安石草詔，引常袞事責兩府，兩府不敢復辭。

安石得政，行新法，光逆疏其利害。邇英進讀，至曹參代蕭何事，帝曰：「漢常守蕭何之法不變，可乎？」對曰：「寧獨漢也，使三代之君常守禹、湯、文、武之法，雖至今存可也。漢武取高帝約束紛更，盜賊半天下；元帝改孝宣之政，漢業遂衰。由此言之，祖宗之法不可變也。」

呂惠卿言：「先王之法，有一年一變者，『正月始和，布法象魏』是也；有五年一變者，巡守考制度是也；有三十年一變者，『刑罰世輕世重』是也。光言非是，其意以風朝廷耳。」帝問光，光曰：「布法象魏，布舊法也。諸侯變禮易樂者，王巡守則誅之，不自變也。刑新國用輕典，亂國用重典，是爲世輕世重，非變也。且治天下譬如居室，敝則修之，非大壞不更造也。公卿侍從皆在此，願陛下問之。三司使掌天下財，不才而黜可也，不可使執政侵其事。今爲制置三司條例司，何也？宰相以道佐人主，安用例？苟用例，則胥吏矣。今爲看詳中書條例司，何也？」惠卿不能對，則以他語詆光。帝曰：「相與論是非耳，何至是。」光曰：「平民舉錢出息，尙能蠶食下戶，况縣官督責之威乎！」惠卿曰：「青苗法，願取則與之，不願不強也。」光曰：「愚民知取債之利，不知還債之害，非獨縣官不強，富民亦不強也。昔太宗平河東，立糴法，時米斗十錢，民樂與官爲市。其後物貴而和糴不解，遂爲河東世世患。臣恐異日之青苗，亦猶是也。」帝曰：「坐倉糴米何如？」坐者皆起，光曰：「不便。」惠卿曰：「糴米百萬斛，則省東南之漕，以其錢供京師。」光曰：「東南錢荒而粒米狼戾，今不糴米而漕錢，棄其有餘，取其所無，農末皆病矣！」侍講吳申起曰：「光言，至論也。」

它日留對，帝曰：「今天下洶洶者，孫叔敖所謂『國之有是，衆之所惡』也。」光曰：「然。陛下當論其是非。今條例司所爲，獨安石、韓絳、惠卿以爲是耳，陛下豈能獨與此三人共爲天下邪？」帝欲用光，訪之安石。安石曰：「光外託劘上之名，內懷附下之實。所言盡害政之事，所與盡害政之人，而欲寘之左右，使與國論，此消長之大機也。光才豈能害政，但在高位，則異論之人倚以爲重。韓信立漢赤幟，趙卒氣奪，今用光，是與異論者立赤幟也。」

安石以韓琦上疏，臥家求退。帝乃拜光樞密副使，光辭之曰：「陛下所以用臣，蓋察其狂直，庶有補於國家。若徒以祿位榮之，而不取其言，是以天官私非其人也。臣徒以祿位自榮，而不能救生民之患，是盜竊名器以私其身也。陛下誠能罷制置條例司，追還提舉官，不行青苗、助役等法，雖不用臣，臣受賜多矣。今言青苗之害者，不過謂使者騷動州縣，爲今日之患耳。而臣之所憂，乃在十年之外，非今日也。夫民之貧富，由勤惰不同，惰者常乏，故必資於人。今出錢貸民而斂其息，富者不願取，使者以多散爲功，一切抑配。恐其逋負，必令貧富相保，貧者無可償，則散而之四方；富者不能去，必責使代償數家之負。春算秋計，展轉日滋，貧者既盡，富者亦貧。十年之外，百姓無復存者矣。又盡散常平錢穀，專行青苗，它日若思復之，將何所取？富室既盡，常平已廢，加之以師旅，因之以饑饉，民之羸者必委死溝壑，壯者必聚而爲盜賊，此事之必至者也。」抗章至七八，帝使謂曰：「樞密，兵事也，官各有職，不當以他事爲辭。」對曰：「臣未受命，則猶侍從也，於事無不可言者。」安石起視事，光乃得請，遂求去。

以端明殿學士知永興軍。宣撫使下令分義勇戍邊，選諸軍驍勇士，募市井惡少年爲奇兵；調民造乾糒，悉修城池樓櫓，關輔騷然。光極言：「公私困敝，不可舉事，而京兆一路皆內郡，繕治非急。宣撫之令，皆未敢從，若乏軍興，臣當任其責。」於是一路獨得免。徙知許州，趣入覲，不赴；請判西京御史臺歸洛，自是絕口不論事。而求言詔下，光讀之感泣，欲嘿不忍，乃復陳六事，又移書責宰相吳充，事見充傳。

蔡天申爲察訪，妄作威福，河南尹、轉運使敬事之如上官；嘗朝謁應天院神御殿，府獨爲設一班，示不敢與抗。光顧謂臺吏曰：「引蔡寺丞歸本班。」吏卽引天申立監竹木務官富贊善之下。天申窘沮，即日行。

元豐五年，忽得語澀疾，疑且死，豫作遺表置臥內，即有緩急，當以畀所善者上之。官制行，帝指御史大夫曰：「非司馬光不可。」又將以爲東宮師傅。蔡確曰：「國是方定，願少遲之。」資治通鑑未就，帝尤重之，以爲賢於荀悅漢紀，數促使終篇，賜以潁邸舊書二千四百卷。及書成，加資政殿學士。凡居洛陽十五年，天下以爲眞宰相，田夫野老皆號爲司馬相公，婦人孺子亦知其爲君實也。

帝崩，赴闕臨，衞士望見，皆以手加額曰：「此司馬相公也。」所至，民遮道聚觀，馬至不得行，曰：「公無歸洛，留相天子，活百姓。」哲宗幼沖，太皇太后臨政，遣使問所當先，光謂「開言路。」詔榜朝堂。而大臣有不悅者，設六語云：「若陰有所懷；犯非其分；或扇搖機事之重；或迎合已行之令；上以徼倖希進；下以眩惑流俗。若此者，罰無赦。」后復命示光，光曰：「此非求諫，乃拒諫也。人臣惟不言，言則入六事矣。」乃具論其情，改詔行之，於是上封者以千數。

起光知陳州，過闕，留爲門下侍郎。蘇軾自登州召還，緣道人相聚號呼曰：「寄謝司馬相公，毋去朝廷，厚自愛以活我。」是時天下之民，引領拭目以觀新政，而議者猶謂「三年無改於父之道」，但毛擧細事，稍塞人言。光曰：「先帝之法，其善者雖百世不可變也。若安石、惠卿所建，爲天下害者，改之當如救焚拯溺。況太皇太后以母改子，非子改父。」衆議甫定。遂罷保甲團教，不復置保馬；廢市易法，所儲物皆鬻之，不取息，除民所欠錢；京東鐵錢及茶鹽之法，皆復其舊。或謂光曰：「熙、豐舊臣，多憸巧小人，他日有以父子義間上，則禍作矣。」光正色曰：「天若祚宗社，必無此事。」於是天下釋然，曰：「此先帝本意也。」

元祐元年復得疾，詔朝會再拜，勿舞蹈。時青苗、免役、將官之法猶在，而西戎之議未決。光歎曰：「四患未除，吾死不瞑目矣。」折簡與呂公著云：「光以身付醫，以家事付愚子，惟國事未有所託，今以屬公。」乃論免役五害，乞直降敕罷之。諸將兵皆隸州縣，軍政委守令通決。廢提舉常平司，以其事歸之轉運、提點刑獄。邊計以和戎爲便。謂監司多新進少年，務爲刻急，令近臣於郡守中選舉，而於通判中舉轉運判官。又立十科薦士法。皆從之。

拜尚書左僕射兼門下侍郎，免朝覲，許乘肩輿，三日一入省。光不敢當，曰：「不見君，不可以視事。」詔令子康扶入對，且曰：「毋拜。」遂罷青苗錢，復常平糶糴法。兩宮虛己以聽。遼、夏使至，必問光起居，敕其邊吏曰：「中國相司馬矣，毋輕生事，開邊隙。」光自見言行計從，欲以身徇社稷，躬親庶務，不舍晝夜。賓客見其體羸，舉諸葛亮食少事煩以爲戒，光曰：「死生，命也。」爲之益力。病革，不復自覺，諄諄如夢中語，然皆朝廷天下事也。

是年九月薨，年六十八。太皇太后聞之慟，與帝卽臨其喪，明堂禮成不賀，贈太師、溫國公，襚以一品禮服，賻銀絹七千。詔戶部侍郎趙瞻、內侍省押班馮宗道護其喪，歸葬陝州。謚曰文正，賜碑曰忠淸粹德。京師人罷市往弔，鬻衣以致奠，巷哭以過車。及葬，哭者如哭其私親。嶺南封州父老，亦相率具祭，都中及四方皆畫像以祀，飲食必祝。

光孝友忠信，恭儉正直，居處有法，動作有禮。在洛時，每往夏縣展墓，必過其兄旦，旦年將八十，奉之如嚴父，保之如嬰兒。自少至老，語未嘗妄，自言：「吾無過人者，但平生所爲，未嘗有不可對人言者耳。」誠心自然，天下敬信，陝、洛間皆化其德，有不善，曰：「君實得無知之乎？」

光於物澹然無所好，於學無所不通，惟不喜釋、老，曰：「其微言不能出吾書，其誕吾不信也。」洛中有田三頃，喪妻，賣田以葬，惡衣菲食以終其身。

紹聖初，御史周秩首論光誣謗先帝，盡廢其法。章惇、蔡卞請發冢斲棺，帝不許，乃令奪贈謚，仆所立碑。而惇言不已，追貶淸遠軍節度副使，又貶崖州司戶參軍。徽宗立，復太子太保。蔡京擅政，復降正議大夫，京撰姦黨碑，令郡國皆刻石。長安石工安民當鐫字，辭曰：「民愚人，固不知立碑之意。但如司馬相公者，海內稱其正直，今謂之姦邪，民不忍刻也。」府官怒，欲加罪，泣曰：「被役不敢辭，乞免鐫安民二字於石末，恐得罪於後世。」聞者愧之。

靖康元年，還贈謚。建炎中，配饗哲宗廟庭。

康字公休，幼端謹，不妄言笑，事父母至孝。敏學過人，博通羣書，以明經上第。光修資治通鑑，奏檢閱文字。丁母憂，勺飲不入口三日，毁幾滅性。光居洛，士之從學者退與康語，未嘗不有得。塗之人見其容止，雖不識，皆知其爲司馬氏子也。以韓絳薦，爲祕書，由正字遷校書郎。光薨，治喪皆用禮經家法，不爲世俗事。得遺恩，悉以與族人。服除，召爲著作佐郎兼侍講。

上疏言：「比年以來，旱暵爲虐，民多艱食。若復一不稔，則公私困竭，盜賊可乘。自古聖賢之君，非無水旱，惟有以待之，則不爲甚害。願及今秋熟，令州縣廣糴，民食所餘，悉歸於官。今冬來春，令流民就食，候鄉里豐穰，乃還本土。凡爲國者，一絲一毫皆當愛惜，惟於濟民則不宜吝。誠能捐數十萬金帛，以爲天下大本，則天下幸甚。」拜右正言，以親嫌未就職。

爲哲宗言前世治少亂多，祖宗創業之艱難，積累之勤勞，勸帝及時嚮學，守天下大器，且勸太皇太后每於禁中訓迪，其言切至。邇英進講，又言：「孟子於書最醇正，陳王道尤明白，所宜觀覽。」帝曰：「方讀其書。」尋詔講官節以進。

康自居父喪，居廬疏食，寢於地，遂得腹疾，至是不能朝謁。賜優告。疾且殆，猶具疏所當言者以待，曰：「得一見天子極言而死無恨。」使召醫李積于兖。積老矣，鄉民聞之，往告曰：「百姓受司馬公恩深，今其子病，願速往也。」來者日夜不絕，積遂行；至，則不可爲矣。年四十一而卒。公卿嗟痛於朝，士大夫相弔於家，市井之人，無不哀之。詔贈右諫議大夫。

康爲人廉潔，口不言財。初，光立神道碑，帝遣使賜白金二千兩，康以費皆官給，辭不受。不聽。遣家吏如京師納之，乃止。

論曰：熙寧新法病民，海內騷動，忠言讜論，沮抑不行；正人端士，擯棄不用。聚斂之臣日進，民被其虐者將二十年。方是時，光退居於洛，若將終身焉。而世之賢人君子，以及庸夫愚婦，日夕引領望其爲相，至或號呼道路，願其毋去朝廷，是豈以區區材智所能得此於人人哉？德之盛而誠之著也。

一旦起而爲政，毅然以天下自任，開言路，進賢才。凡新法之爲民害者，次第取而更張之，不數月之間，剗革略盡。海內之民，如寒極而春，旱極而雨，如解倒懸，如脫桎梏，如出之水火之中也。相與咨嗟歎息，驩欣鼓舞，甚若更生，一變而爲嘉祐、治平之治。君子稱其有旋乾轉坤之功，而光於是亦老且病矣。天若祚宋，慭遺一老，則姦邪之勢未遽張，紹述之說未遽行，元祐之臣固無恙也。人衆能勝天，靖康之變，或者其可少緩乎？借曰有之，當不至如是其酷也。詩曰：「哲人云亡，邦國殄瘁。」嗚呼悲夫！

康濟美象賢，不幸短命而死，世尤惜之。然康不死，亦將不免於紹聖之禍矣。

呂公著字晦叔，幼嗜學，至忘寢食。父夷簡器異之，曰：「他日必爲公輔。」恩補奉禮郎，登進士第，召試館職，不就。通判潁州，郡守歐陽脩與爲講學之友。後脩使契丹，契丹主問中國學行之士，首以公著對。判吏部南曹，仁宗獎其恬退，賜五品服。除崇文院檢討、同判太常寺。壽星觀營眞宗神御殿，公著言：「先帝已有三神御，而建立不已，殆非祀無豐昵之義。」進知制誥，三辭不拜。改天章閣待制兼侍讀。

英宗親政，加龍圖閣直學士。方議追崇濮王，或欲稱皇伯考，公著曰：「此眞宗所以稱太祖，豈可施於王。」及下詔稱親，且班諱，又言：「稱親則有二父之嫌，王諱但可避於上前，不應與七廟同諱。」呂誨等坐論濮王去，公著言：「陛下卽位以來，納諫之風未彰，而屢絀言者，何以風示天下？」不聽。遂乞補外，帝曰：「學士朕所重，其可以去朝廷？」請不已，出知蔡州。

神宗立，召爲翰林學士、知通進銀臺司。司馬光以論事罷中丞，還經幄。公著封還其命曰：「光以舉職賜罷，是爲有言責者不得盡其言也。」詔以告直付閤門。公著又言：「制命不由門下，則封駁之職，因臣而廢。願理臣之罪，以正紀綱。」帝諭之曰：「所以徙光者，賴其勸學耳，非以言事故也。」公著請不已，竟解銀臺司。

熙寧初，知開封府。時夏秋淫雨，京師地震。公著上疏曰：「自昔人君遇災者，或恐懼以致福，或簡誣以致禍。上以至誠待下，則下思盡誠以應之，上下至誠而變異不消者，未之有也。惟君人者去偏聽獨任之弊，而不主先入之語，則不爲邪說所亂。顏淵問爲邦，孔子以遠佞人爲戒。蓋佞人惟恐不合於君，則其勢易親；正人惟恐不合於義，則其勢易疏。惟先格王正厥事，未有事正而世不治者也。」禮官用唐故事，請以五月御大慶殿受朝，因上尊號。公著曰：「陛下方度越漢、唐，追復三代，何必於陰長之日，爲非禮之會，受無益之名？」從之。

二年，爲御史中丞。時王安石方行青苗法，公著極言曰：「自古有爲之君，未有失人心而能圖治，亦未有能脅之以威、勝之以辯而能得人心者也。昔日之所謂賢者，今皆以此舉爲非，而生議者一切詆爲流俗浮論，豈昔皆賢而今皆不肖乎？」安石怒其深切。帝使舉呂惠卿爲御史，公著曰：「惠卿固有才，然姦邪不可用。」帝以語安石，安石益怒，誣以惡語，出知潁州。

八年，彗星見，詔求直言。公著上疏曰：「陛下臨朝願治，爲日已久，而左右前後，莫敢正言。使陛下有欲治之心，而無致治之實，此任事之臣負陛下也。夫士之邪正、賢不肖，既素定矣。今則不然，前日所舉，以爲天下之至賢；而後日逐之，以爲天下至不肖。其於人材既反覆不常，則於政事亦乖戾不審矣。古之爲政，初不信於民者有之，若子產治鄭，一年而人怨之，三年而人歌之。陛下垂拱仰成，七年于此，然輿人之誦，亦未有異於前日，陛下獨不察乎？」

起知河陽，召還，提舉中太一宮，遷翰林學士承旨，改端明殿學士、知審官院。帝從容與論治道，遂及釋、老，公著問曰：「堯、舜知此道乎？」帝曰：「堯、舜豈不知？」公著曰：「堯、舜雖知此，而惟以知人安民爲難，所以爲堯、舜也。」帝又言唐太宗能以權智御臣下。對曰：「太宗之德，以能屈己從諫爾。」帝善其言。

未幾，同知樞密院事。有欲復肉刑者，議取死囚試劓、刖，公著曰：「試之不死，則肉刑遂行矣。」乃止。夏人幽其主，將大舉討之。公著曰：「問罪之師，當先擇帥，苟未得人，不如勿舉。」及兵興，秦、晉民力大困，大臣不敢言，公著數白其害。

元豐五年，以疾丐去位，除資政殿學士、定州安撫使。俄永樂城陷，帝臨朝嘆曰：「邊民疲弊如此，獨呂公著爲朕言之耳。」徙揚州，加大學士。將立太子，帝謂輔臣，當以呂公著、司馬光爲師傅。

哲宗卽位，以侍讀還朝。太皇太后遣使迎，問所欲言，公著曰：「先帝本意，以寬省民力爲先。而建議者以變法侵民爲務，與己異者一切斥去，故日久而弊愈深，法行而民愈困。誠得中正之士，講求天下利病，協力而爲之，宜不難矣。」至則上言曰：「人君初卽位，當正始以示天下，修德以安百姓。修德之要，莫先於學。學有緝熙於光明，則日新以底至治者，學之力也。謹昧死陳十事，曰畏天、愛民、修身、講學、任賢、納諫、薄斂、省刑、去奢、無逸。」又乞備置諫員，以開言路。拜尚書左丞、門下侍郎。

元祐元年，拜尚書右僕射兼中書侍郎。三省並建，中書獨爲取旨之地。乃請事于三省者，與執政同進呈，取旨而各行之。又執政官率數日一聚政事堂，事多決於其長，同列莫得預。至是，始命日集，遂爲定制。與司馬光同心輔政，推本先帝之志，凡欲革而未暇與革而未定者，一一舉行之。民讙呼鼓舞，咸以爲便。光薨，獨當國，除吏皆一時之選。時科舉罷詞賦〔四〕，專用王安石經義，且雜以釋氏之說。凡士子自一語上，非新義不得用，學者至不誦正經，唯竊安石之書以干進，精熟者轉上第，故科舉益弊。公著始令禁主司不得出題老、莊書，舉子不得以申、韓、佛書爲學，經義參用古今諸儒說，毋得專取王氏。復賢良方正科。

右司諫賈易以言事訐直詆大臣，將峻責，公著以爲言，止罷知懷州。退謂同列曰：「諫官所論，得失未足言。顧主上春秋方盛，慮異時有進諛說惑亂者，正賴左右爭臣耳，不可豫使人主輕厭言者也。」衆莫不歎服。

吐蕃首領鬼章靑宜結久爲洮、河患，聞朝廷弭兵省戍，陰與夏人合謀復取熙、岷。公著白遣軍器丞游師雄以便宜諭諸將，不逾月，生致於闕下。

帝宴近臣於資善堂，出所書唐人詩分賜。公著乃集所講書要語明白、切於治道者，凡百篇進之，以備游意翰墨，爲聖學之助。

三年四月，懇辭位，拜司空、同平章軍國事。宋興以來，宰相以三公平章重事者四人，而公著與父居其二，士豔其榮。詔建第於東府之南，啓北扉，以便執政會議。凡三省、樞密院之職，皆得總理。間日一朝，因至都堂，其出不以時，蓋異禮也。

明年二月薨，年七十二。太皇太后見輔臣泣曰：「邦國不幸，司馬相公旣亡，呂司空復逝。」痛閔久之。帝亦悲感，卽詣其家臨奠，賜金帛萬。贈太師、申國公，謚曰正獻，御書碑首曰純誠厚德。

公著自少講學，卽以治心養性爲本，平居無疾言遽色，於聲利紛華，泊然無所好。暑不揮扇，寒不親火，簡重清靜，蓋天稟然。其識慮深敏，量閎而學粹，遇事善決，苟便於國，不以私利害動其心。與人交，出於至誠，好德樂善，見士大夫以人物爲意者，必問其所知與其所聞，參互考實，以達于上。每議政事，博取衆善以爲善，至所當守，則毅然不回奪。神宗嘗言其於人材不欺，如權衡之稱物。尤能避遠聲跡，不以知人自處。

始與王安石善，安石兄事之，安石博辯騁辭，人莫敢與亢，公著獨以精識約言服之。安石嘗曰：「疵吝每不自勝，一詣長者，即廢然而反，所謂使人之意消者，於晦叔見之。」又謂人曰：「晦叔爲相，吾輩可以言仕矣。」後安石得志，意其必助己，而數用公議，列其過失，以故交情不終。於講說尤精，語約而理盡。司馬光曰：「每聞晦叔講，便覺己語爲煩。」其爲名流所敬如此。

紹聖元年，章惇爲相，以翟思、張商英、周秩居言路，論公著更熙、豐法度，削贈謚，毀所賜碑，再貶建武軍節度副使、昌化軍司戶參軍。徽宗立，追復太子太保。蔡京擅政，復降左光祿大夫，入黨籍，尋復銀青光祿大夫。紹興初，悉還贈謚。子希哲、希純。

希哲字原明，少從焦千之、孫復、石介、胡瑗學，復從程顥、程頤、張載游，聞見由是益廣。以蔭入官，父友王安石勸其勿事科舉，以僥倖利祿，遂絕意進取。安石爲政，將寘其子雱於講官，以希哲有賢名，欲先用之。希哲辭曰：「辱公相知久，萬一從仕，將不免異同，則疇昔相與之意盡矣。」安石乃止。

公著作相，二弟已官省寺，希哲獨滯管庫，久乃判登聞鼓院，力辭。公著歎曰：「當世善士，吾收拾略盡，爾獨以吾故置不試，命也夫！」希哲母賢明有法度，聞公著言，笑曰：「是亦未知其子矣。」

終公著喪，始爲兵部員外郎。范祖禹，其妹壻也，言於哲宗曰：「希哲經術操行，宜備勸講，其父常稱爲不欺暗室。臣以婦兄之故，不敢稱薦，今方將引去，竊謂無嫌。」詔以爲崇政殿說書。其勸導人主以修身爲本，修身以正心誠意爲主。其言曰：「心正意誠，則身修而天下化。若身不能修，雖左右之人且不能諭，況天下乎？」

擢右司諫，辭，未聽，私語祖禹曰：「若不得請，當以楊畏、來之邵爲首。」既而不拜。會紹聖黨論起，御史劉拯論其進不由科第，以祕閣校理知懷州。中書舍人林希又言：「呂大防由公著援引，故進希哲以酬私恩。凡大防輩欺君賣國，皆公著爲之唱；而公著之惡，則希哲導成之，豈宜汚華職。」於是但守本秩，俄分司南京，居和州。

徽宗初，召爲祕書少監，或以爲太峻，改光祿少卿。希哲力請外，以直祕閣知曹州。旋遭崇寧黨禍，奪職知相州，徙邢州，罷爲宮祠。羈寓淮、泗間，十餘年卒。

希哲樂易簡儉，有至行，晚年名益重，遠近皆師尊之。子好問，有傳。

希純字子進，登第，爲太常博士。元祐祀明堂，將用皇祐故事，並饗天地百神，皆以祖宗配。希純言：「皇祐之禮，事不經見，嘉祐既已釐正。至元豐中，但以英宗配上帝，悉罷從祀羣神，得嚴父之義，請循其式。」從之。

歷宗正、太常、祕書丞。哲宗議納后，希純請考三代昏禮，參祖宗之制，博訪令族，參求德配。凡世俗所謂勘婚之書，淺陋不經，且一切屏絕，以防附會。遷著作郎，以父諱不拜。擢起居舍人，權太常少卿。

宣仁太后崩，希純慮姦人乘間進說搖主聽，卽上疏曰：「自元祐初年，太皇聽斷，所用之人皆宿有時望，所行之事皆人所願行。唯是過惡得罪之徒，日伺變故，捭闔規利，今必以更改神宗法度爲說。臣以爲先帝之功烈，萬世莫掩。間有數事，爲小人所誤，勢雖頗有損益，在於聖德，固無所虧。且英宗、神宗何嘗不改眞宗、仁宗之政，亦豈盡用太祖、太宗之法乎？小人既誤先帝，復欲誤陛下，不可不察。」未幾，拜中書舍人、同修國史。

內侍梁從政、劉惟簡除內省押班，希純以親政之始，首錄二人，無以示天下，持不行。由是閹寺側目，或於庭中指以相示曰：「此繳還二押班詞頭者也。」

章惇既相，出爲寶文閣待制、知亳州。諫官張商英憾希純，攻之力。又以外親嫌，連徙睦州、歸州。自京東而之浙西，自浙西而上三峽，名爲易地，實困之也。公著追貶，希純亦以屯田員外郎分司南京，居金州。又責舒州團練副使，道州安置。建中靖國元年，還爲待制、知瀛州。徽宗聞其名，數稱之。曾布忌希純，因其請覲，未及見，亟以邊，遽趣遣之。俄改潁州，入崇寧黨籍。卒，年六十。

論曰：公著父子俱位至宰相，俱以司空平章軍國事，雖漢之韋、平，唐之蘇、李，榮盛孰加焉。夷簡多智數，公著則一切持正，以應天下之務，嗚呼賢哉。其論人才，如權衡之稱物，故一時賢士，收拾略盡。司馬光疾甚，諄諄焉以國事爲託，當時廷臣，莫公著若也審矣。追考其平生事業，蓋守成之良相也。然知子之賢而不能薦，殆猶未免於避嫌，而有愧於從祖云。希哲、希純世濟其美，然皆陷於崇寧黨禍，何君子之不幸歟！

校勘記

〔一〕珪即命吏以其手稿爲按　「以其」原作「其以」。蘇軾東坡七集正集卷三六司馬光行狀作：「珪即敕吏以公手稿爲案。」東都事略卷八七上司馬光傳作：「珪即敕吏以光手稿爲案。」「其以」當倒，今乙正。

〔二〕因論　「因」原作「國」，據東坡七集正集卷三六司馬光行狀、東都事略卷八七上本傳改。

〔三〕六十萬　東坡七集正集卷三六司馬光行狀、東都事略卷八七上本傳都作「六十萬萬」。疑此處當脫一「萬」字。

〔四〕時科舉罷詞賦　「時」字原脫，據琬琰集下編卷一〇呂正獻公公著傳、東都事略卷九〇本傳補。

宋史卷三百三十七

列傳第九十六

范鎭 從子百祿 從孫祖禹

范鎭字景仁，成都華陽人。薛奎守蜀，一見愛之，館於府舍，俾與子弟講學。鎭益自謙退，每步行趨府門，踰年，人不知其爲帥客也。及還朝，載以俱。有問奎入蜀何所得，曰：「得一偉人，當以文學名世。」宋庠兄弟見其文，自謂弗及，與爲布衣交。舉進士，禮部奏名第一。故事，殿廷唱第過三人，則首禮部選者，必越次抗聲自陳，率得置上列。吳育、歐陽脩號稱耿介，亦從衆。鎭獨不然，同列屢趣之，不爲動。至第七十九人，乃隨呼出應，退就列，無一言，廷中皆異之。自是舊風遂革。

調新安主簿，西京留守宋綬延置國子監，薦爲東監直講。召試學士院，當得館閣校理，主司妄以爲失韻，補校勘。人爲忿鬱，而鎭處之晏如。經四年，當遷，宰相龐籍言：「鎭有異材，不汲汲於進取。」超授直祕閣，判吏部南曹、開封府推官。擢起居舍人、知諫院。上疏論：「民力困敝〔一〕，請約祖宗以來官吏兵數，酌取其中爲定制，以今賦入之數什七爲經費，儲其三以備水旱非常。」又言：「周以冢宰制國用，唐以宰相判鹽鐵、度支。今中書主民，樞密主兵，三司主財，各不相知。財已匱，樞密益兵無窮；民已困，三司取財不已。請使二府通知兵民大計，與三司同制國用。」

契丹使至，虛聲示疆，大臣益募兵以塞責，歲費百千萬。鎭言：「備契丹莫若寬三晉之民，備靈夏莫若寬秦民，備西南莫若寬越、蜀之民，備天下莫若寬天下之民。夫兵所以衞民而反殘民，臣恐異日之憂不在四夷，而在冗兵與窮民也。」

商人輸粟河北，取償京師，而榷貨不卽予鈔，久而鬻之，十才得其六。或建議出內帑錢，稍增價與市，歲可得羨息五十萬。鎭謂：「外府內帑，均爲有司。今使外府滯商人，而內帑乘急以牟利，至傷國體。」仁宗遽止之。

葬溫成后，太常議禮，前謂之園，後謂之陵，宰相劉沆前爲監護使，後爲園陵使。鎭曰：「嘗鬭法吏舞法矣，未聞禮官舞禮也。請詰前後議禮異同狀。」集賢校理刁約論壙中物侈麗，吳充、鞠眞卿爭論禮，並補外，皆上章留之。石全斌〔二〕護葬，轉觀察使，他吏悉優遷兩官。鎭言：「章獻、章懿、章惠三后之葬，推恩皆無此比。乞追還全斌等告敕。」副都知任守忠、鄧保吉同日除官，內臣無故改官者又五六人。時有敕，凡內降非準律令者，並許執奏。曾未一月，大臣輒廢不行。鎭乞正中書、樞密之罪，以示天下。

帝天性寬仁，言事者競爲激訐，至汚人以帷箔不可明之事。鎭獨務引大體，非關朝廷安危，生民利疚，則闊略不言。陳執中爲相，鎭論其無學術，非宰相器。及嬖妾笞殺婢，御史劾奏，欲逐去之。鎭言：「今陰陽不和，財匱民困，盜賊滋熾，獄犴充斥，執中當任其咎。御史捨大責細，暴揚燕私，若用此爲進退，是因一婢逐宰相，非所以明等級，辨堂陛。」識者韙之。文彥博、富弼入相，詔百官郊迎。鎭曰：「隆之以虛禮，不若推之以至誠。陛下用兩人爲相，舉朝皆謂得人。然近制，兩制不得詣宰相居第，百官不得間見，是不推之以誠也。願罷郊迎，除謁禁，則於御臣之術爲兩得矣。」議減任子及每歲取士，皆自鎭發之。又乞令宗室疎屬補外官，帝曰：「卿言是也。顧恐天下謂朕不能睦族耳。」鎭曰：「陛下甄別其賢者用之，不沒其能，乃所以睦族也。」雖不行，至熙寧初，卒如其言。

帝在位三十五年，未有繼嗣。嘉祐初，暴得疾，中外大小之臣，無不寒心，莫敢先言者。鎭獨奮曰：「天下事尚有大於此者乎？」卽拜疏曰：「置諫官者，爲宗廟社稷計。諫官而不以宗廟社稷計事陛下，是愛死嗜利之人，臣不爲也。方陛下不豫，海內皇皇莫知所爲，陛下獨以祖宗後裔爲念，是爲宗廟之慮，至深且明也。昔太祖舍其子而立太宗，天下之大公也。

眞宗以周王薨，養宗子於宮中，天下之大慮也。願以太祖之心，行眞宗故事，拔近屬之尤賢者，優其禮秩，置之左右，與圖天下事，以繫億兆人心。」

疏奏，文彥博使客問何所言，以實告，客曰：「如是，何不與執政謀？」鎭曰：「自分必死，故敢言。若謀於執政，或以爲不可，豈得中輟乎？」章累上，不報。執政諭之曰：「奈何效希名干進之人？」鎭貽以書曰：「比天象見變，當有急兵，鎭義當死職，不可死亂兵之下。此乃鎭擇死之時，尙何顧希名干進之嫌哉？」又言：「陛下得臣疏，不以留中而付中書，是欲使大臣奉行也。臣兩至中書，大臣皆設辭拒臣，是陛下欲爲宗廟社稷計，而大臣不欲也。臣竊原大臣畏避之意，恐行之而陛下中變耳。中變之禍，不過一死。國本不立，萬一有如天象所告急兵之變，死且有罪，其爲計亦已疎矣。願以臣章示大臣，使其自擇死所。」聞者股栗。

除兼侍御史知雜事，鎭以言不從，固辭。執政諭鎭曰：「今間言已入，爲之甚難。」鎭復書執政曰：「事當論其是非，不當問其難易。諸公謂今日難於前日，安知異日不難於今日乎？」凡見上面陳者三，言益懇切。鎭泣，帝亦泣，曰：「朕知卿忠，卿言是也，當更俟三二年。」章十九上，待命百餘日，鬚髮爲白。朝廷知不能奪，乃罷知諫院，改集賢殿修撰，糾察在京刑獄，同修起居注，遂知制誥。鎭雖解言職，無歲不申前議。見帝春秋益高，每因事及之，冀以感動帝意。至是，因入謝，首言：「陛下許臣，今復三年矣，願早定大計。」又因祫享，獻賦以諷。其後韓琦遂定策立英宗。

遷翰林學士。中書議追尊濮王，兩制、臺諫與之異，詔禮官檢詳典禮。鎮判太常寺，率其屬言：「漢宣帝於昭帝爲孫，光武於平帝爲祖，其父容可稱皇考，議者猶非之，謂其以小宗合大宗之統也。今陛下既以仁宗爲考，又加於濮王，則其失非特漢二帝比。凡稱帝若考，若寢廟，皆非是。」執政怒，召鎮責曰：「方令檢詳，何遽列上！」鎮曰：「有司得詔，不敢稽留，即以聞，乃其職也。奈何更以爲罪乎？」會草制，誤遷宰相官，改侍讀學士。

明年，還翰林，出知陳州。陳方饑，視事三日，擅發錢粟以貸。監司繩之急，即自劾，詔原之。是歲大熟，所貸悉還。神宗即位，復爲翰林學士兼侍讀、知通進銀臺司。故事，門下封駁制旨，省審章奏，糾擿違滯，皆著所授敕，後乃刊去。鎮始請復之，使知所守。

王安石改常平爲青苗，鎮言：「常平之法，起於漢盛時，視穀貴賤發斂，以便農末，最爲近古，不可改。而青苗行於唐之衰世，不足法。且陛下疾富民之多取而少取之，此正百步、五十步之間耳。今有兩人坐市貿易，一人故下其直以相傾，則人皆知惡之，可以朝廷而行市道之所惡乎？」呂惠卿在邇英言：「今預買紬絹，亦青苗之比。」鎮曰：「預買，亦敝法也。若府庫有餘，當并去之，豈應援以爲比。」韓琦極論新法之害，送條例司疏駁，李常乞罷青苗錢，詔令分析，鎮皆封還。詔五下，鎮執如初。

司馬光辭樞密副使，詔許之，鎭再封還。帝以詔直付光，不由門下。鎭奏曰：「由臣不才，使陛下廢法，有司失職，乞解銀臺司。」

舉蘇軾諫官，御史謝景溫奏罷之；舉孔文仲制科，文仲對策，論新法不便，罷歸故官。鎭皆力爭之，不報。卽上疏曰：「臣言不行，無顏復立於朝，請謝事。臣言青苗不見聽，一宜去；薦蘇軾、孔文仲不見用，二宜去。李定避持服，遂不認母，壞人倫，逆天理，而欲以爲御史，御史臺爲之罷陳薦，舍人院爲之罷宋敏求、呂大臨、蘇頌，諫院爲之罷胡宗愈。王韶上書肆意欺罔，以興造邊事，事敗，則置而不問，反爲之罪帥臣李師中。及御史一言蘇軾，則下七路掎摭其過；孔文仲則遣之歸任。以此二人況彼二人，事理孰是孰非，孰得孰失，其能逃聖鑒乎？言青苗有見効者，不過歲得什百萬緡錢，緡錢什百萬，非出於天，非出於地，非出於建議者之家，蓋一出於民耳。民猶魚也，財猶水也，養民而盡其財，譬猶養魚而竭其水也。」

疏五上，其後指安石用喜怒爲賞罰，曰：「陛下有納諫之資，大臣進拒諫之計；陛下有愛民之性，大臣用殘民之術。臣知言入觸大臣之怒，罪且不測。然臣職獻替而無一言，則負陛下矣。」疏入，安石大怒，持其疏至手顫，自草制極詆之。以戶部侍郎致仕，凡所得恩典，悉不與。鎭表謝，略曰：「願陛下集羣議爲耳目，以除壅蔽之姦；任老成爲腹心，以養和平之福。」天下聞而壯之。安石雖詆之深切，人更以爲榮。既退，蘇軾往賀曰：「公雖退，而名益重矣！」鎭愀然曰：「君子言聽計從，消患於未萌，使天下陰受其賜，無智名，無勇功；吾獨不得爲此，使天下受其害而吾享其名，吾何心哉！」日與賓客賦詩飲酒，或勸使稱疾杜門，鎭曰：「死生禍福，天也，吾其如天何！」同天節乞隨班上壽，許之，遂爲令。軾得罪，下臺獄，索與鎭往來書文甚急，猶上書論救。久之，徙居許。

哲宗立，韓維言：「鎭在仁宗時，首啓建儲之議，未嘗以語人，人亦莫爲言者。」具以十九疏上之。拜端明殿學士，起提舉中太一宮兼侍讀，且欲以爲門下侍郎。鎭雅不欲起，從孫祖禹亦勸止之，遂固辭，改提舉崇福宮。祖禹謁告歸省，詔賜以龍茶，存勞甚渥。復告老，以銀青光祿大夫再致仕，累封蜀郡公。

鎭於樂尤注意，自謂得古法，獨主房庶以律生尺之說。司馬光謂不然，往復論難，凡數萬言。初，仁宗命李照改定大樂，下王朴樂三律。皇祐中，又詔胡瑗等考正。神宗時詔鎭與劉几定之。鎭曰：「定樂當先正律。」神宗曰：「然，雖有師曠之聰，不以六律不能正五音。」鎭作律尺、龠合、升斗、豆區、鬴斛，欲圖上之，又乞訪求眞黍，以定黃鍾。而劉几卽用李照樂，加用四淸聲而奏樂成。詔罷局，賜賚有加。鎭曰：「此劉几樂也，臣何與焉。」至是，乃請太府銅爲之，逾年而成，比李照樂下一律有奇。帝及太皇太后御延和殿，召執政同閱視，賜詔嘉奬。下之太常，詔三省、侍從、臺閣之臣，皆往觀焉。鎭時已屬疾，樂奏三日而薨，年八十一。贈金紫光祿大夫，謚曰忠文。

鎭平生與司馬光相得甚驩，議論如出一口，且約生則互爲傳，死則作銘。光生爲鎭傳，服其勇決；鎭復銘光墓云：「熙寧姦朋淫縱，險詖憸猾，賴神宗洞察于中。」其辭峭峻。光子康屬蘇軾書之，軾曰：「軾不辭書，懼非三家福。」乃易他銘。

鎭清白坦夷，遇人必以誠，恭儉愼默，口不言人過。臨大節，決大議，色和而語壯，常欲繼之以死，雖在萬乘前，無所屈。篤於行義，奏補先族人而後子孫，鄉人有不克婚葬者，輒爲主之。兄鎡，卒于隴城，無子，聞其有遺腹子在外，鎭時未仕，徒步求之兩蜀間，二年乃得之，曰：「吾兄異於人，體有四乳，是兒亦必然。」已而果然，名曰百常。少受學於鄉先生龐直溫，直溫子昉卒于京師，鎭娶其女爲孫婦，養其妻子終身。

其學本六經，口不道佛、老、申、韓之說。契丹、高麗皆傳誦其文。少時賦長嘯，却胡騎，晚使遼，人相目曰：此「長嘯公」也。兄子百祿亦使遼，遼人首問鎭安否。

百祿字子功，鎭兄鍇之子也。第進士，又舉才識兼茂科。時治平水災，大臣方議濮禮，百祿對策曰：「簡宗廟、廢祭祀，則水不潤下。昔漢哀尊共皇，河南、潁川大水；孝安尊德皇，京師、郡國二十九大水。蓋大宗隆，小宗殺；宗廟重，私祀輕。今宜殺而隆，宜輕而重，是悖先王之禮。禮一悖，則人心失而天意睽，變異所由起也。」對入三等。

熙寧中，鄧綰舉爲御史，辭不就。提點江東、利、梓路刑獄，加直集賢院。利州武守周永懿以賄敗，百祿請復至道故事，用文吏領兵，以轄邊界，從之。熊本治瀘蠻事，有夷酋力屈請降，裨將賈昌言欲殺以爲功，百祿諭之不聽，往謂本曰：「殺降不祥，活千人者封子孫。奈何容驕將橫境內乎？」本矍然，卽檄止之。

七年，召知諫院。屬歲旱，請講求急務，收還法令之未便者，以救將死之民。論手實法曰：「造簿手實，許令告匿。戶令雖有手實之文，而未嘗行。蓋謂使人自占，必不以實告，而明許告訐，人將爲仇。然則禮、義、廉、恥之風衰矣。」五路置三十七將，專督所部兵，至許辟置布衣參軍謀。百祿察其中，或以恩澤市，或以瘝敗收，或未歷邊方，或起於羣盜，疏列其亡狀者十四人，請仍舊制，將佐顓敎閱，餘付之州縣，事多施行。

與徐禧治李士寧獄，奏士寧熒惑童婦，致不軌生心，罪死不赦。禧右士寧，以爲無罪。執政主禧，貶百祿監宿州酒。元豐末，入爲司門吏部郎中、起居郎。

哲宗立，遷中書舍人。司馬光復差役法，患吏受賕，欲加流配。百祿固爭曰：「民今日執事，受謝於人，明日罷役，則以財賂人。苟繩以重典，黥面赭衣，必將充塞道路。」光悟曰：

「微君言，吾不悉也。」遂已。

元祐元年，爲刑部侍郎。諸郡以故鬬殺情可矜者請讞，法官曰：「宜貸。」光曰：「殺人不死，法廢矣。」百祿曰：「謂之殺人，則可；若制刑以爲無足疑，原情以爲無足憫，則不可。今槪之死，則二殺之科，自是遂無足疑憫者矣。」時又詔天下獄不當讞而輒讞者抵罪。有司重於請，至枉情以求合法。百祿曰：「熙寧之法，非可疑可憫而讞者免駁劾，元豐則刊之，近則有奏劾之詔，故官吏畏避，不憚論殺。」因條五年死貸之數以聞。門下省猶駁正當貸者，又例在有司者還中書，百祿又爭之，後悉從其請。

改吏部侍郎。議者欲汰胥吏，呂大防趣廢其半，百祿曰：「不可。廢半則失職者衆，不若以漸消之，自今闕吏勿補，不數歲，減斯過半矣。」不聽。

都水王孝先議回河故道，大防意向之，命百祿行視。百祿以東流高仰，而河勢順下，不可回，卽馳奏所以然之狀，且取神宗詔令勿塞故道者倂上之。大防猶謂：「大河東流，中國之險限。今塘濼旣壞，界河淤淺，河且北注矣。」百祿言：「塘濼有限寇之名，無禦寇之實。借使河徙而北，敵始有下流之憂，乃吾之利也。先帝明詔具在，奈何妄動搖之。」乃止。

俄兼侍讀，進翰林學士。爲帝言分別邪正之目，凡導人主以某事者爲公正，某事者爲姦邪，以類相反，凡二十餘條。願槪斯事以觀其情，則邪正分矣。

以龍圖閣學士知開封府。勤於民事，獄無繫囚。僚吏欲以圄空聞，百祿曰：「千里之畿，無一人之獄，此至尊之仁，非尹功也。」不許。經數月，復爲翰林學士，拜中書侍郎。是歲郊祀，議合祭天地，禮官以「昊天有成命」爲言。百祿曰：「此三代之禮，奈何復欲合祭乎？『成命』之頌，祀天祭地，均歌此詩，亦如春夏祈穀而歌噫嘻，亦豈爲一祭哉？」爭久不決，質於帝前。宰相曰：「百祿之言，禮經也；今日之用，權制也。陛下始郊見，宜以並事天地爲恭。」於是合祭。

熙河范育言：「阿里骨酷暴且病，温溪心八族皆思內附，可以計納。」百祿曰：「中國以信撫四夷，阿里骨未有過，溪心虛實未可知，無釁而動，非策也。」又請進築納迷等三城。百祿曰：「是皆良田，爲必爭之地，我既城之，若賊騎時出，我何以耕？後雖欲棄之，爲費已甚，亦不能矣。」帝皆從之。右僕射蘇頌坐稽留除書免，百祿以同省罷爲資政殿學士、知河中，徙河陽、河南。薨，年六十五，贈銀青光祿大夫。

子祖述，監潁州酒稅，攝獄掾，閱具獄，活兩死囚，州人以爲神。知鞏縣，鑿南山導水入洛，縣無水患，文彥博稱其能。以父墮黨籍，監中岳廟。久之，通判涇州。知台州，奏罷黃甘、葛蕈之貢。主管西京御史臺。靖康多難，避地至汝州。汝守趙子櫟邀與共守，於是旁郡盡陷，汝獨全。累官朝議大夫，卒。從弟祖禹。

祖禹字淳甫，一字夢得。其生也，母夢一偉丈夫被金甲入寢室，曰：「吾漢將軍鄧禹。」既寤，猶見之，遂以爲名。幼孤，叔祖鎭撫育如己子。祖禹自以既孤，每歲時親賓慶集，慘怛若無所容，閉門讀書，未嘗預人事。既至京師，所與交游，皆一時聞人。鎭器之曰：「此兒，天下士也。」

進士甲科。從司馬光編修資治通鑑，在洛十五年，不事進取。書成，光薦爲祕書省正字。時王安石當國，尤愛重之。王安國與祖禹友善，嘗諭安石意，竟不往謁。富弼致仕居洛，素嚴毅，杜門罕與人接，待祖禹獨厚；疾篤，召授以密疏，大抵論安石誤國及新法之害，言極憤切。弼薨，人皆以爲不可奏，祖禹卒上之。

神宗崩，祖禹上疏論喪服之制曰：「先王制禮，君服同於父，皆斬衰三年，蓋恐爲人臣者不以父事其君。自漢以來，不惟人臣無服，人君遂不爲三年之喪。國朝自祖宗以來，外廷雖用易月之制，宮中實行三年服。君服如古典，而臣下猶依漢制，故十二日而小祥，期而又小祥，二十四日而大祥，再期而又大祥。既以日爲之，又以月爲之，此禮之無據者也。古者再期而大祥，中月而禫。禫，祭之名，非服之色。今乃爲之慘服三日然後禫，此禮之不經者也。服既除，至葬又服之，祔廟後卽吉，纔八月而遽純吉，無所不佩，此又禮之無漸者也。

朔望，羣臣朝服以造殯宮，是以吉服臨喪；人主衰服在上，是以先帝之服爲人主之私喪，此二者皆禮之所不安也。」

哲宗立，擢右正言。呂公著執政，祖禹以婿嫌辭，改祠部員外郎，又辭。除著作佐郎、修神宗實錄檢討，遷著作郎兼侍講。

神宗既祥，祖禹上疏宣仁后曰：「今即吉方始，服御一新，奢儉之端，皆由此起。凡可以蕩心悅目者，不宜有加於舊。皇帝聖性未定，覩儉則儉，覩奢則奢，所以訓導成德者，動宜有法。今聞奉宸庫取珠，戶部用金，其數至多，恐增加無已，願止於未然。崇儉敦朴，輔養聖性，使目不視靡曼之色，耳不聽淫哇之聲，非禮勿言，非禮勿動，則學問日益，聖德日隆，此宗社無疆之福。」故事，服除當開樂置宴，祖禹以爲因除服而開樂設宴，則似除服而慶賀，非君子不得已而除之之意，不可。

夏暑權罷講，祖禹言：「陛下今日之學與不學，係他日治亂。如好學，則天下君子欣慕，願立於朝，以直道事陛下，輔佐德業，而致太平；不學，則小人皆動其心，務爲邪諂，以竊富貴。且凡人之進學，莫不於少時，今聖質日長，數年之後，恐不得如今日之專，竊爲陛下惜也。」遷起居郎，又召試中書舍人，皆不拜。呂公著薨，召拜右諫議大夫。首上疏論人主正心修身之要，乞太皇太后日以天下之勤勞、萬民之疾苦、羣臣之邪正、政事之得失，開導上心，曉然存之於中，使異日衆說不能惑，小人不能進。

蔡確既得罪，祖禹言：「自乾興以來，不竄逐大臣六十餘年，一旦行之，流傳四方，無不震聳。確去相已久，朝廷多非其黨，間有偏見異論者，若一切以爲黨確去之，懼刑罰失中，而人情不安也。」

蔡京鎭蜀，祖禹言：「京小有才，非端良之士。如使守成都，其還，當使執政，不宜崇長。」時大臣欲於新舊法中有所創立。祖禹以爲朝廷旣察王安石之法爲非，但當復祖宗之舊，若出於新舊之間，兩用而兼存之，紀綱壞矣。遷給事中。

吳中大水，詔出米百萬斛、緡錢二十萬振救。諫官謂訴災者爲妄，乞加驗考。祖禹封還其章，云：「國家根本，仰給東南。今一方赤子，呼天赴愬，開口仰哺，以脫朝夕之急。奏災雖小過實，正當略而不問。若稍施懲譴，恐後無復敢言者矣。」

兼國史院修撰，爲禮部侍郎。論擇監司守令曰：「祖宗分天下爲十八路，置轉運使、提點刑獄，收鄉長、鎭將之權悉歸於縣，收縣之權歸於州，州之權歸於監司，監司之權歸於朝廷。上下相維，輕重相制，建置之道，最爲合宜。監司付以一路，守臣付以一州，令宰付以一縣，皆與天子分土而治，其可不擇乎？祖宗嘗有考課之法，專察諸路監司，置簿於中書，以稽其要。今宜委吏部尙書，取當爲州者，條別功狀以上三省，三省召而察之，苟其人可任，則以次表用之。至官，則令監司考其課績，終歲之後，可以校優劣而施黜陟焉。如此則得人必多，監司、郡守得人，縣令不才，非所患也。」

聞禁中覓乳媼，祖禹以帝年十四，非近女色之時，上疏勸進德愛身，又乞宣仁后保護上躬，言甚切至。既而宣仁諭祖禹，以外議皆虛傳，祖禹復上疏曰：「臣言皇帝進德愛身，宜常以爲戒。太皇太后保護上躬，亦願因而勿忘。今外議雖虛，亦足爲先事之戒。臣侍經左右，有聞於道路，實懷私憂，是以不敢避妄言之罪。凡事言於未然，則誠爲過；及其已然，則又無所及，言之何益？陛下寧受未然之言，勿使臣等有無及之悔。」拜翰林學士，以叔百祿在中書，改侍講學士。百祿去，復爲之。范氏自鎭至祖禹，比三世居禁林，士論榮慕。

宣仁太后崩，中外議論洶洶，人懷顧望，在位者畏懼，莫敢發言。祖禹慮小人乘間害政，乃奏曰：「陛下方攬庶政，延見羣臣，此國家隆替之本，社稷安危之機，生民休戚之端，君子小人進退消長之際，天命人心去就離合之時也，可不畏哉？先后有大功於宗社，有大德於生靈，九年之間，始終如一。然羣小怨恨，亦爲不少，必將以改先帝之政、逐先帝之臣爲言，以事離間，不可不察也。先后因天下人心，變而更化。既改其法，則作法之人有罪當退，亦順衆言而逐之。是皆上負先帝，下負萬民，天下之所讎疾而欲去之者也，豈有憎惡於其間哉？惟辨析是非，深拒邪說，有以姦言惑聽者，付之典刑，痛懲一人，以警羣慝，則帖然無事矣。此等既誤先帝，又欲誤陛下，天下之事，豈堪小人再破壞邪？」初，蘇軾約俱上章論列，諫草已具，見祖禹疏，遂附名同奏，曰：「公之文，經世之文也。」竟不復出其稿。

祖禹又言：「陛下承六世之遺烈，當思天下者祖宗之天下，人民者祖宗之人民，百官者祖宗之百官，府庫者祖宗之府庫。一言一動，如臨之在上，質之在傍，則可以長享天下之奉。先后以大公至正爲心，罷安石、惠卿所造新法，而行祖宗舊政。故社稷危而復安，人心離而復合，乃至遼主亦戒其臣勿生事曰：『南朝專行仁宗之政矣。』外夷之情如此，中國之人心可知。先后日夜苦心勞力，爲陛下立太平之基。願守之以靜，恭己以臨之，虛心以處之，則羣臣邪正，萬事是非，皆了然於聖心矣。小人之情專爲私，故不便於公；專爲邪，故不便於正；專好動，故不便於靜。惟陛下痛心疾首，以爲刻骨之戒。」章累上，不報。

忽有旨召內臣十餘人，祖禹言：「陛下親政以來，四海傾耳，未聞訪一賢臣，而所召者乃先內侍，必謂陛下私於近習，望卽賜追改。」因請對，曰：「熙寧之初，王安石、呂惠卿造立新法，悉變祖宗之政，多引小人以誤國，勳舊之臣屛棄不用，忠正之士相繼遠引。又用兵開邊，結怨外夷，天下愁苦，百姓流徙。賴先帝覺悟，罷逐兩人，而所引羣小，已布滿中外，不可復去。蔡確連起大獄，王韶創取熙河，章惇開五溪，沈起擾交管，沈括、徐禧、俞充、种諤興造西事，兵民死傷皆不下二十萬。先帝臨朝悼悔，以謂朝廷不得不任其咎。以至吳居厚行鐵冶之法於京東，王子京行茶法於福建，蹇周輔行鹽法於江西，李稷、陸師閔行茶法、市易於西川，劉定教保甲於河北，民皆愁痛嗟怨，比屋思亂。賴陛下與先后起而救之，天下之民，如解倒縣。惟是向來所斥逐之人，窺伺事變，妄意陛下不以修改法度爲是，如得至左右，必進姦言。萬一過聽而復用之，臣恐國家自此陵遲，不復振矣。」又論：「漢、唐之亡，皆由宦官。自熙寧、元豐間，李憲、王中正、宋用臣輩用事總兵，權勢震灼。中正兼幹四路，口敕募兵，州郡不敢違，師徒凍餒，死亡最多；憲陳再舉之策，致永樂摧陷；用臣興土木之工，無時休息，罔市井之微利，爲國斂怨。此三人者，雖加誅戮，未足以謝百姓。憲雖已亡，而中正、用臣尚在，今召內臣十人，而憲、中正之子皆在其中。二人既入，則中正、用臣必將復用，願陛下念之。」

時紹述之論已興，有相章惇意。祖禹力言惇不可用，不見從，遂請外。上且欲大用，而內外梗之者甚衆，乃以龍圖閣學士知陝州。言者論祖禹修實錄詆誣，又摭其諫禁中雇乳媪事，連貶武安軍節度副使、昭州別駕，安置永州、賀州，又徙賓、化而卒，年五十八。

祖禹平居恂恂，口不言人過。至遇事，則別白是非，不少借隱。在邇英守經據正，獻納尤多。嘗講尚書至「內作色荒，外作禽荒」六語，拱手再誦，却立云：「願陛下留聽。」帝首肯再三，乃退。每當講前夕，必正衣冠，儼如在上側，命子弟侍，先按講其說。開列古義，參之時事，言簡而當，無一長語，義理明白，粲然成文。蘇軾稱爲講官第一。

祖禹嘗進唐鑑十二卷，帝學八卷，仁皇政典六卷。而唐鑑深明唐三百年治亂，學者尊之，目爲「唐鑑公」云。建炎三年，追復龍圖閣學士。子沖，紹興中仕至翰林侍讀學士，儒林有傳。

論曰：「熙寧、元豐之際，天下賢士大夫望以爲相者，鎭與司馬光二人，至稱之曰君實、景仁，不敢有所軒輊。光思濟斯民，卒任天下之重；鎭嶷然如山，確乎其不可拔。君子之道，或出或處，易地則皆然，未易以功名優劣論也。百祿受學於鎭，故其議論操修，粹然一出於正。祖禹長於勸講，平生論諫，不啻數十萬言。其開陳治道，區別邪正，辨釋事宜，平易明白，洞見底蘊，雖賈誼、陸贄不是過云。

校勘記

〔一〕民力困敝　原作「民田困敝」，據蘇軾東坡七集正集卷三九范景仁墓誌銘改。

〔二〕石全斌　「斌」原作「贇」，據東坡七集正集卷三九范景仁墓誌銘、長編卷一七七改。下同。

宋史卷三百三十八

列傳第九十七

蘇軾 子過

蘇軾字子瞻，眉州眉山人。生十年，父洵游學四方，母程氏親授以書，聞古今成敗，輒能語其要。程氏讀東漢范滂傳，慨然太息，軾請曰：「軾若爲滂，母許之否乎？」程氏曰：「汝能爲滂，吾顧不能爲滂母邪？」

比冠，博通經史，屬文日數千言，好賈誼、陸贄書。既而讀莊子，歎曰：「吾昔有見，口未能言，今見是書，得吾心矣。」嘉祐二年，試禮部。方時文磔裂詭異之弊勝，主司歐陽脩思有以救之，得軾刑賞忠厚論，驚喜，欲擢冠多士，猶疑其客曾鞏所爲，但置第二；復以春秋對義居第一，殿試中乙科。後以書見脩，脩語梅聖俞曰：「吾當避此人出一頭地。」聞者始譁不厭，久乃信服。

丁母憂。五年，調福昌主簿。歐陽脩以才識兼茂，薦之祕閣。試六論，舊不起草，以故文多不工。軾始具草，文義粲然。復對制策，入三等。自宋初以來，制策入三等，惟吳育與軾而已。

除大理評事、簽書鳳翔府判官。關中自元昊叛，民貧役重，岐下歲輸南山木栰，自渭入河，經砥柱之險，衙吏踵破家。軾訪其利害，爲修衙規，使自擇水工以時進止，自是害減半。

治平二年，入判登聞鼓院。英宗自藩邸聞其名，欲以唐故事召入翰林，知制誥。宰相韓琦曰：「軾之才，遠大器也，他日自當爲天下用。要在朝廷培養之，使天下之士莫不畏慕降伏，皆欲朝廷進用，然後取而用之，則人人無復異辭矣。今驟用之，則天下之士未必以爲然，適足以累之也。」英宗曰：「且與修注如何？」琦曰：「記注與制誥爲鄰，未可遽授。不若於館閣中近上帖職與之，且請召試。」英宗曰：「試之未知其能否，如軾有不能邪？」琦猶不可，及試二論，復入三等，得直史館。軾聞琦語，曰：「公可謂愛人以德矣。」

會洵卒，賻以金帛，辭之，求贈一官，於是贈光祿丞。洵將終，以兄太白早亡，子孫未立，妹嫁杜氏，卒未葬，屬軾。軾既除喪，卽葬姑。後官可蔭，推與太白曾孫彭。

熙寧二年，還朝。王安石執政，素惡其議論異己，以判官告院。四年，安石欲變科舉、興學校，詔兩制、三館議。軾上議曰：

得人之道，在於知人；知人之法，在於責實。使君相有知人之明，朝廷有責實之政，則胥史皂隸未嘗無人，而況於學校貢舉乎？雖因今之法，臣以爲有餘。使君相不知人，朝廷不責實，則公卿侍從常患無人，而況學校貢舉乎？雖復古之制，臣以爲不足。夫時有可否，物有廢興，方其所安，雖暴君不能廢，及其既厭，雖聖人不能復。故風俗之變，法制隨之，譬如江河之徙移，彊而復之，則難爲力。

慶曆固嘗立學矣，至于今日，惟有空名僅存。今將變今之禮，易今之俗，又當發民力以治宮室，斂民財以食游士。百里之內，置官立師，獄訟聽于是，軍旅謀于是，又簡不率教者屛之遠方，則無乃徒爲紛亂，以患苦天下邪？若乃無大更革，而望有益於時，則與慶曆之際何異？故臣謂今之學校，特可因仍舊制，使先王之舊物，不廢於吾世足矣。至於貢舉之法，行之百年，治亂盛衰，初不由此。陛下視祖宗之世，貢舉之法，與今爲孰精？言語文章，與今爲孰優？所得人才，與今爲孰多？天下之事，與今爲孰辦？較此四者之長短，其議決矣。

今所欲變改不過數端：或曰鄉舉德行而略文詞，或曰專取策論而罷詩賦，或欲兼采譽望而罷封彌，或欲經生不帖墨而考大義，此皆知其一，不知其二者也。願陛下留意於遠者、大者，區區之法何預焉。臣又切有私憂過計者。夫性命之說，自子貢不得聞，而今之學者，恥不言性命，讀其文，浩然無當而不可窮；觀其貌，超然無著而不可挹，此豈眞能然哉！蓋中人之性，安於放而樂於誕耳。陛下亦安用之？」

議上，神宗悟曰：「吾固疑此，得軾議，意釋然矣。」卽日召見，問：「方今政令得失安在？雖朕過失，指陳可也。」對曰：「陛下生知之性，天縱文武，不患不明，不患不勤，不患不斷，但患求治太急，聽言太廣，進人太銳。願鎭以安靜，待物之來，然後應之。」神宗悚然曰：「卿三言，朕當熟思之。凡在館閣，皆當爲朕深思治亂，無有所隱。」軾退，言於同列。安石不悅，命權開封府推官，將困之以事。軾決斷精敏，聲聞益遠。會上元敕府市浙燈，且令損價。軾疏言：「陛下豈以燈爲悅？此不過以奉二宮之歡耳。然百姓不可戶曉，皆謂以耳目不急之玩，奪其口體必用之資。此事至小，體則甚大，願追還前命。」卽詔罷之。

時安石創行新法，軾上書論其不便，曰：

臣之所欲言者，三言而已。願陛下結人心，厚風俗，存紀綱。人主之所恃者人心而已，如木之有根，燈之有膏，魚之有水，農夫之有田，商賈之有財。失之則亡，此理之必然也。自古及今，未有和易同衆而不安，剛果自用而不危者。陛下亦知人心之不悅矣。

祖宗以來，治財用者不過三司。今陛下不以財用付三司，無故又創制置三司條例一司，使六七少年，日夜講求於內，使者四十餘輩，分行營幹於外。夫制置三司條例司，求利之名也；六七少年與使者四十餘輩，求利之器也。造端宏大，民實驚疑；創法新奇，吏皆惶惑。以萬乘之主而言利，以天子之宰而治財，論說百端，喧傳萬口，然而莫之顧者，徒曰：「我無其事，何恤於人言。」操罔罟而入江湖，語人曰「我非漁也」，不如捐罔罟而人自信。驅鷹犬而赴林藪，語人曰「我非獵也」，不如放鷹犬而獸自馴。故臣以爲欲消讒慝而召和氣，則莫若罷條例司。

今君臣宵旰，幾一年矣，而富國之功，茫如捕風，徒聞內帑出數百萬緡，祠部度五千餘人耳。以此爲術，其誰不能？而所行之事，道路皆知其難。汴水濁流，自生民以來，不以種稻。今欲陂而淸之，萬頃之稻，必用千頃之陂，一歲一淤，三歲而滿矣。陛下遂信其說，卽使相視地形，所在鑿空，訪尋水利，妄庸輕剽，率意爭言。官司雖知其疎，不敢便行抑退，追集老少，相視可否。若非灼然難行，必須且爲興役。官吏苟且順從，眞謂陛下有意興作，上靡帑廩，下奪農時。隄防一開，水失故道，雖食議者之肉，何補於民！臣不知朝廷何苦而爲此哉？

自古役人，必用鄉戶。今者徒聞江、浙之間，數郡顧役，而欲措之天下。單丁、女戶，蓋天民之窮者也，而陛下首欲役之，富有四海，忍不加恤！自楊炎爲兩稅，租調與庸既兼之矣，奈何復欲取庸？萬一後世不幸有聚斂之臣，庸錢不除，差役仍舊，推所從來，則必有任其咎者矣。青苗放錢，自昔有禁。今陛下始立成法，每歲常行。雖云不許抑配，而數世之後，暴君汙吏，陛下能保之與？計願請之戶，必皆孤貧不濟之人，鞭撻已急，則繼之逃亡，不還，則均及鄰保，勢有必至，異日天下恨之，國史記之，曰「青苗錢自陛下始」，豈不惜哉！且常平之法，可謂至矣。今欲變爲青苗，壞彼成此，所喪逾多，虧官害民，雖悔何及！

昔漢武帝以財力匱竭，用賈人桑羊之說，買賤賣貴，謂之均輸。于時商賈不行，盜賊滋熾，幾至於亂。孝昭既立，霍光順民所欲而予之，天下歸心，遂以無事。不意今日此論復興。立法之初，其費已厚，縱使薄有所獲，而征商之額，所損必多。譬之有人爲其主畜牧，以一牛易五羊。一牛之失，則隱而不言；五羊之獲，則指爲勞績。今壞常平而言青苗之功，虧商稅而取均輸之利，何以異此？臣竊以爲過矣。議者必謂：「民可與樂成，難與慮始。」故陛下堅執不顧，期於必行。此乃戰國貪功之人，行險僥倖之說，未及樂成，而怨已起矣。臣之所願陛下結人心者，此也。

國家之所以存亡者，在道德之淺深，不在乎強與弱；曆數之所以長短者，在風俗之薄厚，不在乎富與貧。人主知此，則知所輕重矣。故臣願陛下務崇道德而厚風俗，不願陛下急於有功而貪富強。愛惜風俗，如護元氣。聖人非不知深刻之法可以齊衆，勇悍之夫可以集事，忠厚近於迂闊，老成初若遲鈍。然終不肯以彼易此者，知其所得小，而所喪大也。仁祖持法至寬，用人有敍，專務掩覆過失，未嘗輕改舊章。考其成功，則曰未至。以言乎用兵，則十出而九敗；以言乎府庫，則僅足而無餘。徒以德澤在人，風俗知義，故升遐之日，天下歸仁焉。議者見其末年吏多因循，事不振舉，乃欲矯之以苛察，齊之以智能，招來新進勇銳之人，以圖一切速成之效。未享其利，澆風已成。多開驟進之門，使有意外之得，公卿侍從跬步可圖，俾常調之人舉生非望，欲望風俗之厚，豈可得哉？近歲樸拙之人愈少，巧進之士益多。惟陛下哀之救之，以簡易爲法，以清淨爲心，而民德歸厚。臣之所願陛下厚風俗者，此也。

祖宗委任臺諫，未嘗罪一言者。縱有薄責，旋卽超升，許以風聞，而無官長。言及乘輿，則天子改容；事關廊廟，則宰相待罪。臺諫固未必皆賢，所言亦未必皆是。然須養其銳氣，而借之重權者，豈徒然哉？將以折姦臣之萌也。今法令嚴密，朝廷清明，所謂姦臣，萬無此理。然養猫以去鼠，不可以無鼠而養不捕之猫；畜狗以防盜，不可以無盜而畜不吠之狗。陛下得不上念祖宗設此官之意，下爲子孫萬世之防〔一〕？臣聞長老之談，皆謂臺諫所言，常隨天下公議。公議所與，臺諫亦與之；公議所擊，臺諫亦擊之。今者物論沸騰，怨讟交至，公議所在，亦知之矣。臣恐自茲以往，習慣成風，盡爲執政私人，以致人主孤立，紀綱一廢，何事不生！臣之所願陛下存紀綱者，此也。

軾見安石贊神宗以獨斷專任，因試進士發策，以「晉武平吳以獨斷而克，苻堅伐晉以獨斷而亡，齊桓專任管仲而霸，燕噲專任子之而敗，事同而功異」爲問。安石滋怒，使御史謝景溫論奏其過，窮治無所得，軾遂請外，通判杭州。高麗入貢，使者發幣於官吏，書稱甲子。軾却之曰：「高麗於本朝稱臣，而不稟正朔，吾安敢受！」使者易書稱熙寧，然後受之。

時新政日下，軾於其間，每因法以便民，民賴以安。徙知密州。司農行手實法，不時施行者以違制論。軾謂提舉官曰：「違制之坐，若自朝廷，誰敢不從？今出於司農，是擅造律也。」提舉官驚曰：「公姑徐之。」未幾，朝廷知法害民，罷之。

有盜竊發，安撫司遣三班使臣領悍卒來捕，卒凶暴恣行，至以禁物誣民，入其家爭鬥殺人，且畏罪驚潰，將爲亂。民奔訴軾，軾投其書不視，曰：「必不至此。」散卒聞之，少安，徐使人招出戮之。

徙知徐州。河決曹村，泛于梁山泊，溢于南清河，匯于城下，漲不時洩，城將敗，富民爭出避水。軾曰：「富民出，民皆動搖，吾誰與守？吾在是，水決不能敗城。」驅使復入。軾詣武衞營，呼卒長曰：「河將害城，事急矣，雖禁軍且爲我盡力。」卒長曰：「太守猶不避塗潦，吾儕小人，當效命。」率其徒持畚鍤以出，築東南長堤，首起戲馬臺，尾屬于城。雨日夜不止，城不沈者三版。軾廬於其上，過家不入，使官吏分堵以守，卒全其城。復請調來歲夫增築故城，爲木岸，以虞水之再至。朝廷從之。

徙知湖州，上表以謝。又以事不便民者不敢言，以詩託諷，庶有補於國。御史李定、舒亶、何正臣〔三〕摭其表語，並媒蘗所爲詩以爲訕謗，逮赴臺獄，欲置之死，鍛鍊久之不決。神宗獨憐之，以黃州團練副使安置。軾與田父野老，相從溪山間，築室於東坡，自號「東坡居士」。

三年，神宗數有意復用，輒爲當路者沮之。神宗嘗語宰相王珪、蔡確曰：「國史至重，可命蘇軾成之。」珪有難色。神宗曰：「軾不可，姑用曾鞏。」鞏進太祖總論，神宗意不允，遂手扎移軾汝州，有曰：「蘇軾黜居思咎，閱歲滋深，人材實難，不忍終棄。」軾未至汝，上書自言飢寒，有田在常，願得居之。朝奏，夕報可。

道過金陵，見王安石，曰：「大兵大獄，漢、唐滅亡之兆。祖宗以仁厚治天下，正欲革此。今西方用兵，連年不解，東南數起大獄，公獨無一言以救之乎？」安石曰：「二事皆惠卿啓之，安石在外，安敢言？」軾曰：「在朝則言，在外則不言，事君之常禮耳。上所以待公者非常禮，公所以待上者，豈可以常禮乎？」安石厲聲曰：「安石須說。」又曰：「出在安石口，入在子瞻耳。」又曰：「人須是知行一不義，殺一不辜，得天下弗爲，乃可。」軾戲曰：「今之君子，爭減半年磨勘，雖殺人亦爲之。」安石笑而不言。

至常，神宗崩，哲宗立，復朝奉郎、知登州，召爲禮部郎中。軾舊善司馬光、章惇。時光爲門下侍郎，惇知樞密院，二人不相合，惇每以謔侮困光，光苦之。軾謂惇曰：「司馬君實時望甚重。昔許靖以虛名無實，見鄙於蜀先主，法正曰：『靖之浮譽，播流四海，若不加禮，必以賤賢爲累。』先主納之，乃以靖爲司徒。許靖且不可慢，況君實乎？」惇以爲然，光賴以少安。

遷起居舍人。軾起於憂患，不欲驟履要地，辭於宰相蔡確。確曰：「公徊翔久矣，朝中無出公右者。」軾曰：「昔林希同在館中，年且長。」確曰：「希固當先公耶？」卒不許。元祐元年，軾以七品服入侍延和，卽賜銀緋，遷中書舍人。

初，祖宗時，差役行久生弊，編戶充役者不習其役，又虐使之，多致破產，狹鄉民至有終歲不得息者。王安石相神宗，改爲免役，使戶差高下出錢雇役，行法者過取，以爲民病。司馬光爲相，知免役之害，不知其利，欲復差役，差官置局，軾與其選。軾曰：「差役、免役，各有利害。免役之害，掊斂民財，十室九空，斂聚於上而下有錢荒之患。差役之害，民常在官，不得專力於農，而貪吏猾胥得緣爲姦。此二害輕重，蓋略等矣。」光曰：「於君何如？」軾曰：「法相因則事易成，事有漸則民不驚。三代之法，兵農爲一，至秦始分爲二，及唐中葉，盡變府兵爲長征之卒。自爾以來，民不知兵，兵不知農，農出穀帛以養兵，兵出性命以衞農，天下便之。雖聖人復起，不能易也。今免役之法，實大類此。公欲驟罷免役而行差役，正如罷長征而復民兵，蓋未易也。」光不以爲然。軾又陳於政事堂，光忿然。軾曰：「昔韓魏公刺陝西義勇，公爲諫官，爭之甚力，韓公不樂，公亦不顧。軾昔聞公道其詳，豈今日作相，不許軾盡言耶？」光笑之。尋除翰林學士。

二年，兼侍讀。每進讀至治亂興衰、邪正得失之際，未嘗不反覆開導，覬有所啓悟。哲宗雖恭默不言，輒首肯之。嘗讀祖宗寶訓，因及時事，軾歷言：「今賞罰不明，善惡無所勸沮；又黃河勢方北流，而彊之使東；夏人入鎭戎，殺掠數萬人，帥臣不以聞。每事如此，恐寖成衰亂之漸。」

軾嘗鎖宿禁中，召入對便殿，宣仁后問曰：「卿前年爲何官？」曰：「臣爲常州團練副使。」曰：「今爲何官？」曰：「臣今待罪翰林學士。」曰：「何以遽至此？」曰：「遭遇太皇太后、皇帝陛下。」曰：「非也。」曰：「豈大臣論薦乎？」曰：「亦非也。」軾驚曰：「臣雖無狀，不敢自他途以進。」曰：「此先帝意也。先帝每誦卿文章，必嘆曰『奇才，奇才！』但未及進用卿耳。」軾不覺哭失聲，宣仁后與哲宗亦泣，左右皆感涕。已而命坐賜茶，徹御前金蓮燭送歸院。

三年，權知禮部貢舉。會大雪苦寒，士坐庭中，噤未能言。軾寬其禁約，使得盡技。巡鋪內侍每摧辱舉子，且持曖昧單詞，誣以爲罪，軾盡奏逐之。

四年，積以論事，爲當軸者所恨。軾恐不見容，請外，拜龍圖閣學士、知杭州。未行，諫官言前相蔡確知安州，作詩借郝處俊事以譏太皇太后。大臣議遷之嶺南。軾密疏：「朝廷若薄確之罪，則於皇帝孝治爲不足；若深罪確，則於太皇太后仁政爲小累。謂宜皇帝敕置獄逮治，太皇太后出手詔赦之，則於仁孝兩得矣。」宣仁后心善軾言而不能用。軾出郊，用前執政恩例，遣內侍賜龍茶、銀合，慰勞甚厚。

既至杭，大旱，饑疫並作。軾請於朝，免本路上供米三之一，復得賜度僧牒，易米以救饑者。明年春，又減價糶常平米，多作饘粥藥劑，遣使挾醫分坊治病，活者甚衆。軾曰：「杭，水陸之會，疫死比他處常多。」乃裒羨緡得二千，復發橐中黃金五十兩，以作病坊，稍畜錢糧待之。

杭本近海，地泉鹹苦，居民稀少。唐刺史李泌始引西湖水作六井，民足於水。白居易又浚西湖水入漕河，自河入田，所溉至千頃，民以殷富。湖水多葑，自唐及錢氏，歲輒浚治，宋興，廢之，葑積爲田，水無幾矣。漕河失利，取給江湖，舟行市中，潮又多淤，三年一淘，爲民大患，六井亦幾於廢。軾見茅山一河專受江潮，鹽橋一河專受湖水，遂浚二河以通漕。

復造堰牐，以爲湖水畜洩之限，江潮不復入市。以餘力復完六井，又取葑田積湖中，南北徑三十里，爲長堤以通行者。吳人種菱，春輒芟除，不遺寸草。且募人種菱湖中，葑不復生。收其利以備修湖，取救荒餘錢萬緡、糧萬石，及請得百僧度牒以募役者。堤成，植芙蓉、楊柳其上，望之如畫圖，杭人名爲蘇公堤。

杭僧淨源，舊居海濱，與舶客交通，舶至高麗，交譽之。元豐末，其王子義天來朝，因往拜焉。至是，淨源死，其徒竊持其像，附舶往告。義天亦使其徒來祭，因持其國母二金塔，云祝兩宮壽。軾不納，奏之曰：「高麗久不入貢，失賜予厚利，意欲求朝，未測吾所以待之厚薄，故因祭亡僧而行祝壽之禮。若受而不答，將生怨心；受而厚賜之，正墮其計。今宜勿與知，從州郡自以理却之。彼庯僧猾商，爲國生事，漸不可長，宜痛加懲創。」朝廷皆從之。未幾，貢使果至，舊例使所至吳越七州，費二萬四千餘緡。軾乃令諸州量事裁損，民獲交易之利，無復侵撓之害矣。

浙江潮自海門東來，勢如雷霆，而浮山峙於江中，與漁浦諸山犬牙相錯，洄洑激射，歲敗公私船不可勝計。軾議自浙江上流地名石門，並山而東，鑿爲漕河，引浙江及谿谷諸水二十餘里以達于江。又並山爲岸，不能十里以達龍山大慈浦，自浦北折抵小嶺，鑿嶺六十五丈以達嶺東古河，浚古河數里達于龍山漕河，以避浮山之險，人以爲便。奏聞，有惡軾者，力沮之，功以故不成。

軾復言：「三吳之水，瀦爲太湖，太湖之水，溢爲松江以入海。海日兩潮，潮濁而江淸，潮水常欲淤塞江路，而江水淸駛，隨輒滌去，海口常通，則吳中少水患。昔蘇州以東，公私船皆以篙行，無陸挽者。自慶曆以來，松江大築挽路，建長橋以扼塞江路，故今三吳多水，欲鑿挽路，爲千橋，以迅江勢〔三〕。」亦不果用，人皆以爲恨。軾二十年間再涖杭，有德於民，家有畫像，飲食必祝。又作生祠以報〔四〕。

六年，召爲吏部尚書，未至。以弟轍除右丞，改翰林承旨。轍辭右丞，欲與兄同備從官，不聽。軾在翰林數月，復以讒請外，乃以龍圖閣學士出知潁州。先是，開封諸縣多水患，吏不究本末，決其陂澤，注之惠民河，河不能勝，致陳亦多水。又將鑿鄧艾溝與潁河並，且鑿黃堆欲注之於淮。軾始至潁，遣吏以水平準之，淮之漲水高於新溝幾一丈，若鑿黃堆，淮水顧流潁地爲患。軾言於朝，從之。

郡有宿賊尹遇等，數劫殺人，又殺捕盜吏兵。朝廷以名捕不獲，被殺家復懼其害，匿不敢言。軾召汝陰尉李直方曰：「君能禽此，當力言於朝，乞行優賞；不獲，亦以不職奏免君矣。」直方有母且老，與母訣而後行。乃緝知盜所，分捕其黨與，手戟刺遇，獲之。朝廷以小不應格，推賞不及。軾請以己之年勞，當改朝散郎階，爲直方賞，不從。其後吏部爲軾當遷，以符會其考，軾謂已許直方，又不報。

七年，徙揚州。舊發運司主東南漕法，聽操舟者私載物貨，征商不得留難。故操舟者輒富厚，以官舟爲家，補其弊漏，且周船夫之乏，故所載率皆速達無虞。近歲一切禁而不許，故舟弊人困，多盜所載以濟飢寒，公私皆病。軾請復舊，從之。未閱歲，以兵部尚書召兼侍讀。

是歲，哲宗親祀南郊，軾爲鹵簿使，導駕入太廟。有赭繖犢車并青蓋犢車十餘爭道，不避儀仗。軾使御營巡檢使問之，乃皇后及大長公主。時御史中丞李之純爲儀仗使，軾曰：「中丞職當肅政，不可不以聞之。」純不敢言，軾於車中奏之。哲宗遣使齎疏馳白太皇太后，明日，詔整肅儀衞，自皇后而下皆毋得迎謁。尋遷禮部兼端明殿、翰林侍讀兩學士，爲禮部尚書。高麗遣使請書，朝廷以故事盡許之。軾曰：「漢東平王請諸子及太史公書，猶不肯予。今高麗所請，有甚於此，其可予乎？」不聽。

八年，宣仁后崩，哲宗親政。軾乞補外，以兩學士出知定州。時國是將變，軾不得入辭。既行，上書言：「天下治亂，出於下情之通塞。至治之極，小民皆能自通；迨於大亂，雖近臣不能自達。陛下臨御九年，除執政、臺諫外，未嘗與羣臣接。今聽政之初，當以通下情、除壅蔽爲急務。臣日侍帷幄，方當戍邊，顧不得一見而行，況疎遠小臣欲求自通，難矣。

然臣不敢以不得對之故，不效愚忠。古之聖人將有爲也，必先處晦而觀明，處靜而觀動，則萬物之情，畢陳于前。陛下聖智絕人，春秋鼎盛。臣願虛心循理，一切未有所爲，默觀庶事之利害，與羣臣之邪正。以三年爲期，俟得其實，然後應物而作。使既作之後，天下無恨，陛下亦無悔。由此觀之，陛下之有爲，惟憂太蚤，不患稍遲，亦已明矣。臣恐急進好利之臣，輒勸陛下輕有改變，故進此說，敢望陛下留神，社稷宗廟之福，天下幸甚。」

定州軍政壞弛，諸衞卒驕惰不教，軍校蠶食其廩賜，前守不敢誰何。軾取貪汙者配隸遠惡，繕修營房，禁止飲博，軍中衣食稍足，乃部勒戰法，衆皆畏伏。然諸校業業不安，有卒史以贓訴其長，軾曰：「此事吾自治則可，聽汝告，軍中亂矣。」立決配之，衆乃定。會春大閱，將吏久廢上下之分，軾命舉舊典，帥常服出帳中，將吏戎服執事。副總管王光祖自謂老將，恥之，稱疾不至。軾召書吏使爲奏，光祖懼而出，訖事，無一慢者。定人言：「自韓琦去後，不見此禮至今矣。」契丹久和，邊兵不可用，惟沿邊弓箭社與寇爲隣，以戰射自衞，猶號精銳。故相龐籍守邊，因俗立法。歲久法弛，又爲保甲所撓。軾奏免保甲及兩稅折變科配，不報。

紹聖初，御史論軾掌內外制日，所作詞命，以爲譏斥先朝。遂以本官知英州，尋降一官，未至，貶寧遠軍節度副使，惠州安置。居三年，泊然無所蔕芥，人無賢愚，皆得其歡心。

又貶瓊州別駕，居昌化。昌化，故儋耳地，非人所居，藥餌皆無有。初僦官屋以居，有司猶謂不可，軾遂買地築室，儋人運甓畚土以助之。獨與幼子過處，著書以爲樂，時時從其父老游，若將終身。

徽宗立，移廉州，改舒州團練副使，徙永州。更三大赦，遂提舉玉局觀，復朝奉郎。軾自元祐以來，未嘗以歲課乞遷，故官止於此。建中靖國元年，卒于常州，年六十六。

軾與弟轍，師父洵爲文，既而得之於天。嘗自謂：「作文如行雲流水，初無定質，但常行於所當行，止於所不可不止。」雖嬉笑怒駡之辭，皆可書而誦之。其體渾涵光芒，雄視百代，有文章以來，蓋亦鮮矣。洵晚讀易，作易傳未究，命軾述其志。軾成易傳，復作論語說；後居海南，作書傳；又有東坡集四十卷、後集二十卷、奏議十五卷、內制十卷、外制三卷、和陶詩四卷。一時文人如黃庭堅、晁補之、秦觀、張耒、陳師道，舉世未之識，軾待之如朋儔，未嘗以師資自予也。

自爲舉子至出入侍從，必以愛君爲本，忠規讜論，挺挺大節，羣臣無出其右。但爲小人忌惡擠排，不使安於朝廷之上。

高宗即位，贈資政殿學士，以其孫符爲禮部尚書。又以其文寘左右，讀之終日忘倦，謂爲文章之宗，親製集贊，賜其曾孫嶠。遂崇贈太師，謚文忠。軾三子：邁、迨、過，俱善爲文。

邁，駕部員外郎。迨，承務郎。

過字叔黨。軾知杭州，過年十九，以詩賦解兩浙路，禮部試下。及軾爲兵部尚書，任右承務郎。軾帥定武，謫知英州，貶惠州，遷儋耳，漸徙廉、永，獨過侍之。凡生理晝夜寒暑所須者，一身百爲，不知其難。初至海上，爲文曰志隱，軾覽之曰：「吾可以安於島夷矣。」因命作孔子弟子別傳。軾卒於常州，過葬軾汝州郟城小峨眉山，遂家潁昌，營湖陰水竹數畝，名曰小斜川，自號斜川居士。卒，年五十二。

初監太原府稅，次知潁昌府郾城縣，皆以法令罷。晚權通判中山府。有斜川集二十卷。其思子臺賦、颶風賦早行於世。時稱爲「小坡」，蓋以軾爲「大坡」也。其叔轍每稱過孝，以訓宗族。且言：「吾兄遠居海上，惟成就此兒能文也。」七子：籥、籍、節、笈、箪、篴、箾。

論曰：蘇軾自爲童子時，士有傳石介慶曆聖德詩至蜀中者，軾歷舉詩中所言韓、富、杜、范諸賢以問其師。師怪而語之，則曰：「正欲識是諸人耳。」蓋已有頡頏當世賢哲之意。弱冠，父子兄弟至京師，一日而聲名赫然，動於四方。既而登上第，擢詞科，入掌書命，出典方州。器識之閎偉，議論之卓犖，文章之雄雋，政事之精明，四者皆能以特立之志爲之主，而以邁往之氣輔之。故意之所向，言足以達其有猷，行足以遂其有爲。至於禍患之來，節義足以固其有守，皆志與氣所爲也。仁宗初讀軾、轍制策，退而喜曰：「朕今日爲子孫得兩宰相矣。」神宗尤愛其文，宮中讀之，膳進忘食，稱爲天下奇才。二君皆有以知軾，而軾卒不得大用。一歐陽脩先識之，其名遂與之齊，豈非軾之所長不可掩抑者，天下之至公也，相不相有命焉，嗚呼！軾不得相，又豈非幸歟？或謂：「軾稍自韜戢，雖不獲柄用，亦當免禍。」雖然，假令軾以是而易其所爲，尚得爲軾哉？

校勘記

〔一〕下爲子孫萬世之防　蘇軾東坡七集奏議集卷一上皇帝書作「下爲子孫立萬一之防」。

〔二〕何正臣　原作「何正言」。本書卷三二九何正臣傳說：「爲御史裏行，遂與李定、舒亶論蘇軾。」可見和李、舒同論蘇軾的當是何正臣。孔平仲孔氏談苑卷一也作何正臣。據改。

〔三〕欲鑿挽路爲千橋以迅江勢　「千橋」，原作「十橋」。據蘇轍欒城集後集卷二二亡兄子瞻端明墓誌銘、東坡七集奏議集卷九進單鍔吳中水利書狀改。

〔四〕又作生祠以報　「作生」二字原倒，據欒城集後集卷二二亡兄子瞻端明墓誌銘乙正。

宋史卷三百三十九

列傳第九十八

蘇轍 族孫元老

蘇轍字子由，年十九，與兄軾同登進士科，又同策制舉。仁宗春秋高，轍慮或倦於勤，因極言得失，而於禁廷之事，尤爲切至。曰：

陛下即位三十餘年矣，平居靜慮，亦嘗有憂於此乎，無憂於此乎？臣伏讀制策，陛下既有憂懼之言矣。然臣愚不敏，竊意陛下有其言耳，未有其實也。往者寶元、慶曆之間，西夏作難，陛下晝不安坐，夜不安席，天下皆謂陛下憂懼小心，如周文王。然自西方解兵，陛下棄置憂懼之心，二十年矣。古之聖人，無事則深憂，有事則不懼。夫無事而深憂者，所以爲有事之不懼也。今陛下無事則不憂，有事則大懼，臣以爲憂樂之節易矣。臣疏遠小臣，聞之道路，不知信否？

近歲以來，宮中貴姬至以千數，歌舞飲酒，優笑無度，坐朝不聞咨謨，便殿無所顧問。三代之衰，漢、唐之季，女寵之害，陛下亦知之矣。久而不止，百蠹將由之而出。內則蠱惑之所汚，以傷和伐性；外則私謁之所亂，以敗政害事。陛下無謂好色於內，不害外事也。今海內窮困，生民愁苦，而宮中好賜不爲限極，所欲則給，不問有無。司會不敢爭，大臣不敢諫，執契持敕，迅若兵火。國家內有養士、養兵之費，外有契丹、西夏之奉，陛下又自爲一阱以耗其遺餘，臣恐陛下以此得謗，而民心不歸也。

策入，轍自謂必見黜。考官司馬光第以三等，范鎭難之。蔡襄曰：「吾三司使也。司會之言，吾愧之而不敢怨。」惟考官胡宿以爲不遜，請黜之。仁宗曰：「以直言召人，而以直言棄之，天下其謂我何？」宰相不得已，寘之下等，授商州軍事推官。時父洵被命修禮書，兄軾簽書鳳翔判官。轍乞養親京師。三年，軾還，轍爲大名推官。逾年，丁父憂。服除，神宗立已二年，轍上書言事，召對延和殿。

時王安石以執政與陳升之領三司條例，命轍爲之屬。呂惠卿附安石，轍與論多相牾。安石出青苗書使轍熟議，曰：「有不便，以告勿疑。」轍曰：「以錢貸民，使出息二分，本以救民，非爲利也。然出納之際，吏緣爲姦，雖有法不能禁；錢入民手，雖良民不免妄用；及其納錢，雖富民不免踰限。如此，則恐鞭箠必用，州縣之事不勝煩矣。唐劉晏掌國計，未嘗有所假貸。有尤之者，晏曰：『使民僥倖得錢，非國之福；使吏倚法督責，非民之便。吾雖未嘗假貸，而四方豐凶貴賤，知之未嘗逾時。有賤必糴，有貴必糶，以此四方無甚貴、甚賤之病，安用貸爲？』晏之所言，則常平法耳。今此法見在而患不修，公誠能有意於民，舉而行之，則晏之功可立俟也。」安石曰：「君言誠有理，當徐思之。」自此逾月不言青苗。

會河北轉運判官王廣廉〔一〕奏乞度僧牒數千爲本錢，於陝西漕司私行青苗法，春散秋斂，與安石意合，於是青苗法遂行。安石因遣八使之四方，訪求遺利。中外知其必迎合生事，皆莫敢言。轍往見陳升之曰：「昔嘉祐末，遣使寬恤諸路，各務生事，還奏多不可行，爲天下笑。今何以異此？」又以書抵安石，力陳其不可。安石怒，將加以罪，升之止之，以爲河南推官。會張方平知陳州，辟爲教授。三年，授齊州掌書記。又三年，改著作佐郎。復從方平簽書南京判官。居二年，坐兄軾以詩得罪，謫監筠州鹽酒稅，五年不得調。移知績溪縣。

哲宗立，以祕書省校書郎召。元祐元年，爲右司諫。宣仁后臨朝，用司馬光、呂公著，欲革弊事，而舊相蔡確、韓縝、樞密使章惇皆在位，窺伺得失，轍皆論去之。呂惠卿始諂事王安石，倡行虐政以害天下。及勢鈞力敵，則傾陷安石，甚於仇讎，世尤惡之。至是，自知不免，乞宮觀以避貶竄。轍具疏其姦，以散官安置建州。

司馬光以王安石雇役之害，欲復差役，不知其害相半於雇役。轍言：「自罷差役僅二十年，吏民皆未習慣。況役法關涉衆事，根芽盤錯，行之徐緩，乃得審詳。若不窮究首尾，忽遽便行，恐既行之後，別生諸弊。今州縣役錢，例有積年寬剩，大約足支數年，且依舊雇役，盡今年而止。催督有司審議差役，趁今冬成法，來年役使鄉戶。但使既行之後，無復人言，則進退皆便。」

光又以安石私設詩、書新義考試天下士，欲改科舉，別爲新格。轍言：「進士來年秋試，日月無幾，而議不時決。詩賦雖小技，比次聲律，用功不淺。至於治經，誦讀講解，尤不輕易。要之，來年皆未可施行。乞來年科場，一切如舊，惟經義兼取注疏及諸家論議，或出己見，不專用王氏學。仍罷律義，令舉人知有定論，一意爲學，以待選試，然後徐議元祐五年以後科舉格式，未爲晚也。」光皆不能從。

初，神宗以夏國內亂，用兵攻討，乃於熙河增蘭州，於延安增安疆、米脂等五砦。二年，夏遣使賀登位，使還，未出境，又遣使入境。朝廷知其有請蘭州、五砦地意，大臣議棄守未決。轍言曰：「頃者西人雖至，疆場之事，初不自言。度其狡心，蓋知朝廷厭兵，確然不請，欲使此議發自朝廷，得以爲重。朝廷深覺其意，忍而不予，情得勢窮，始來請命，一失此機，必爲後悔。彼若點集兵馬，屯聚境上，許之則畏兵而予，不復爲恩；不予則邊釁一開，禍難無已。間不容髮，正在此時，不可失也。況今日之事，主上妙年，母后聽斷，將帥吏士，恩情未接，兵交之日，誰使效命？若其羽書沓至，勝負紛然，臨機決斷，誰任其責？惟乞聖心以此反覆思慮，早賜裁斷，無使西人別致猖狂。」於是朝廷許還五砦，夏人遂服。遷起居郎、中書舍人。

朝廷議回河故道，轍爲公著言：「河決而北，自先帝不能回。今不因其舊而修其未至，乃欲取而回之，其爲力也難，而爲責也重，是謂智勇勢力過先帝也。」公著悟，竟未能用。進戶部侍郎。轍因轉對，言曰：「財賦之原，出於四方，而委於中都。故善爲國者，藏之於民，其次藏之州郡。州郡有餘，則轉運司常足；轉運司既足，則戶部不困。唐制，天下賦稅，其一上供，其一送使，其一留州。比之於今，上供之數可謂少矣。然每有緩急，王命一出，舟車相銜，大事以濟。祖宗以來，法制雖殊，而諸道蓄藏之計，猶極豐厚。是以斂散及時，縱捨由己〔三〕，利柄所在，所爲必成。自熙寧以來，言利之臣，不知本末之術，欲求富國，而先困轉運司。轉運司既困，則上供不繼；上供不繼，而戶部亦憊矣。兩司既困，故內帑別藏，雖積如丘山，而委爲朽壤，無益於算也。」

尋又言：

臣以祖宗故事考之，今日本部所行，體例不同，利害相遠，宜隨事措置，以塞弊原。謹具三弊以聞：其一曰分河渠案以爲都水監，其二曰分胄案以爲軍器監，其三曰分修造案以爲將作監。三監皆隸工部，則本部所專，其餘無幾，出納損益，制在他司。頃者，司馬光秉政，知其爲害，嘗使本部收攬諸司利權。當時所收，不得其要，至今三案猶爲他司所擅，深可惜也。

蓋國之有財，猶人之有飲食。飲食之道，當使口司出納，而腹制多寡。然後分布氣血，以養百骸，耳目賴之以爲聰明，手足賴之以爲力。若不專任口腹，而使手足、耳目得分治之，則雖欲求一飽不可得矣，而況於安且壽乎！今戶部之在朝廷，猶口腹也，而使他司分治其事，何以異此？自數十年以來，羣臣每因一事不舉，輒入建他司。利權一分，用財無藝。他司以辦事爲效，則不恤財之有無；戶部以給財爲功，則不問事之當否。彼此各營一職，其勢不復相知，雖使戶部得材智之臣，終亦無益，能否同病，府庫卒空。今不早救，後患必甚。

昔嘉祐中，京師頻歲大水，大臣始取河渠案置都水監。置監以來，比之舊案，所補何事？而大不便者，河北有外監丞，侵奪轉運司職事。轉運司之領河事也，郡之諸埽，埽之吏兵、儲蓄，無事則分，有事則合。水之所向，諸埽趨之，吏兵得以併功，儲蓄得以併用。故事作之日，無暴斂傷財之患，事定之後，徐補其闕，兩無所妨。自有監丞，據法責成，緩急之際，諸埽不相爲用，而轉運司不勝其弊矣。此工部都水監爲戶部之害，一也。

先帝一新官制，並建六曹，隨曹付事，故三司故事多隸工曹，名雖近正而實非利。昔胄案所掌，今內爲軍器監而上隸工部，外爲都作院而上隸提刑司，欲有興作，戶部不得與議。訪聞河北道近歲爲羊渾脫，動以千計。渾脫之用，必軍行乏水〔三〕，過渡無船，然後須之。而其爲物，稍經歲月，必至蠹敗。朝廷無出兵之計，而有司營戢，不顧利害，至使公私應副，虧財害物。若專在轉運司，必不至此。此工部都作院爲戶部之害，二也。

昔修造案掌百工之事，事有緩急，物有利害，皆得專之。今工部以辦職爲事，則緩急利害，誰當議之？朝廷近以箔場竹箔，積久損爛，創令出賣，上下皆以爲當。指揮未幾，復以諸處營造，歲有科制，遂令般運堆積，以破出賣之計。臣不知將作見工幾何，一歲所用幾何？取此積彼，未用之間，有無損敗，而遂爲此計。本部雖知不便，而以工部之事，不敢復言。此工部將作監爲戶部之害，三也。

凡事之類此者多矣，臣不能遍舉也。故願明詔有司，罷外水監丞，舉河北河事及諸路都作院皆歸轉運司〔四〕，至於都水、軍器、將作三監，皆兼隸戶部，使定其事之可否，裁其費之多少，而工部任其功之良苦，程其作之遲速。苟可否、多少在戶部，則傷財害民，戶部無所逃其責矣。苟良苦、遲速在工部，則敗事乏用，工部無所辭其譴矣。制出于一，而後天下貧富，可責之戶部矣。

哲宗從之，惟都水仍舊。

朝廷以吏部元豐所定吏額，比舊額數倍，命轍量事裁減。吏有白中孚曰：「吏額不難定也。昔之流內銓，今侍郞左選也，事之煩劇，莫過此矣。昔銓吏止十數，而今左選吏至數十，事不加舊而用吏至數倍，何也？昔無重法、重祿，吏通賕賂，則不欲人多以分所得。今行重法，給重祿，賕賂比舊爲少，則不忌人多而幸於少事。此吏額多少之大情也。舊法，日生事以難易分七等，重者至一分，輕者至一釐以下，積若干分而爲一人。今若取逐司兩月事定其分數，則吏額多少之限，無所逃矣。」轍曰：「此羣吏身計所係也。若以分數爲人數，必大有所損，將大致紛訴，雖朝廷亦不能守。」乃具以白宰執，請據實立額，俟吏之年滿轉出，或事故死亡者勿補，及額而止。不過十年，羨額當盡。功雖稍緩，而見吏知非身患，不復怨矣。呂大防命諸司吏任永壽與省吏數人典之，遂背轍議以立額，日裁損吏員，復以好惡改易諸局次。永壽復以贓刺配，大防略依轍議行之。代軾爲翰林學士，尋權吏部尙書。使還，爲御史使契丹，館客者侍讀學士王師儒能誦洵、軾之文及轍茯苓賦，恨不得見全集。

中丞。

自元祐初，一新庶政，至是五年矣。人心已定，惟元豐舊黨分布中外，多起邪說以搖撼在位，呂大防、劉摯患之，欲稍引用，以平夙怨，謂之「調停」。宣仁后疑不決，轍面斥其非，復上疏曰：

臣近面論，君子小人不可並處，聖意似不以臣言爲非者。然天威咫尺，言詞迫遽，有所不盡，臣而不言，誰當救其失者！親君子，遠小人，則主尊國安；疎君子，任小人，則主憂國殆。此理之必然。未聞以小人在外，憂其不悅而引之於內，以自遺患也。故臣謂小人雖不可任以腹心，至於牧守四方，奔走庶務，無所偏廢可也。若遂引之於內，是猶患盜賊之欲得財，而導之於寢室，知虎豹之欲食肉，而開之以坰牧，無是理也。且君子小人，勢同冰炭，同處必爭。一爭之後，小人必勝，君子必敗。何者？小人貪利忍恥，擊之則難去，君子潔身重義，沮之則引退。古語曰：「一薰一蕕，十年尙猶有臭。」蓋謂此矣。

先帝聰明聖智，疾頹靡之俗，將以綱紀四方，比隆三代。而臣下不能將順，造作諸法，上逆天意，下失民心。二聖因民所願，取而更之，上下忻慰。則前者用事之臣，今朝廷雖不加斥逐，其勢亦不能復留矣。尙賴二聖慈仁，宥之於外，蓋已厚矣。而議者惑於說，乃欲招而納之，與之共事，謂之「調停」。此輩若返，豈肯但已哉？必將戕害正人，漸復舊事，以快私忿。人臣被禍，蓋不足言，臣所惜者，祖宗朝廷也。惟陛下斷自聖心，勿爲流言所惑，勿使小人一進，後有噬臍之悔，則天下幸甚。

疏入，宣仁后命宰執讀於簾前，曰：「轍疑吾君臣兼用邪正，其言極中理。」諸臣從而和之，「調停」之說遂已。

轍又奏曰：

竊見方今天下雖未大治，而祖宗綱紀具在，州郡民物粗安。若大臣正己平心，無生事要功之意，因弊修法，爲安民靖國之術，則人心自定，雖有異黨，誰不歸心？向者異同反覆之心，蓋亦不足慮矣。但患朝廷舉事，類不審詳。曩者，黃河北流，正得水性，而水官穿鑿，欲導之使東，移下就高，汨五行之理。及陛下遣使按視，知不可爲，猶或固執不從。經今累歲，回河雖罷，減水尚存，遂使河朔生靈，財力俱困。今者西夏、青唐，外皆臣順，朝廷招來之厚，惟恐失之。而熙河將吏創築二堡，以侵其膏腴，議納醇忠，以奪其節鉞，功未可覬，爭已先形。朝廷雖知其非，終不明白處置，若遂養成邊釁，關陝豈復安居？如此二事，則臣所謂宜正己平心，無生事要功者也。

昔嘉祐以前，鄉差衙前，民間常有破產之患。熙寧以後，出賣坊場以雇衙前，民間不復知有衙前之苦。及元祐之初，務於復舊，一例復差。官收坊場之錢，民出衙前之費，四方驚顧，衆議沸騰。尋知不可，旋又復雇。去年之秋，又復差法。又熙寧雇役之法，三等人戶，並出役錢，上戶以家產高強，出錢無藝，下戶昔不充役，亦遣出錢。故此二等人戶，不免咨怨。至於中等，昔既已自差役，今又出錢不多，雇法之行，最爲其便。罷行雇法，上下二等，欣躍可知，唯是中等則反爲害。且如畿縣中等之家，例出役錢三貫，若經十年，爲錢三十貫而已。今差役既行，諸縣手力，最爲輕役〔五〕；農民在官，日使百錢，最爲輕費。然一歲之用，已爲三十六貫，二年役滿，爲費七十餘貫〔六〕。罷役而歸，寬鄉得閑三年，狹鄉不及一歲。以此較之，則差役五年之費，倍於雇役十年。賦役所出，多在中等。如此條目，不便非一，故天下皆思雇役而厭差役，今五年矣。如此二事，則臣所謂宜因弊修法，爲安民靖國之術者也。

臣以闇見淺狹，不能盡知當今得失。然四事不去，如臣等輩猶知其非，而況於心懷異同，志在反覆，幸國之失，有以藉口者乎？臣恐如此四事，彼已默識於心，多造謗議，待時而發，以搖撼衆聽矣。伏乞宣諭宰執，事有失當，改之勿疑，法或未完，修之無倦。苟民心既得，則異議自消。陛下端拱以享承平，大臣逡巡以安富貴，海內蒙福，上下攸同，豈不休哉！

大臣恥過，終莫肯改。

六年，拜尙書右丞，進門下侍郎。初，夏人來賀登極，相繼求和，且議地界。朝廷許約，地界已定，付以歲賜。久之，議不決。明年，夏人以兵襲涇原，殺掠弓箭手數千人，朝廷忍之不問，遣使往賜策命。夏人受禮倨慢，以地界爲辭，不復入謝，再犯涇原。四年，來賀坤成節，且議地界。朝廷先以歲賜予之，地界又未決。夏人乃於疆事多方侵求，熙河將佐范育、种誼等，遂背約侵築質孤、勝如二堡〔七〕，夏人卽平盪之。育等又欲以兵納趙醇忠，及擅招其部人千餘，朝廷却而不受，西邊騷然。轍乞罷育、誼，別擇老將以守熙河。宣仁后以爲然，大臣竟主育、誼，不從。

轍又面奏：「人君與人臣，事體不同。人臣雖明見是非，而力所不加，須至且止；人君於事，不知則已，知而不能行，則事權去矣。臣今言此，蓋欲陛下收攬威柄，以正君臣之分而已。若專聽所謂，不以漸制之，及其太甚，必加之罪，不免逐去。事至如此，豈朝廷美事？故臣欲保全大臣，非欲害之也。」

六年，熙河奏：「夏人十萬騎壓通遠軍境，挑掘所爭崖巉，殺人三日而退。乞因其退，急移近裏堡砦於界，乘利而往，不須復守誠信。」下大臣會議。轍曰：「當先定議欲用兵耶，不用耶？」呂大防曰：「如合用兵，亦不得不用。」轍曰：「凡用兵，先論理之曲直。我若不直，兵決不當用。朝廷須與夏人議地界〔八〕，欲用慶曆舊例，以彼此見今住處當中爲直，此理最簡直。夏人不從，朝廷遂不固執。蓋朝廷臨事，常患先易後難，此所謂先易者也。既而許於非所賜城砦，依綏州例，以二十里爲界，十里爲堡鋪，十里爲草地。要約纔定，朝廷又要兩砦界首侵夏地，一抹取直，夏人見從。又要夏界更留草地十里，夏人亦許。凡此所謂後難者也。今欲於定西城與隴諾堡一抹取直，所侵夏地凡百數十里。隴諾祖宗舊疆，豈所謂非所賜城砦耶？此則不直，致寇之大者也。」劉摯曰：「不用兵雖美，然事有須用兵者，亦不可不用也。」轍奏曰：「夏兵十萬壓熙河境上，不於他處，專於所爭處殺人、掘崖巉，此意可見，此非西人之罪，皆朝廷不直之故。熙河輒敢生事，不守誠信，臣欲詰責帥臣耳。」後屢因邊兵深入夏地，宣仁后遂從轍議。

時三省除李清臣吏部尙書，給事中范祖禹封還詔書，且言姚勔〔九〕亦言之。三省復除蒲宗孟兵部尙書。轍奏：「前除清臣，給諫紛然，爭之未定。今又用宗孟，恐不便。」宣仁后曰：「奈闕官何？」轍曰：「尙書闕官已數年，何嘗闕事？今日用此二人，正與去年用鄧溫伯無異。此三人者，非有大惡，但昔與王珪、蔡確輩並進，意思與今日聖政不合。見今尙書共闕四人，若並用似此四人，使黨類互進，恐朝廷自是不安靜矣。」議遂止。

紹聖初，哲宗起李清臣爲中書舍人，鄧潤甫爲尙書左丞。二人久在外，不得志，稍復言熙、豐事以激怒哲宗意。會廷試進士，淸臣撰策題，卽爲邪說。轍諫曰：

伏見御試策題，歷詆近歲行事，有紹復熙寧、元豐之意。臣謂先帝以天縱之才，行大有爲之志，其所設施，度越前古，蓋有百世不可改者。在位近二十年，而終身不受尊號。裁損宗室，恩止祖免，減朝廷無窮之費。出賣坊場，顧募衙前，免民間破家之患。黜罷諸科誦數之學，訓練諸將慵惰之兵。置寄祿之官，復六曹之舊，嚴重祿之法，禁交謁之私。行淺攻之策以制西夏，收六色之錢以寬雜役。凡如此類，皆先帝之睿算，有利無害，而元祐以來，上下奉行，未嘗失墜也。至於其他，事有失當，何世無之。父作之於前，子救之於後，前後相濟，此則聖人之孝也。

漢武帝外事四夷〔一〇〕，內興宮室，財用匱竭，於是修鹽鐵、榷酤、均輸之政，民不堪命，幾至大亂。昭帝委任霍光，罷去煩苛，漢室乃定。光武、顯宗以察爲明，以讖決事，上下恐懼，人懷不安。章帝卽位，深鑒其失，代之以寬厚、愷悌之政，後世稱焉。本朝眞宗右文偃武，號稱太平，而羣臣因其極盛，爲天書之說。章獻臨御，攬大臣之議，藏書梓宮，以泯其迹；及仁宗聽政，絕口不言。英宗自藩邸入繼，大臣創濮廟之議。及先帝嗣位，或請復舉其事，寢而不答，遂以安靜。夫以漢昭、章之賢，與吾仁宗、神宗之聖，豈其薄於孝敬而輕事變易也哉？臣不勝區區，願陛下反覆臣言，愼勿輕事改易。

若輕變九年已行之事，擢任累歲不用之人，人懷私忿，而以先帝爲辭，大事去矣。哲宗覽奏，以爲引漢武方先朝，不悅。落職知汝州。居數月，元豐諸臣皆會於朝，再責知袁州。未至，降朝議大夫、試少府監，分司南京，筠州居住。三年，又責化州別駕，雷州安置，移循州。徽宗卽位，徙永州、岳州，已而復太中大夫，提舉鳳翔上淸太平宮。崇寧中，蔡京當國，又降朝請大夫，罷祠，居許州，再復太中大夫致仕。築室于許，號潁濱遺老，自作傳萬餘言，不復與人相見。終日默坐，如是者幾十年。政和二年，卒，年七十四。追復端明殿學士。淳熙中，諡文定。

轍性沉靜簡潔，爲文汪洋澹泊，似其爲人，不願人知之，而秀傑之氣終不可掩，其高處殆與兄軾相迫。所著詩傳、春秋傳、古史、老子解、欒城文集並行於世。三子：遲、适、遜。族孫元老。

元老字子廷。幼孤力學，長於春秋，善屬文。軾謫居海上，數以書往來。軾喜其爲學有功，轍亦愛奬之。黄庭堅見而奇之，曰：「此蘇氏之秀也。」舉進士，調廣都簿，歷漢州敎授、西京國子博士、通判彭州。

政和間，宰相喜開邊西南，帥臣多啖誘近界諸族使納土，分置郡縣以爲功，致茂州蠻叛，帥司遽下令招降。元老嘆曰：「威不足以服，則恩不足以懷。」乃移書成都帥周燾曰：「此蠻跳梁山谷間，伺間竊發。彼之所長，我之所短，惟施、黔兩州兵可與爲敵。若檄數千人，使倍道往赴，賢於官軍十萬也。其次以爲夔、陝兵大集，先以夔兵誘其前，陝兵從其後，不十日，賊必破。彼降而我受焉，則威懷之道得。今不討賊，既招而還，必復叛，不免重用兵矣。」燾得書，卽召與計事。元老又策：「茂有兩道，正道自濕山趨長平，絕嶺而上，其路險以高；間道自青崖關趨刁溪，循江而行，其路夷以徑。當使正兵陣濕山，而陰出奇兵擣刁溪，與石泉幷力合攻，賊腹背受敵，擒之必矣。」燾皆不能用，竟得罪。後帥至，如元老策，蠻勢蹙，乃降。

除國子博士，歷祕書正字、將作少監、比部考功員外郎，尋除成都路轉運副使，爲軍器監，司農、衞尉、太常少卿。

元老外和內勁，不妄與人交。梁師成方用事，自言爲軾外子，因緣欲見之，且求其文，拒不答。言者遂論元老蘇軾從孫，且爲元祐邪說，其學術議論，頗倣軾、轍，不宜在中朝。罷爲提點明道宮。元老歎曰：「昔顏子附驥尾而名顯，吾今以家世坐累，榮矣。」未幾卒，年四十七。有詩文行于時。

論曰：蘇轍論事精確，修辭簡嚴，未必劣於其兄。王安石初議靑苗，轍數語柅之，安石自是不復及此，後非王廣廉傅會，則此議息矣。轍寡言鮮慾，素有以得安石之敬心，故能爾也。若是者，軾宜若不及，然至論軾英邁之氣，閎肆之文，轍爲軾弟，可謂難矣。元祐秉政，力斥章、蔡，不主調停；及議回河、雇役，與文彥博、司馬光異同，西邊之謀，又與呂大防、劉摯不合。君子不黨，於轍見之。轍與兄進退出處，無不相同，患難之中，友愛彌篤，無少怨尤，近古罕見。獨其齒爵皆優於兄，意者造物之所賦與，亦有乘除於其間哉！

校勘記

〔一〕王廣廉　原作「王廣兼」，據本書卷一七六食貨志、東都事略卷九三下蘇轍傳、蘇轍欒城集後集卷一二潁濱遺老傳上改。

〔二〕縱捨由己　「捨」原作「合」，據欒城集後集卷一二潁濱遺老傳上、欒城集卷四〇轉對狀改。

〔三〕必軍行乏水　「乏」原作「之」，據欒城集後集卷一二潁濱遺老傳上、欒城集卷四〇請戶部復三司諸案箚子改。

〔四〕舉河北河事及諸路都作院皆歸轉運司　「河北」的「河」字原舛「都作院」下，據同上書同卷同篇改。

〔五〕諸縣手力最爲輕役　「縣」原作「役」，欒城集後集卷一三潁濱遺老傳下、長編卷四四三都作「縣」字，於義爲長，據改。

〔六〕爲費七十餘貫　「七十」原作「七千」，與上文「一歲之用，已爲三十六貫」之數不合。據欒城集後集卷一三潁濱遺老傳下、欒城集卷四三論分別邪正箚子改。

〔七〕質孤勝如二堡　「質孤」原作「買孤」，據欒城集後集卷一三潁濱遺老傳下、欒城集卷四六論西邊商量地界箚子改。長編卷四四二作「智固」，音同。

〔八〕朝廷須與夏人議地界　「須」，長編卷五六〇作「頃」，於義較長。

〔九〕姚勔　原作「姚靦」，據欒城集後集卷一三潁濱遺老傳下、長編卷四六五改。

〔一〇〕四夷　原作「四征」，據編年綱目卷二四、東都事略卷九三下本傳改。

宋史卷三百四十

列傳第九十九

呂大防 兄大忠 弟大鈞 大臨　劉摯　蘇頌

呂大防字微仲，其先汲郡人。祖通，太常博士。父蕡，比部郎中。通葬京兆藍田，遂家焉。大防進士及第，調馮翊主簿、永壽令。縣無井，遠汲於澗，大防行近境，得二泉，欲導而入縣，地勢高下，衆疑無成理。大防用考工水地置泉之法以準之，不旬日，果疏爲渠，民賴之，號曰「呂公泉」。

遷著作佐郎、知青城縣。故時，圭田粟入以大斗而出以公斗，獲利三倍，民雖病不敢訴。大防始均出納以平其直，事轉聞，詔立法禁，命一路悉輸租于官概給之。青城外控汶川，與敵相接。大防據要置邏，密爲之防，禁山之樵采，以嚴障蔽。韓絳鎭蜀，稱其有王佐才。入權鹽鐵判官。

英宗卽位，改太常博士。御史闕，內出大防與范純仁姓名，命爲監察御史裏行。首言：「紀綱賞罰，未厭四方之望者有五：進用大臣而權不歸上；大臣疲老而不得時退；外國驕蹇而不擇將帥；議論之臣裨益闕失，而大臣沮之；疆埸左右之臣，有敗事而被賞、舉職而獲罪者。」又言：「富弼病足請解機務，章十餘上而不納；張昪〔一〕年幾八十，聰明已耗，哀乞骸骨而不從；吳奎有三年之喪，以其子召之者再，遣使召之者又再；程戡辭老不能守邊，恐死塞上，兔以尸柩還家爲請，亦不許。陛下欲盡君臣之分，使病者得休，喪者得終，老者得盡其餘年，則進退盡禮，亦何必過爲虛飾，使四人之誠，不得自達邪？」

是歲，京師大水，大防曰：「雨水之患，至入宮城廬舍，殺人害物，此陰陽之沴也。」卽陳八事，曰：主威不立，臣權太盛，邪議干正，私恩害公，遼、夏連謀，盜賊恣行，羣情失職，刑罰失平。會執政議濮王稱考，大防上言：「先帝起陛下爲皇子，館於宮中，憑几之命，緒言在耳，皇天后土，實知所託。設使先帝萬壽，陛下猶爲皇子，則安懿之稱伯，於理不疑。豈可生以爲子，沒而背之哉？夫人君臨御之始，宜有至公大義厭服天下，以結其心。今大臣首欲加王以非正之號，使陛下顧私恩而違公義，非所以結天下之心也。」章累十數上，出知休寧縣。

神宗立，通判淄州。熙寧元年，知泗州，爲河北轉運副使。召直舍人院。韓絳宣撫陝西，命爲判官，又兼河東宣撫判官，除知制誥。四年，知延州。大防防欲城河外荒堆砦，衆謂不可守，大防留戍兵修堡障，有不從者斬以徇。會環慶兵亂，絳坐黜，大防亦落知制誥，以太常博士知臨江軍。

數月，徙知華州。華嶽摧，自山屬渭河，被害者衆。大防奏疏，援經質史，以驗時事。其略曰：「『畏天之威，于時保之』，先王所以興也；『我生不有命在天』，後王所以壞也。書云：『惟先格王，正厥事。』願仰承天威，俯酌時變，爲社稷至計。」除龍圖閣待制、知秦州。

元豐初，徙永興。神宗以彗星求言，大防陳三說九宜：曰治本，曰緩末，曰納言。養民、教士、重穀，治本之宜三也；治邊、治兵，緩末之宜二也；廣受言之路，寬侵官之罰，恕誹謗之罪，容異同之論，此納言之宜四也。累數千言。時用兵西夏，調度百出，有不便者輒上聞，務在寬民。及兵罷，民力比他路爲饒，供億軍須亦無乏絕。進直學士。居數年，知成都府。

哲宗卽位，召爲翰林學士、權開封府。有僧誣民取財，因訟至廷下。驗治得情，命抱具獄，卽其所杖之，他挾姦者皆遁去。館伴契丹使。其使黠，語頗及朝廷，大防密擿其隱事，詰之曰：「北朝試進士至心獨運賦〔三〕，不知此題於書何出？」使錯還不能對，自是不敢復出嫚詞。

遷吏部尚書。夏使來，詔訪以待遇之計，且曰：「向者所得邊地，雖建立城堡，終慮孤絕難保。棄之則弱國，守之又有後悔，爲當奈何？」大防言：「夏本無能爲，然屢遣使而不布誠款者，蓋料我急於議和耳。今使者到闕，宜令押伴臣僚，扣其不賀登極，以觀厥意，足以測情僞矣。新收疆土，議者多言可棄，此慮之不熟也。至於守禦之策，惟擇將帥爲先。太祖用姚內斌、董遵誨守環、慶，西人不敢入侵。昔以二州之力，禦敵而有餘；今以九州之大，奉邊而不足。由是言之，在於得人而已。」

元祐元年，拜尚書右丞，進中書侍郎，封汲郡公。西方息兵，青唐羌以爲中國怯，使大將鬼章青宜結犯邊。大防命洮州諸將乘間致討，生擒之。

三年，呂公著告老，宣仁后欲留之京師。手札密訪至于四五，超拜大防尚書左僕射兼門下侍郎，提舉修神宗實錄。大防見哲宗年益壯，日以進學爲急，請敕講讀官取仁宗邇英御書解釋上之，寘于坐右。又摭乾興以來四十一事足以爲勸戒者，分上下篇，標曰仁祖聖學，使人主有欣慕不足之意。

哲宗御邇英閣，召宰執、講讀官讀寶訓，至「漢武帝籍南山提封爲上林苑」，仁宗曰：『山澤之利當與衆共之，何用此也。』丁度曰：『臣事陛下二十年，每奉德音，未始不及於憂勤，此蓋祖宗家法爾。』」大防因推廣祖宗家法以進，曰：「自三代以後，唯本朝百二十年中外無事，蓋由祖宗所立家法最善，臣請舉其略。自古人主事母后，朝見有時，如漢武帝五日一朝長樂宮。祖宗以來事母后，皆朝夕見，此事親之法也。前代大長公主用臣妾之禮。本朝必先致恭，仁宗以姪事姑之禮見獻穆大長公主，此事長之法也。前代宮闈多不肅，宮人或與廷臣相見，唐入閤圖有昭容位。本朝宮禁嚴密，內外整肅，此治內之法也。前代外戚多預政事，常致敗亂。本朝母后之族皆不預，此待外戚之法也。前代宮室多尙華侈。本朝宮殿止用赤白，此尙儉之法也。前代人君雖在宮禁，出輿入輦。祖宗皆步自內庭，出御後殿。豈乏人力哉，亦欲涉歷廣庭，稍冒寒暑，此勤身之法也。前代人主，在禁中冠服苟簡。祖宗以來，燕居必以禮。竊聞陛下昨郊禮畢，具禮謝太皇太后，此尙禮之法也。前代多深於用刑，大者誅戮，小者遠竄。惟本朝用法最輕，臣下有罪，止於罷黜，此寬仁之法也。至於虛己納諫，不好畋獵，不尙翫好，不用玉器，不貴異味，此皆祖宗家法，所以致太平者。陛下不須遠法前代，但盡行家法，足以爲天下。」哲宗甚然之。

大防朴厚惷直，不植黨朋，與范純仁並位，同心勠力，以相王室。立朝挺挺，進退百官，不可干以私，不市恩嫁怨，以邀聲譽，凡八年，始終如一。

懇乞避位，宣仁后曰：「上方富於春秋，公未可卽去，少須歲月，吾亦就東朝矣。」未果而后崩。爲山陵使，復命以觀文殿大學士、左光祿大夫知潁昌府。尋改永興軍，使便其鄉社。

入辭，哲宗勞慰甚渥，曰：「卿暫歸故鄉，行即召矣。」未幾，左正言上官均論其隳壞役法，右正言張商英、御史周秩、劉拯相繼攻之，奪學士，知隨州，貶秘書監，分司南京，居郢州。言者又以修神宗實錄直書其事爲誣詆，徙安州。

兄大忠自渭入對，哲宗詢大防安否，且曰：「執政欲遷諸嶺南，朕獨令處安陸，爲朕寄聲問之。大防朴直爲人所賣，三二年可復相見也。」大忠泄其語於章惇，惇懼，繩之愈力。紹聖四年，遂貶舒州團練副使，安置循州。至虔州信豐而病，語其子景山曰：「吾不復南矣！吾死汝歸，呂氏尚有遺種。」遂薨，年七十一。大忠請歸葬，許之。

大防身長七尺，眉目秀發，聲音如鐘。自少持重，無嗜好，過市不左右游目，燕居如對賓客。每朝會，威儀翼如，神宗常目送之。與大忠及弟大臨同居，相切磋論道考禮，冠昏喪祭一本於古，關中言禮學者推呂氏。嘗爲鄉約曰：「凡同約者，德業相勸，過失相規，禮俗相交，患難相卹，有善則書于籍，有過若違約者亦書之，三犯而行罰，不悛者絕之。」

徽宗即位，復其官。高宗紹興初，又復大學士，贈太師、宣國公，謚曰正愍。

大忠字進伯。登第，爲華陰尉、晉城令。韓絳宣撫陝西，以大忠提舉永興路義勇。改秘書丞，檢詳樞密院吏、兵房文字。令條義勇利害。大忠言：「養兵猥衆，國用日屈，漢之屯田，唐之府兵，善法也。弓箭手近於屯田，義勇近於府兵，擇用一焉，兵屯可省矣。」爲簽書定國軍判官。

熙寧中，王安石議遣使諸道，立緣邊封溝，大忠與范育被命，俱辭行。大忠陳五不可，以爲懷撫外國，恩信不洽，必致生患。罷不遣。令與劉忱使契丹，議代北地，會遭父喪，起復，知代州。契丹使蕭素、梁潁至代，設次，據主席，大忠與之爭，乃移次於長城北。換西上閤門使、知石州。

大忠數與素、潁會，凡議，屢以理折之，素、潁稍屈。已而復使蕭禧來求代北地，神宗召執政與大忠、忱議，將從其請。大忠曰：「彼遣一使來，卽與地五百里，若使魏王英弼來求關南，則何如？」神宗曰：「卿是何言也？」對曰：「陛下既以臣言爲不然，恐不可啓其漸。」忱曰：「大忠之言，社稷大計，願陛下熟思之。」執政知不可奪，議卒不決，罷忱還三司，大忠亦終喪制。其後竟以分水嶺爲界焉。

元豐中，爲河北轉運判官，言：「古者理財，視天下猶一家。朝廷者家，外計者兄弟，居雖異而財無不同。今有司惟知出納之名，有餘不足，未嘗以實告上。故有餘則取之，不足莫之與，甚大患也。」乃上生財、養民十二事。徙提點淮西刑獄。時河決，飛蝗爲災，大忠入對，極論之，詔歸故官。

元祐初，歷工部郎中、陝西轉運副使、知陝州，以直龍圖閣知秦州，進寶文閣待制。夏人自犯麟府、環慶後，遂絕歲賜，欲遣使謝罪，神宗將許之。大忠言：「夏人彊則縱，困則服，今陽爲恭順，實懼討伐。宜且命邊臣詰其所以來之辭，若惟請是從，彼將有以窺我矣。」

時郡糴民粟，豪家因之制操縱之柄。大忠選僚寀自旦入倉，雖斗升亦受，不使有所壅閼。民喜，爭運粟于倉，負錢而去，得百餘萬斛。

馬涓以進士舉首入幕府，自稱狀元。大忠謂曰：「狀元云者，及第未除官之稱也，既爲判官則不可。今科舉之習既無用，修身爲己之學，不可不勉。」又教以臨政治民之要，涓自以爲得師焉。謝良佐教授州學，大忠每過之，聽講論語，必正襟斂容曰：「聖人言行在焉，吾不敢不肅。」

嘗獻言：「夏人戍守之外，戰士不過十萬，吾三路之衆，足以當之矣。彼屢犯王略，一不與校，臣竊羞之。」紹聖二年，加寶文閣直學士、知渭州，付以秦、渭之事，奏言：「關、陝民力未裕，士氣沮喪，非假之歲月，未易枝梧。」因請以職事對。大抵欲以計徐取橫山，自汝遮殘井迤邐進築，不求近功。

既而鍾傳城安西，王文郁亦用事，章惇、曾布主之，大忠議不合；又乞以所進職爲大防量移，惇、布陳其所言與元祐時異，徙知同州，旋降待制致仕。卒，詔復學士官，佐其葬。

大鈞字和叔。父蕡，六子，其五登科，大鈞第三子也。中乙科，調秦州右司理參軍，監延州折博務。改光祿寺丞、知三原縣。請代蕡入蜀，移巴西縣。蕡致仕，大鈞亦移疾不行。韓絳宣撫陝西、河東，辟書寫機密文字。府罷，移知候官縣，故相曾公亮鎮京兆，薦知涇陽縣，皆不赴。丁外艱，家居講道。數年，起爲諸王宮教授。求監鳳翔船務，制改宣義郎。

會伐西夏，鄜延轉運司檄爲從事。既出塞，轉運使李稷餽餉不繼，欲還安定取糧，使大鈞請於种諤。諤曰：「吾受命將兵，安知粮道！萬一不繼，召稷來，與一劍耳。」大鈞性剛直，即曰：「朝廷出師，去塞未遠，遂斬轉運使，無君父乎？」諤意折，彊謂大鈞曰：「君欲以此報稷，先稷受禍矣！」大鈞怒曰：「公將以此言見恐邪？吾委身事主，死無所辭，正恐公過耳。」諤見其直，乃好謂曰：「子乃爾邪？今聽汝矣！」始許稷還。是時，微大鈞盛氣誚諤，稷且不免。未幾，道得疾，卒，年五十二。

大鈞從張載學，能守其師說而踐履之。居父喪，衰麻葬祭，一本於禮。後乃行於冠昏、膳飲、慶弔之間，節文粲然可觀，關中化之。尤喜講明井田兵制，謂治道必自此始，悉撰次爲圖籍，可見於用。雖皆本於載，而能自信力行，載每歎其勇爲不可及。

大臨字與叔。學于程頤，與謝良佐、游酢、楊時在程門，號「四先生」。通六經，尤邃於禮。每欲掇習三代遺文舊制，令可行，不爲空言以拂世駭俗。

其論選舉曰：「古之長育人才者，以士衆多爲樂；今之主選舉者，以多爲患。古以禮聘士，常恐士之不至；今以法待士，常恐士之競進。古今豈有異哉，蓋未之思爾。夫爲國之要，不過得人以治其事，如爲治必欲得人，惟恐人才之不足，而何患於多。如治事皆任其責，惟恐士之不至，不憂其競進也。今取人而用，不問其可任何事；任人以事，不問其才之所堪。故入流之路不勝其多，然爲官擇士則常患乏才；待次之吏歷歲不調，然考其職事則常患不治。是所謂名實不稱，本末交戾。如此而欲得人而事治，未之有也。今欲立士規以養德厲行，更學制以量才進藝，定試法以區別能否，修辟法以興能備用，嚴舉法以覈實得人，制考法以責任考功，庶幾可以漸復古矣。」

富弼致政于家，爲佛氏之學。大臨與之書曰：「古者三公無職事，惟有德者居之，內則論道于朝，外則主教于鄉。古之大人當是任者，必將以斯道覺斯民，成己以成物，豈以爵位進退、體力盛衰爲之變哉？今大道未明，人趨異學，不入于莊，則入于釋。疑聖人爲未盡善，輕禮義爲不足學，人倫不明，萬物憔悴，此老成大人惻隱存心之時。以道自任，振起壞俗，在公之力，宜無難矣。若夫移精變氣，務求長年，此山谷避世之士獨善其身者之所好，豈世之所以望於公者哉？」弼謝之。

元祐中，爲太學博士，遷秘書省正字。范祖禹薦其好學修身如古人，可備勸學，未及用而卒。

劉摯字莘老，永靜東光人。兒時，父居正課以書，朝夕不少間。或謂：「君止一子，獨不可少寬邪？」居正曰：「正以一子，不可縱也。」十歲而孤，鞠於外氏，就學東平，因家焉。嘉祐中，擢甲科，歷冀州南宮令。縣比不得人，俗化凋敝，其賦甚重，輸絹匹折稅錢五百，綿兩折錢三十，民多破產。摯援例旁郡，條請裁以中價。轉運使怒，將劾之。摯固請曰：「獨一州六邑被此苦，決非法意，但朝廷不知耳。」遂告於朝。三司使包拯奏從其議，自是絹爲錢千三百，綿七十有六。民歡呼至泣下，曰：「劉長官活我！」是時，摯與信都令李沖、清河令黃莘皆以治行聞，人稱爲「河朔三令」。

徙江陵觀察推官，用韓琦薦，得館閣校勘。王安石一見器異之，擢檢正中書禮房，默默非所好也。才月餘，爲監察御史裏行，欣然就職，歸語家人曰：「趣裝，毋爲安居計。」未及陛對，卽奏論：「亳州獄起不止〔三〕，小人意在傾富弼以市進，今弼已得罪，願少寬之。」又言：「程昉開漳河，調發猝迫，人不堪命。趙子幾擅升畿縣等，使納役錢，縣民日數千人遮訴宰相，京師喧然，何以示四方？張靚、王廷老擅增兩浙役錢，督賦嚴急，人情嗟怨。此皆欲以羨餘希賞，願行顯責，明朝廷本無聚斂之意。」

及入見，神宗面賜褒諭。因問：「卿從學王安石邪？安石極稱卿器識。」對曰：「臣東北人，少孤獨學，不識安石也。」退而上疏曰：「君子小人之分，在義利而已。小人才非不足用，特心之所向，不在乎義。故希賞之志，每在事先；奉公之心，每在私後。陛下有勸農之意，今變而爲煩擾；陛下有均役之意，今倚以爲聚斂。其有愛君之心，憂國之言者，皆無以容於其間。今天下有喜於敢爲，有樂於無事。彼以此爲流俗，此以彼爲亂常。畏義者以進取爲可恥，嗜利者以守道爲無能。此風浸成，漢、唐黨禍必起矣。惟君子爲能通天下之志。臣願陛下虛心平聽，審察好惡，前日意以爲是者，今更察其非；前日意以爲短者，今更用其長。稍抑虛譁輕僞、志近忘遠、幸於苟合之人，漸察忠厚愼重、難進易退、可與有爲之士。收過與不及之俗，使會於大中之道，則施設變化，惟陛下號令之而已。」

又論率錢助役、官自雇人有十害，其略曰：「天下州縣戶役，虛實重輕不同。今等以爲率，則非一法所能齊；隨其所宜，各自立法，則紛擾散殊，何以統率？一也。新法謂版籍不實，故令別立等第。且舊籍既不可信，今何以得其無失？不獨搔擾生事患，將使富輸少，貧輸多，二也。天下上戶少，中戶多。上戶役數而重，故以助錢爲幸。中戶役簡而輕，下戶役所不及。今概使輸錢，則爲不幸，三也。有司欲多得雇錢，而患上戶之寡，故不用舊籍，臨時升降，使民何以堪命？四也。歲有豐凶，而役人有定數，助錢不可闕。非若稅賦有倚閣、減放之期，五也。穀、麥、布、帛，歲有所出，而助法必輸見錢，六也。二稅科買，色目已多，又概率錢以竭其所有，斯民無有悅而願爲農者，戶口當日耗失，七也。僥倖者又將緣法生姦，如近日兩浙倍科錢數，自以爲功，八也。差法近者十餘年，遠或二十年，乃一充役，民安習之久矣。今官自雇人，直重則民不堪，輕則人不願，不免以力毆之就役，九也。且役人必用鄉戶，家有常產，則必知自愛；性既愚實，則罕有盜欺。今一切雇募，但得輕猾浮僞之人，巧詐相資，何所不至？十也。」

會御史中丞楊繪亦言其非，安石使張琥作十難以詰之，琥辭不爲，司農曾布請爲之。既作十難，且劾摯、繪欺誕懷向背。詔問狀，繪懼謝罪。摯奮曰：「爲人臣豈可壓於權勢，使天子不知利害之實！」即條對所難，以伸其說。且曰：「臣待罪言責，采士民之說以聞於上，職也。今有司遽令分析，是使之較是非，爭勝負，交口相直，無乃辱陛下耳目之任哉！所謂向背，則臣所向者義，所背者利；所向者君父，所背者權臣。願以臣章并司農奏宣示百官，考定當否。如臣言有取，幸早施行，若稍涉欺罔，甘就竄逐。」不報。

摯明日復上疏曰：「陛下起居言動，躬蹈德禮，夙夜厲精，以親庶政。天下未至於安且治者，誰致之耶？陛下注意以望太平，而自以太平爲己任，得君專政者是也。二三年間，開闔動搖，舉天下無一物得安其所者。蓋自青苗之議起，而天下始有聚斂之疑；青苗之議未允，而均輸之法行；均輸之法方擾，而邊鄙之謀動；邊鄙之禍未艾，而助役之事興。至於求水利，行淤田，併州縣，興事起新，難以偏舉。其議財，則市井屠販之人，皆召至政事堂。其征利，則下至歷日，而官自鬻之。推此而往，不可究言。輕用名器，淆混賢否；忠厚老成者，擯之爲無能；狹少儇辯者，取之爲可用；守道憂國者，謂之流俗；敗常害民者，謂之通變。凡政府謀議經畫，除用進退，獨與一掾屬決之，然後落筆。同列預聞，反在其後。故奔走乞丐之人，其門如市。今西夏之款未入，反側之兵未安，三邊瘡痍，流潰未定。河北大旱，諸路大水，民勞財乏，縣官減耗。聖上憂勤念治之時，而政事如此，皆大臣誤陛下，而大臣所用者，誤大臣也。」疏奏，安石欲竄之嶺外，神宗不聽，但謫監衡州鹽倉。繪出知鄭州，琥亦落職。摯乞詣鄆遷葬，然後奔赴貶所，許之。

先是，倉吏與綱兵姦利相市，鹽中雜以僞惡，遠人未嘗食善鹽。摯悉意核視，且儲其羨以爲賞，弊減什七。父老目爲「學士鹽」。久之，簽書南京判官。會司農新令，盡斥賣天下祠廟，依坊場河渡法收淨利。南京閼伯廟歲錢四十六貫，微子廟十三貫。摰歎曰：「一至於此！」往見留守張方平曰：「獨不能爲朝廷言之耶？」方平矍然，托摰爲奏曰：「閼伯遷商丘，主祀大火，火爲國家盛德所乘，歷世尊爲大祀。微子，宋始封之君，開國此地，本朝受命，建號所因。又有雙廟者，唐張巡、許遠孤城死賊，能捍大患。今若令承買小人規利，冗褻瀆慢，何所不爲，歲收微細，實損大體。欲望留此三廟，以慰邦人崇奉之意。」從之。又見方平傳。

入同知太常禮院。元豐初，改集賢校理、知大宗正寺丞，爲開封府推官。神宗開天章閣，議新官制，除至禮部郎中，曰：「此南宮舍人，非他曹比，無出劉摰者。」卽命之。俄遷右司郎中。

初，宰掾每於執政分廳時，請間白事，多持兩端伺意指。摰始請以公禮聚見，共決可否。或不便摰所請，坐以開封不置曆事罷歸。明年，起知滑州。哲宗卽位，宣仁后同聽政，召爲吏部郎中，改祕書少監，擢侍御史。上疏曰：「昔者周成王幼沖踐祚，師保之臣，周公、太公其人也。仁宗皇帝盛年嗣服，用李維、晏殊爲侍讀，孫奭、馮元爲侍講，聽斷之暇，召使入侍。陛下春秋鼎盛，在所資養。願選忠信孝悌、惇茂老成之人，以充勸講進讀之任，便殿燕坐，時賜延對，執經誦說，以廣睿智，仰副善繼求治之志。」

他日講筵進讀，至仁宗不避庚戌臨奠張士遜，侍讀曰：「國朝故事，多避國音。國朝角音，木也，故畏庚辛。」哲宗問：「果當避否？」摯進曰：「陰陽拘忌，聖人不取，如正月祈穀必用上辛，此豈可改也？漢章帝以反支日受章奏，唐太宗以辰日哭張公謹，仁宗不避庚戌日，皆陛下所宜取法。」哲宗然之。

摯又言：「諫官御史員缺未補，監察雖滿六員，專以察治官司公事，而不預言責。臣請增補臺諫，並許言事。」時蔡確、章惇在政地，與司馬光不相能。摯因久旱上言：「洪範：『庶徵肅，時雨若。』五行傳：『政緩則冬旱。』今廟堂大臣，情志乖暌，議政之際，依違排狠，語播於外，可謂不肅。政令二三，舒緩不振。比日日青無光，風霾昏曀，上天譴告，皆非小變。願進忠良，通壅塞，以答天戒。」

蔡確爲山陵使，神宗靈駕發引前夕不入宿，摯劾之，不報。及使回，旣朝卽視事，摯又奏確不引咎自劾。無何，確上表自陳，嘗請收拔當世之耆艾，以陪輔王室，蠲省有司之煩碎，以慰安民心。摯謂：「使確誠有是請，不言於先朝，爲不忠之罪；言於今日，爲取容之計。誠無是請，則欺君莫大於此。」又疏確過惡大略有十，論章惇凶悍輕侻，無大臣體，皆罷去。

初，神宗更新學制，養士以千數，有司立爲約束，過於煩密。摯上疏曰：「學校爲育材首善之地，教化所從出，非行法之所。雖羣居衆聚，帥而齊之，不可無法，亦有禮義存焉。先帝體道制法，超漢軼唐，養士之盛，比隆三代。然而比以太學屢起獄訟，有司緣此造爲法禁，煩苛愈於治獄，條目多於防盜，上下疑貳，以求苟免。甚可怪者，博士、諸生禁不相見，教諭無所施，質問無所從，月巡所隸之齋而已。齋舍既不一，隨經分隸，則又易博士兼巡禮齋，詩博士兼巡書齋，所至備禮請問，相與揖諾，亦或不交一言而退，以防私請，以杜賄賂。學校如此，豈先帝所以造士之意哉？治天下者，遇人以君子、長者之道，則下必有君子、長者之行而應乎上。若以小人、犬彘遇之，彼將以小人、犬彘自爲，而況以此行於學校之間乎？願罷其制。」

又請雜用經義、詩賦取士，復賢良方正科，罷常平、免役，引朱光庭、王巖叟爲言官。執憲數月，正色彈劾，多所貶黜，百僚敬憚，時人以比包拯、呂晦。

元祐元年，擢御史中丞。摯上疏曰：「上之所好，下必有甚。朝廷意在總覈，下必有刻薄之行；朝廷務在寬大，下必有苟簡之事。習俗懷利，迎意趨和，所爲近似，而非上之意本然也。今因革之政本殊，而觀望之俗故在。昨差役初行，監司已有迎合爭先，不校利害，一概定差，一路爲之騷動者。朝廷察其如此，固已黜之矣。以是觀之，大約類此。向來黜責數人者，皆以非法掊克，市進害民，然非欲使之漫不省事。昧者不達，矯枉過正，顧可不爲之禁哉？請立監司考績之制。」

拜尚書右丞，連進左丞、中書侍郎，遷門下侍郎。胡宗愈除右丞，諫議大夫王覿疏其非是，宣仁后怒，將加深譴。摯開救甚力，簾中厲聲曰：「若有人以門下侍郎爲姦邪，甘受之否？」摯曰：「陛下審察毀譽每如此，天下幸甚！然願顧大體，宗愈進用，自有公議，必致貶諫官而後進，恐宗愈亦所未安。」宣仁后意解，覿得補郡去。

摯與同列奏事論人才，摯曰：「人才難得，能否不一。性忠實而才識有餘，上也；才識不逮而忠實有餘，次也；有才而難保，可藉以集事，又其次也。懷邪觀望，隨時勢改變，此小人也，終不可用。」哲宗及宣仁后曰：「卿常能如此用人，國家何憂！」六年，拜尚書右僕射。

摯性陗直，有氣節，通達明銳，觸機輒發，不爲利怵威誘。自初輔政至爲相，修嚴憲法，辨白邪正，專以人物處心，孤立一意，不受謁請。子弟親戚入官，皆令赴銓部以格調選，未嘗以干朝廷。與呂大防同位，國家大事，多決於大防，惟進退士大夫，實執其柄。然持心少恕，勇於去惡，竟爲朋讒奇中。

先是，邢恕謫官永州，以書抵摯〔四〕。摯故與恕善，答其書，有「永州佳處，第往以俟休復」之語。排岸官茹東濟，傾險人也，有求於摯，不得，見其書，陰錄以示御史中丞鄭雍、侍御史楊畏。二人方交章擊摯，遂箋釋其語上之，曰：「『休復』者，語出周易，『以俟休復』者，俟他日太皇太后復子明辟也。」又章惇諸子故與摯之子游，摯亦間與之接。雍、畏謂延見接納，爲牢籠之計，以冀後福。宣仁后於是面喻摯曰：「言者謂卿交通匪人，爲異日地，卿當一心王室。若章惇者，雖以宰相處之，未必樂也。」摯皇懼退，上章自辨，執政亦爲之言。宣仁后曰：「垂簾之初，摯排斥姦邪，實爲忠直。但此二事，非所當爲也。」以觀文殿學士罷知鄆州。給事中朱光庭駁云：「摯忠義自奮，朝廷擢之大位，一旦以疑而罷，天下不見其過。」光庭亦罷。七年，徙大名，又爲雍等所遏，徙知青州。

紹聖初，來之卲、周秩論摯變法、棄地罪，奪職知黃州，再貶光祿卿，分司南京，蘄州居住。將行，語諸子曰：「上用章惇，吾且得罪。若惇顧國事，不遷怒百姓，但責吾曹，死無所恨。正慮意在報復，法令益峻，奈天下何！」憂形於色，無一言及遷謫意。四年，陷邢恕之謗，貶鼎州團練副使，新州安置。惟一子從。家人涕泣願侍，皆不聽。至數月，以疾卒，年六十八。

初，摯與呂大防爲相，文及甫居喪，在洛怨望，服除，恐不得京官，抵書邢恕曰：「改月遂除，入朝之計未可必。當塗猜怨於鷹揚者益深，其徒實繁。司馬昭之心，路人所知也，濟之以『粉昆』，必欲以眇躬爲甘心快意之地，可爲寒心。」其謂司馬昭者，指呂大防獨當國久

「粉昆」者，世以駙馬都尉爲「粉侯」，韓嘉彥尙主，以兄忠彥爲「粉昆」也。恕以書示蔡碩、蔡渭，渭上書訟摯及大防等十餘人陷其父確，謀危宗社，引及甫書爲證。時章惇、蔡卞誣造元祐諸人事不已，因是欲殺摯及梁燾、王巖叟等。以爲摯有廢立之意，遂起同文館獄，用蔡京、安惇雜治，逮問及甫。及甫元祐末德大防除權侍郎，又忠彥雖罷，哲宗眷之未衰，乃託其亡父嘗說司馬昭指劉摯，「粉」謂王巖叟面白如粉，「昆」謂梁燾字况之，「况」猶「兄」也。又問實狀，但云：「疑其事勢如此。」會摯卒，京奏不及考驗，遂免其子官，與家屬徙英州，凡三年，死於瘴者十人。

徽宗立，詔反其家屬，用子跂請，得歸葬。跂又伏闕訴及甫之誣，遂貶及甫并渭於湖外，復摯中大夫。蔡京爲相，降朝散大夫。後又復觀文殿大學士、太中大夫。紹興初，贈少師，謚曰忠肅。

摯嗜書，自幼至老，未嘗釋卷。家藏書多自讎校，得善本或手抄錄，孜孜無倦。少好禮學，其究三禮，視諸經尤粹。晚好春秋，考諸儒異同，辨其得失，通聖人經意爲多。其教子孫，先行實，後文藝。每曰：「士當以器識爲先，一號爲文人，無足觀矣。」

跂能爲文章，遭黨事，爲官拓落，家居避禍，以壽終。

蘇頌字子容，泉州南安人。父紳，葬潤州丹陽，因徙居之。第進士，歷宿州觀察推官、知江寧縣。時建業承李氏後，稅賦圖籍，一皆無藝，每發斂，高下出吏手。頌因治訊他事，互問民鄰里丁產，識其詳。及定戶籍，民或自占不悉，頌警之曰：「汝有某丁某產，何不言？」民駭懼，皆不敢隱。遂剗剔夙蠹，成賦一邑，簡而易行，諸令視以爲法，至領其民拜庭下以謝。凡民有忿爭，頌喩以鄉黨宜相親善，若以小忿而失歡心，一旦緩急，將何賴焉。民往往謝去，或半途思其言而止。時監司王鼎、王綽、楊紘於部吏少許可，及觀頌施設，則曰：「非吾所及也。」

調南京留守推官，留守歐陽脩委以政，曰：「子容處事精審，一經閱覽，則脩不復省矣。」時杜衍老居睢陽，見頌，深器之，曰：「如君，眞所謂不可得而親疏者。」衍又自謂平生人罕見其用心處，遂自小官以至爲侍從、宰相所以施設出處，悉以語頌，曰：「以子相知，且知子異日必爲此官，老夫非以自矜也。」故頌後歷政，略似衍云。

皇祐五年，召試館閣校勘，同知太常禮院。至和中，文彥博爲相，請建家廟，事下太常。頌議以爲：「禮，大夫士有田則祭，無田則薦，是有土者乃爲廟祭也。有田則有爵，無土無爵，則子孫無以繼承宗祀，是有廟者止於其躬，子孫無爵，祭乃廢也。若參合古今之制，依約封爵之令，爲之等差，錫以土田，然後廟制可議。若猶未也，即請考案唐賢寢堂祠饗儀，止用燕器常食而已。」

嘉祐中，詔禮院議立故郭皇后神御殿于景靈宮，頌謂：「敕書云：『向因忿鬱，偶失謙恭。』此則無可廢之事。又云：『朕念其自歷長秋，僅周一紀，逮事先后，祗奉寢園。』此則有不當廢之悔。又云：『可追復皇后，其祔廟謚册並停。』此則有合祔廟及謚册之義。請祔郭皇后於后廟，以成追復之道。」衆論未定，宰相曾公亮問曰：「郭后，上元妃，若祔廟，則事體重矣。」頌曰：「國朝三聖，賀、尹、潘皆元妃，事體正相類。今止祔后廟，則豈得有同異之言。」公亮曰：「議者以謂陰逼母后，是恐萬歲後配祔之意。」頌曰：「若加一『懷』、『哀』、『愍』之謚，則不爲逼矣。」公亮歎重。

遷集賢校理，編定書籍。頌在館下九年，奉祖母及母，養姑姊妹與外族數十人，甘旨融怡，昏嫁以時。妻子衣食常不給，而處之晏如。富弼嘗稱頌爲古君子，及與韓琦爲相，同表其廉退，以知潁州。通判趙至忠本邊徼降者，所至與守競，頌待之以禮，具盡誠意。至忠感泣曰：「身雖夷人，然見義則服，平生誠服者，唯公與韓魏公耳。」

仁宗崩，建山陵，有司以不時難得之物厲諸郡。頌曰：「遺詔務從儉約，豈有土不產而可強賦乎？量其有無，事亦隨集。」英宗即位，召提點開封府界諸縣鎭公事。頌言：「周制六軍出於六鄉，在三畿四郊之地；唐設十二衞，亦散布畿内郡縣，又以關内諸府分隸之，皆所以臨制四方，爲國藩衞。國朝禁兵，多屯京師及畿内東南諸縣，雖饋運爲便〔五〕，而西邊武備殊闕。今中牟、長垣都門要衝，二鄙驛置皆由此，而舊不屯兵，闃無防守，請置營益兵，以備非常。」明年，飢民果乘虛犯長垣，戕官吏，如頌慮。頌又請以獲盜多寡爲縣令殿最法，以謂：「巡檢、縣尉，但能捕盜，而不能使人不爲盜；能使其不爲盜者，縣令也。且民罹剽劫之害，而長官不任其責，可乎？」

遷度支判官。送契丹使，宿恩州，驛舍火，左右請出避，頌不動。州兵欲入救，閉門不納，徐使防卒撲滅之。初火時，郡人洶洶，唱使者有變，救兵亦欲因而生事，賴頌安静而止。遂聞京師，神宗疑焉，頌使還，入奏，稱善久之。命爲淮南轉運使。召修起居注〔六〕，擢知制誥、知通進銀臺司、知審刑院。

時知金州張仲宣坐枉法贓罪至死，法官援李希輔例，杖脊黥配海島。頌奏曰：「希輔、仲宣均爲枉法，情有輕重。希輔知台，受賕數百千，額外度僧。仲宣所部金坑，發檄巡檢體究，其利甚微，土人憚興作，以金八兩屬仲宣〔七〕不差官比校，止係違令，可比恐喝條，視希輔有間矣。」神宗曰：「免杖而黥之，可乎？」頌曰：「古者刑不上大夫，仲宣官五品，今貸死而黥之，使與徒隸爲伍，雖其人無可矜，所重者，汚辱衣冠耳。」遂免杖黥，流海外，遂爲定法。

又言：「提舉青苗官不能體朝廷之意，邀功爭利，務爲煩擾。且與諸司不相臨統，文移同異，州縣莫知適從。乞與常平、衆役一切付之監司，改提舉爲之屬，則事有統一，而於更張之政無所損也。」不從。

大臣薦秀州判官李定，召見，擢太子中允，除監察御史裏行。宋敏求知制誥，封還詞頭。復下，頌當制，頌奏：「祖宗朝，天下初定，故不起孤遠而登顯要者。眞宗以來，雖有幽人異行，亦不至超越資品。今定不由銓考，擢授朝列；不緣御史，薦寘憲臺。雖朝廷急於用才，度越常格，然隳紊法制，所益者小，所損者大，未敢具草。」次至李大臨，亦封還。神宗曰：「去年詔，臺官有闕，委御史臺奏舉，不拘官職高下。」頌與大臨對曰：「從前臺官，於太常博士以上、中行員外郎以下舉充。後爲難得資敍相當，故朝廷特開此制。止是不限博士、員郎，非謂選人亦許奏舉。若不拘官職高下，幷選人在其間，則是秀州判官亦可爲裏行，不必更改中允也。今定改京官，已是優恩，更處之憲臺，先朝以來，未有此比。倖門一啓，則士塗奔競之人，希望不次之擢，朝廷名器有限，焉得人人滿其意哉！」執奏不已，於是並落知制誥，歸工部郎中班，天下謂頌及敏求、大臨爲「三舍人」。

歲餘，知婺州。方泝桐廬，江水暴迅，舟橫欲覆，母在舟中幾溺矣，頌哀號赴水救之，舟忽自正。母甫及岸，舟乃覆，人以爲純孝所感。徙亳州，有豪婦罪當杖而病，每旬檢之，未愈，譙簿鄧元孚謂頌子曰：「尊公高明以政稱，豈可爲一婦所紿。但論醫如法檢，自不誣矣。」頌曰：「萬事付公議，何容心焉。若言語輕重，則人有觀望，或致有悔。」既而婦死，元孚慙曰：「我輩狹小，豈可測公之用心也。」

加集賢院學士、知應天府。呂惠卿嘗語人曰：「子容，吾鄉里先進，苟一詣我，執政可得也。」頌聞之，笑而不應。凡更三赦，大臨還侍從，頌纔授秘書監、知通進銀臺司。吳越饑，選知杭州。一日，出遇百餘人，哀訴曰：「某以轉運司責逋市易緡錢，夜囚晝繫，雖死無以償。」頌曰：「吾釋汝，使汝營生，奉衣食之餘，悉以償官，期以歲月而足，可乎？」皆謝不敢負，果如期而足。

頌宴客有美堂，或告將兵欲亂，頌密使捕渠領十輩，荷校付獄中，迨夕會散，坐客不知也。及修兩朝正史，轉右諫議大夫。使契丹，遇冬至，其國曆後宋曆一日。北人問孰爲是，頌曰：「曆家算術小異，遲速不同，如亥時節氣交，猶是今夕；若踰數刻，則屬子時，爲明日矣。或先或後，各從其曆可也。」北人以爲然。使還以奏，神宗嘉曰：「朕嘗思之，此最難處，卿所對殊善。」因問其山川、人情向背，對曰：「彼講和日久，頗竊中國典章禮義，以維持其政，上下相安，未有離貳之意。昔漢武帝自謂：『高皇帝遺朕平城之憂，雖久勤征討，而匈奴終不服。』至宣帝，呼韓單于稽首稱藩。唐自中葉以後，河湟陷于吐蕃，憲宗每讀貞觀政要，慨然有收復意。至宣宗時，乃以三關、七州歸于有司。由此觀之，外國之叛服不常，不繫中國之盛衰也。」頌意蓋有所諷，神宗然之。

元豐初，權知開封府，頗嚴鞭朴。謂京師浩穰，須彈壓，當以柱後惠文治之，非亳、潁臥治之比。有僧犯法，事連祥符令李純，頌置不治。御史舒亶糾其故縱，貶秘書監、知濠州。

初，頌在開封，國子博士陳世儒妻李惡世儒庶母，欲其死，語羣婢曰：「博士一日持喪，當厚餉汝輩。」既而母爲婢所殺，開封治獄，法吏謂李不明言使殺姑，法不至死。或譖頌欲寬世儒夫婦，帝召頌曰：「此人倫大惡，當窮竟。」對曰：「事在有司，臣固不敢言寬，亦不敢諭之使重。」獄久不決。至是，移之大理。意頌前次請求，移御史臺逮頌對。御史曰：「公速自言，毋重困辱。」頌曰：「誣人死，不可爲已，若自誣以獲罪，何傷乎？」即手書數百言伏其咎。帝覽奏牘，以爲疑，反覆究實，乃大理丞賈種民增減其文傅致也，由是事得白。同列猶以嘗因人語及世儒帷薄事，頌應曰：「然。」以是爲泄獄情，罷郡。

未幾，知河陽，改知滄州。入辭，帝曰：「朕知卿久，然每欲用，輒爲事奪，命也夫！卿直道，久而自明。」頌頓首謝。召判尚書吏部兼詳定官制。唐制，吏部主文選，兵部主武選；神宗謂三代、兩漢本無文武之別，議者不知所處。頌言：「唐制吏部有三銓之法，分品秩而掌選事。今欲文武一歸吏部，則宜分左右曹掌之，每選更以品秩分治。」於是吏部始有四選法。

因陛對，神宗謂頌曰：「欲修一書，非卿不可。契丹通好八十餘年，盟誓、聘使、禮幣、儀式，皆無所考據，但患修書者遷延不早成耳。然以卿度，此書何時可就？」頌曰：「須一二年。」曰：「果然，非卿不能如是之敏也。」及書成，帝讀序引，喜曰：「正類序卦之文。」賜名魯衞信錄。

帝嘗問宗子主祭、承重之義，頌對曰：「古者貴賤不同禮，諸侯、大夫世有爵祿，故有大宗、小宗、主祭、承重之義，則喪服從而異制，匹士庶人亦何預焉。近代不世爵，宗廟因而不立，尊卑亦無所統，其長子孫與衆子孫無以異也。今五服敕，嫡孫爲祖、父爲長子猶斬衰三年，生而情禮則一，死而喪服獨異，恐非先王制禮之本意。世俗之論，乃以三年之喪爲承重，不知爲承大宗之重也。臣聞慶曆中，朝廷議百僚應任子者，長子與長孫差優與官，餘皆降殺，亦近古立宗之法。乞詔禮官、博士參議禮律，合承重者，酌古今收族主祭之禮，立爲宗子繼祖者，以異於衆子孫之法。士庶人不當同用一律，使人知尊祖，不違禮教也。」除吏部侍郎，遷光祿大夫。遭母喪，帝遣中貴人唁勞，賜白金千兩。

元祐初，拜刑部尚書，遷吏部兼侍讀。奏：「國朝典章，沿襲唐舊，乞詔史官采新、舊唐書中君臣所行，日進數事，以備聖覽。」遂詔經筵官遇非講讀日，進漢、唐故事二條。頌每進可爲規戒、有補時事者，必述己意，反復言之。又謂：「人主聰明，不可有所嚮，有則偏，偏則爲患大矣。今守成之際，應之以無心，則無不治。」每進讀至弭兵息民，必援引古今，以動人主之意。

既又請別製渾儀，因命頌提舉。頌既邃於律曆，以吏部令史韓公廉曉算術，有巧思，奏用之。授以古法，爲臺三層，上設渾儀，中設渾象，下設司辰，貫以一機，激水轉輪，不假人力。時至刻臨，則司辰出告。星辰躔度所次，占候則驗，不差晷刻，晝夜晦明，皆可推見，前此未有也。

頌前後掌四選五年，每選人改官，吏求垢瑕，故爲稽滯。頌敕吏曰：「某官緣某事當會某處，仍引合用條格，具委無漏落狀同上。」自是吏不得逞。每訴者至，必取按牘使自省閱，訴者服，乃退；其不服，頌必往復詰難，度可行行之，苟有疑，則爲奏請，或建白都堂。故選官多感德，其不得所欲者，亦心服而去。

遷翰林學士承旨。五年，擢尚書左丞。嘗行樞密事。邊帥遣种朴入奏：「得諜言，阿里骨已死，國人未知所立。契丹官趙純忠者，謹信可任，願乘其未定，以勁兵數千，擁純忠入其國立之。」衆議如其請。頌曰：「事未可知，其越境立君，使彼拒而不納，得無損威重乎？

徐觀其變，俟其定而撫輯之，未晚也。」已而阿里骨果無恙。

七年，拜右僕射兼中書門下侍郎〔八〕。頌爲相，務在奉行故事，使百官守法遵職。量能授任，杜絶僥倖之原，深戒疆埸之臣邀功生事。論議有未安者，毅然力爭之。賈易除知蘇州，頌言：「易在御史名敢言，既爲監司矣，今因赦令，反下遷爲州，不可。」爭論未決。諫官楊畏、來之邵謂稽留詔命，頌遂上章辭位，罷爲觀文殿大學士、集禧觀使，繼出知揚州。徙河南，辭不行，告老，以中太一宮使居京口。紹聖四年，拜太子少師致仕。

方頌執政時，見哲宗年幼，諸臣太紛紜，常曰：「君長，誰任其咎耶？」每大臣奏事，但取決於宣仁后，哲宗有言，或無對者。惟頌奏宣仁后，必再稟哲宗；有宣諭，必告諸臣以聽聖語。及貶元祐故臣，御史周秩劾頌。哲宗曰：「頌知君臣之義，無輕議此老。」徽宗立，進太子太保，爵累趙郡公。建中靖國元年夏至，自草遺表，明日卒，年八十二。詔輟視朝二日，贈司空。

頌器局閎遠，不與人校短長，以禮法自持。雖貴，奉養如寒士。自書契以來，經史、九流、百家之說，至於圖緯、律呂、星官、算法、山經、本草，無所不通。尤明典故，喜爲人言，亹亹不絶。朝廷有所制作，必就而正焉。

嘗議學校，欲博士分經；課試諸生，以行藝爲升俊之路。議貢舉，欲先行實而後文藝，去封彌、謄錄之法，使有司參考其素，行之自州縣始，庶幾復鄉貢里選之遺範。論者韙之。

論曰：大防重厚，摯骨鯁，頌有德量。三人者，皆相於母后垂簾聽政之秋，而能使元祐之治，比隆嘉祐，其功豈易致哉！大防疏宋家法八事，言非溢美，是爲萬世矜式。摯正邪之辨甚嚴，終以直道愠於羣小，遂與大防並死於貶，士論寃之。頌獨巋然高年，未嘗爲姦邪所汚，世稱其明哲保身。然觀其論知州張仲宣受金事，犯顏辨其情罪重輕，又陳刑不上大夫之義，卒免仲宣於黥。自是宋世命官犯贓抵死者，例不加刑，豈非所爲多雅德君子之事，造物者自有以相之歟？

校勘記

〔一〕張昪　原作「張昪」，參考本書卷三一八校勘記〔一〕。

〔二〕至心獨運賦　琬琰集下編卷一六呂汲公大防傳作「聖心獨悟賦」。

〔三〕亳州獄起不止　「不」字原脫，「止」原作正。按劉摯忠肅集卷三乞結絕亳州獄奏，有「遂成大獄，……而起獄不止」句；劉安世忠肅集序也說：「卽上疏論亳州獄起不止，小臣意在傾故相富弼以市進。」今補改。

〔四〕以書抵摯　「摯」原作「處」，據本書卷三四二鄭雍傳、琬琰集下編卷一三劉右丞摯傳改。

〔五〕雖饋運爲便　「便」原作「使」，據文義和東都事略卷八九本傳改。

〔六〕召修起居注　「修」字原脫，據同上書同卷同篇補。

〔七〕仲宣　原作「仲容」，此處所記係張仲宣事，則受金者當卽仲宣；「容」字當爲「宣」字之訛。同上書同卷同篇正作「仲宣」，據改。

〔八〕拜右僕射兼中書門下侍郎　按宋大詔令集卷五七右丞蘇頌拜右僕射制：蘇頌「可特授右光祿大夫、守尙書右僕射兼中書侍郎」。宋會要職官七八之二七：「八年三月七日，光祿大夫、尙書右僕射兼中書侍郎蘇頌罷。」本書卷二一二宰輔表、宋宰輔編年錄卷一〇亦都無「門下」二字。疑「門下」二字衍。

宋史卷三百四十一

列傳第一百

王存　孫固　趙瞻　傅堯俞

王存字正仲，潤州丹陽人。幼善讀書，年十二，辭親從師于江西，五年始歸。時學者方尚雕篆，獨爲古文數十篇，鄉老先生見之，自以爲不及。

慶曆六年，登進士第，調嘉興主簿，擢上虞令。豪姓殺人，久莫敢問，存至，按以州吏受賕，豪賂他官變其獄，存反爲罷去。久之，除密州推官。修潔自重，爲歐陽脩、呂公著、趙槩所知。治平中，入爲國子監直講，遷祕書省著作佐郎，歷館閣校勘、集賢校理、史館檢討、知太常禮院。存故與王安石厚，安石執政，數引與論事，不合，卽謝不往。存在三館歷年，不少貶以干進。嘗召見便殿，累上書陳時政，因及大臣，無所附麗，皆時人難言者。

元豐元年，神宗察其忠實無黨，以爲國史編修官、修起居注。時起居注雖日侍，而奏事自必稟中書俟旨。存乞復唐貞觀左右史執筆隨宰相入殿故事，神宗韙其言，聽直前奏事，自存始也。

明年，以右正言、知制誥、同修國史兼判太常寺。論圜丘合祭天地爲非古，當親祠北郊如周禮。官制行，神宗切於用人，存請自熙寧以來羣臣緣論事得罪，或詿誤被斥而情實納忠非大過者，隨材召擢，以備官使。語合神宗意，收拔者甚衆。又言：「赦令出上恩，而比歲議法治獄者，多乞不以赦降原減。官司謁禁，本防請託，而弔死問疾，一切杜絕，皆非便也。」執政不悅。

五年，遷龍圖閣直學士、知開封府。京師並河居人，盜鑿汴隄以自廣，或請令培築復故，又按民廬侵官道者使撤之。二謀出自中人，既有詔矣。存曰：「此吾職也。」入言之。卽日弛其役，都人驩呼相慶。進樞密直學士，改兵部尚書，轉戶部。神宗崩，哲宗立，永裕陵財費，不踰時告備，宰相乘間復徙之兵部。太僕寺請內外馬事得專達，毋隸駕部。存言：「如此，官制壞矣。先帝正省、臺、寺、監之職，使相臨制，不可徇有司自便，而隳已成之法。」元祐初，還戶部，固辭不受。二年，拜中大夫、尙書右丞。三年，遷左丞。

有建議罷教畿內保甲者，存言：「今京師兵籍益削，又廢保甲不教，非國家根本久長之計。且先帝不憚艱難而爲之，既已就緒，無故而廢之，不可。」門下侍郎韓維罷，存言：「去一正人，天下失望，忠黨沮氣，讒邪之人爭進矣。」又論杜純不當罷侍御史，王覿不當罷諫官。

四方奏讞大辟，刑部援比請貸，都省屢以無可矜恕却之。存曰：「此祖宗制也。有司欲生之，而朝廷破例殺之，可乎？」又言：「比廢進士專經一科，參以詩賦，失先帝黜詞律、崇經術之意。」河決而北幾十年，水官議還故道，存爭之曰：「故道已高，水性趨下，徒費財力，恐無成功。」卒輟其役。蔡確以詩怨訕，存與范純仁欲薄其罪，確再貶新州，存亦罷，以端明殿學士知蔡州。始，存之徙兵部，確力也。至是，爲確罷，士大夫善其能損怨。歲餘，加資政殿學士、知揚州。揚、潤相去一水，用故相例，得歲時過家上冢，出賜錢給鄰里，又具酒食召會父老，親與酬酢，鄉黨傳爲美談。

召爲吏部尚書。時，在廷朋黨之論寖熾，存爲哲宗言：「人臣朋黨，誠不可長，然或不察，則濫及善人。慶曆中，或指韓琦、富弼、范仲淹、歐陽脩爲黨，賴仁宗聖明，不爲所惑。今日果有進此說者，願陛下察之。」由是復與任事者戾，除知大名府，改知杭州。

紹聖初，請老，提舉崇禧觀，遷右正議大夫致仕。舊制，當得東宮保傅，議者指存嘗議還西夏侵地，故殺其恩典，既而降通議大夫。存嘗悼近世學士貴爲公卿，而祭祀其先，但循庶人之制。及歸老築居，首營家廟。建中靖國元年，卒，年七十九。贈左銀青光祿大夫。

存性寬厚，平居恂恂，不爲詭激之行，至其所守，確不可奪。司馬光嘗曰：「並馳萬馬中能駐足者，其王存乎！」

孫固字和父，鄭州管城人。幼有立志，九歲讀論語，曰：「吾能行此。」徂徠石介一見，以公輔期之。擢進士第，調磁州司戶參軍。從平貝州，爲文彥博言脅從罔治之義，與彥博意協，故但誅首惡，餘無所及。轉霍邑令，遷祕書丞，爲審刑詳議官。宰相韓琦知其賢，諭使來見，固不肯往。琦益器重之，引爲編修中書諸房文字。

治平中，神宗爲潁王，以固侍講；及爲皇太子，又爲侍讀。至卽位，擢工部郎中、天章閣待制、知通進銀臺司。种諤取綏州，固知神宗志欲經略西夏，欲先事以戒，卽上言：「待遠人宜示之信，今無名舉兵，非計之得。願以漢韓安國魏相、唐魏徵論兵之略，參校同異，則是非炳然矣。兵，凶器也，動不可妄，妄動將有悔。」大臣惡其說，出知澶州。

還知審刑院，復領銀臺、封駁兼侍讀，判少府監。神宗問：「王安石可相否？」對曰：「安石文行甚高，處侍從獻納之職，可矣。宰相自有其度，安石狷狹少容。必欲求賢相，呂公著、司馬光、韓維其人也。」凡四問，皆以此對。及安石當國，更法度，固數議事不合；青苗法出，又極陳其不便。及韓琦疏至，神宗感動，謂固曰：「朕熟計之，誠不便。」固出語執政曰：「及上有意，宜亟圖之，以福天下。」既而竟從安石。固復領銀臺司。

孔文仲對制策忤時政，報罷。固言：「陛下以名求士，而士以實應，今反過之，何哉？今謂文仲之言以惑天下，臣恐天下不惑文仲之言，以文仲之黜爲惑也。」胡宗愈坐言事逐，蘇頌、陳薦以論李定罷，固皆引誼爭之。

時議尊僖祖爲始祖，固議曰：「漢高以得天下與商、周異，故太上皇不得爲始封；光武中興，不敢祖舂陵而祖高帝。宋有天下，傳之萬世，太祖功也，不當替其祀；請以爲始祖，而爲僖祖別立廟。禘祫之日，奉其祧主東向以伸其尊，合所謂祖以孫尊、孫以祖屈之意。」韓琦見而歎曰：「孫公此議，足以不朽矣。」

加龍圖閣直學士、知真定府。遼人盜耕解子平地，歲且久，吏爭弗能還。固微得其要領，折愧之，正疆地二百里。熙寧末，以樞密直學士知開封府。元豐初，同知樞密院事。時征安南，建順州，其地瘴癘不堪守，固請棄之，內徙者二萬戶。

諜者告夏人幽其主，神宗欲西討，固數言舉兵易，解禍難。神宗曰：「夏有釁不取，則爲遼人所有，不可失也。」固曰：「必不得已，請聲其罪薄伐之，分裂其地，使其酋長自守焉。」神宗笑曰：「此眞酈生之說爾。」時執政有言便當直度河，不可留行。固曰：「然則孰爲陛下任此者？」神宗曰：「朕已屬李憲。」固曰：「伐國，大事也，豈可使宦官爲之！今陛下任李憲，則士大夫孰肯爲用乎？」神宗不悅。他日，固又曰：「今五路進師而無大帥，就使成功，兵必爲亂。」神宗曰：「大帥誠難其人。」呂公著曰：「既無其人，曷若已之。」固曰：「公著言是也。」

初議五路入討，會于靈州，李憲由熙河入，輒不赴靈州，乃自開蘭、會，欲以弭責。固曰：「兵法期而後至者斬。今諸路皆進，而憲獨不行，雖得蘭、會，罪不可赦。」神宗不聽，其後師果無功。神宗曰：「朕始以孫固言爲迂，今悔無及矣。」

改太中大夫、樞密副使，進知院事，以疾避位，拜觀文殿學士、知河陽，尋提舉嵩山崇福宮。哲宗即位，以正議大夫知河南府，徙鄭州。元祐二年，召除侍讀、提舉中太一宮，遂拜門下侍郎。哲宗與太皇太后矜其年高，每朝會豫節拜儀，聽休於幄次。固數乞骸骨，太皇太后曰：「卿，先帝在東宮時舊臣。今帝新聽政，勉留輔導；或體中未安，取文書於家治之可也。」固感激，強起視事，復知樞密院事，累官右光祿大夫。五年，卒，年七十五。哲宗、太皇太后皆出聲泣。時文彥博致仕歸洛，將宴餞崇政殿，以固在殯，罷之。輟視朝二日，贈開府儀同三司，謚曰温靖。

固宅心誠粹，不喜矯亢，與人居久而益信，故更歷夷險，而不爲人所疾害。嘗曰：「人當以聖賢爲師，一節之士，不足學也。」又曰：「以愛親之心愛其君，則無不盡矣。」司馬光退處，固每勸神宗召歸；及光爲陳州，過鄭，固與論天下大事至數十，曰：「公行且相，宜視先後緩急審處之。」傳堯俞銘其墓曰：「司馬公之淸節，孫公之淳德，蓋所謂不言而信者也。」世以爲確論。紹聖時奪遺澤，元符二年，奪所贈官，列元祐黨籍。政和中，徽宗以固嘗爲神宗宮僚，特出籍，悉還所奪。

趙瞻字大觀，其先亳州永城人。父剛，太子賓客，徙鳳翔之盩厔。瞻舉進士第，調孟州司戶參軍，移萬泉令。捐圭田修學宮，士自遠而至。改知夏縣，作八監堂，書古賢令長治迹以自監。又以祕書丞知永昌縣，築六堰灌田，歲省科斂數十萬，水訟咸息，民以比召、杜。升太常博士，知威州。瞻以威、茂雜羣獠，險而難守，不若合之而建郡於汶川〔一〕，條著其詳，爲西山別錄。後熙寧中，朝廷經理西南，就瞻取其書考焉。

遷尙書屯田員外郎。英宗治平初，自都官員外郎除侍御史。上疏曰：「英斷獨化，人主至權也。審至權者，當主以天下之大公，揆以天下之正論，如是而後權可一也。若夫積久之獘，陛下其思焉。刑賞施設之失，可革則革；號令言動之過，可止則止。輔相賴其用，宜責其効；臺諫知其才，宜信其說。兵柄宜削諸宦官，邊議宜付諸宿將。蓋權不可矯而爲也，以從天下之望耳。」英宗稱善。

久之，詔遣內侍王昭明等四人爲陝西諸路鈐轄，招撫諸部。瞻以唐用宦者爲觀軍容、宣慰等使，後世以爲至戒，宜追還內侍，責成守臣，章三上，言甚激切。會文彥博、孫沔經略西夏，別遣馮京安撫諸路，瞻又請罷京使，專委宿將。夏人入侵王官，慶帥孫長卿不能禦，加長卿集賢院學士，瞻言長卿當黜不宜賞，賞罰倒置。京東盜賊數起，瞻請易置曹、濮守臣之不才者，未報。乃求退〔二〕，力言追還昭明等，英宗改容，納其言。

二年秋，京師大水，詔百官言事，多留中，瞻請「悉出章疏，付兩省詳擇以聞」，從之。時議追崇濮安懿王，瞻引漢師丹、董宏事，謂其屬薛温其曰：「事將類此，吾必以死爭，固吾所也。」中書請安懿王稱親，瞻爭曰：「仁宗既下明詔子陛下，議者顧惑禮律所生所養之名，妄相訾難，彼明知禮無兩父貳斬之義，敢裂一字之詞，以亂厥眞。且文有去婦出母者，去已非婦，出不爲母，辭窮直書，豈足援以斷大議哉？臣請與之庭辨，以定邪正。」已而皇太后手書尊王爲皇，瞻歎曰：「向者太后切責大臣，議乃得罷。今邪臣與中官交締，歸過至尊而自爲之地，吾與首議之臣，不並生矣！」因復力陳。

會假太常少卿接契丹賀正使，入對，英宗問前事，對曰：「陛下爲仁宗子，而濮王又稱皇考，則是二父，二父非禮。」英宗曰：「御史嘗見朕欲皇考濮王乎？」瞻曰：「此乃大臣之議，陛下未嘗自言。」英宗曰：「是中書過耳，朕自數歲時，先帝養爲子，豈敢稱濮考？」瞻曰：「臣請退諭中書，作詔以曉天下。」時連日晦冥，英宗指天示瞻曰：「天道如此，安敢妄爲褒尊。朕意已決，無庸宣告。」瞻曰：「陛下祗畏天戒，不以私妨公，甚盛德也。」及使還，聞呂誨等諫濮議皆罷去，乞與同貶，不報。趣入對，英宗曰：「卿欲就龍逢、比干之名，孰若効伊尹、傅說哉？」瞻皇懼，言：「臣不敢奉詔，使朝廷有同罪異罰之譏。」遂通判汾州。

神宗卽位，遷司封員外郎、知商州，又除提點陝西刑獄。熙寧三年，爲開封府判官。神宗問：「卿知青苗法便乎？」對曰：「青苗法，唐行之於季世擾攘中，掊民財誠便。今欲爲長久計，愛養百姓，誠不便。」

初，王安石欲瞻助己，使其黨餌以知雜御史。瞻不應，由是不得留京師，出爲陝西轉運副使，改永興軍轉運使。以親老，請知同州。七年，朝廷患錢重，議以交子權之，命瞻制置。瞻曰：「有本錢足恃，法乃可行，如多出空劵，是罔民也。」議不合，移京西轉運使；又以親老不行，徙陝州，請還鄉里，除提舉鳳翔太平宮。丁外艱，服除，易朝請大夫、知滄州。哲宗立，轉朝議大夫，召爲太常少卿，遷戶部侍郎。元祐三年，擢樞密直學士、簽書樞密院事。明年，以中大夫同知院事。因進對言：「機政所急，人才而已。今臣選武臣難遽盡知，請詔諸路安撫、轉運使舉使臣，科別其才，第爲三等，籍之以備選注。」

初，元豐中，河決小吳，北注界河，東入于海。神宗詔，東流故道淤高，理不可回，其勿復塞。乃開大吳以護北都。至是，都水王令圖請還河故道，下執政議。瞻曰：「自河決已八年，未有定論。今遽興大役，役夫三十萬，用木二千萬，臣竊憂焉。朝廷方遣使相視，若以東流未便，宜亟從之；若以爲可回，宜爲數歲之計，以緩民力。」議者又謂河入界河而北，則失中國之險，昔澶淵之役，非河爲限，則北兵不止。瞻曰：「王者恃德不恃險。昔堯、舜都蒲、冀，周、漢都咸、鎬，皆歷年數百，不聞以河障外國。澶淵之役，蓋廟社之靈，章聖之德，將相之智勇，故敵帥授首，豈獨河之力哉？」後使者以東流非便，水官復請塞北流，瞻固爭之，卒詔罷役，如瞻所議。

洮、河諸族以青唐首領寖弱可制，欲倚中國兵威以廢之，邊臣亟請興師。瞻曰：「不可。御外國以大信爲本，且旣爵命之，彼雖失衆心，無犯王略之罪，何辭而伐之？若其不克，則兵端自此復起矣。」乃止。瞻又奏廢渠陽軍，以紓荆湖之力；乞詔諭西夏使歸永樂遺民，夏人聽命。

五年，卒，年七十二。太皇太后語輔臣曰：「惜哉，忠厚君子也。」車駕親臨，輟視朝二日。贈銀青光祿大夫，謚曰懿簡。紹聖中，言者以傅會元祐諸臣，追奪所贈官，列于黨籍。瞻著春秋論三十卷，史記牴牾論五卷，唐春秋五十卷，奏議十卷，文集二十卷，西山別錄一卷。四子：孝諶，瀛州錄事參軍；獻誠，唐城令；某，蚤卒；彥詒，太康主簿。

傅堯俞字欽之，本鄆州須城人，徙孟州濟源。十歲能爲文，及登第，猶未冠。石介每過之，堯俞未嘗不在，介曰：「君少年決科，不以游戲爲娛，何也？」堯俞曰：「性不喜諠雜，非有他爾。」介歎息奇之。嘗監西京稅院事，留守晏殊、夏竦皆謂曰：「子有淸識雅度，文約而理盡，卿相才也。」

知新息縣，累遷太常博士。嘉祐末，爲監察御史。兗國公主下嫁李瑋，爲家監梁懷吉、張承照所間，與夫不相中。仁宗斥二人於外，未幾，復還主家，出瑋知衞州。堯俞言：「主恃愛薄其夫，陛下爲逐瑋而還隸臣，甚悖禮，爲四方笑，後何以誨諸女乎？」

皇城邏卒吳淸誣奏富民殺人，鞫治無狀，有司須淸辨，內侍主者不遣。堯俞言：「陛下惜淸，恐不復聞外事矣。臣以爲不若使付外，暴其是非而行賞罰焉，則事之上聞者皆實，乃所以廣視聽也。縱而不問，則讒者肆行，民無所措手足，尙欲求治，得乎？」

內侍李允恭、朱晦屈法任其子，趙繼寵越次管當天章閣，蔡世寧掌內藏，而以珠私示內人。堯俞以爲變寵恩倖過失，當防之於漸，悉劾之。

時乏國用，言利者爭獻富國計。堯俞奏曰：「今度支歲用不足，誠不可忽，然欲救其弊，在陛下宜自儉刻，身先天下，無奪農時，勿害商旅，如是可矣。不然，徒欲紛更，爲之無益，聚斂者用，則天下殆矣。」

仁宗春秋高，皇嗣未立，堯俞請建宗室之賢，以慰天下望。及英宗爲皇子，有司闕供餽，仁宗未知。堯俞言：「陛下既以宗社之重建皇嗣，宜以家人禮，使皇子朝夕侍膳左右，以通慈孝之誠。今禮遇有闕，非所以隆親親、重國本也。」於是詔有司供具甚厚。

英宗即位，轉殿中侍御史，遷起居舍人。皇太后與英宗同聽政，英宗有疾，既平，堯俞上書皇太后，請還政。久之，閤內侍任守忠有讒間語，堯俞諫皇太后曰：「外間物論紛惑，兩宮之情未通。臣謂天下之可信者，無大於以天下與人，亦無大於受天下以公，況皇帝以明睿之資，貫通古今，而受人之天下乎？如誅竄讒人，則慈孝之聲並隆矣。」於是皇太后還政，逐守忠。堯俞言於英宗曰：「皇太后給事左右之人，宜頗錄其勤勞，少加恩惠，上慰母后，下安反側。且守忠已去，其餘不問可也。」

遷右司諫、同知諫院。英宗眷遇堯俞，嘗雪中賜對，堯俞自東廡升，英宗傾身東向以待，每奏事退，多目送之。嘗問曰：「多士盈庭，孰忠孰邪？」堯俞曰：「大忠大佞，固不可移；中人之性，繫上所化。」英宗納其言。

時英宗初躬庶政，猶謙讓任大臣，堯俞言：「大臣之言非是，陛下偶以爲然而行之可也；審其非矣，從而徇之，則人主之柄安在？願君臣之際，是是非非，毋相面從。總覽衆議，無所適莫，則威柄歸陛下矣。」嘗因論事，英宗曰：「卿何不言蔡襄？」對曰：「若襄有罪，陛下何不自正典刑，安用臣言？」英宗曰：「欲使臺諫言，以公議出之。」對曰：「若付之公議，臣但見襄辦山陵事有功，不見其罪。臣身爲諫官，使臣受旨言事，臣不敢。」

陝西言，近邊熟戶頗逃失。詔以內侍李若愚等爲陝西四路鈐轄，專使招納，歲一入奏事。堯俞言：「此安撫、經略使職也。且若愚等，陛下不信其言，則如不用；言必見從，則邊帥之權，移於四人矣。」尋罷之。

大臣建言濮安懿王宜稱皇考，堯俞曰：「此於人情禮文，皆大謬戾。」與侍御史呂誨同上十餘疏，其言極切。主議者知恂恂不可遏，遂易「考」稱「親」。堯俞又言：「『親』，非父母而何？亦不可也。夫恩義存亡一也，先帝既以陛下爲子，當是時，設濮王尚無恙，陛下得以父名之乎？」又因水災言：「簡宗廟，則水不潤下。今以濮王爲皇考，於仁宗之廟，簡孰甚焉。」

俄命堯俞與趙瞻使契丹，比還，呂誨、呂大防、范純仁皆以諫濮議罷，復除堯俞侍御史知雜事。堯俞拜疏必求罷去，英宗面留之。堯俞言：「誨等已逐，臣義不當止。」因再拜辭，英宗愕然，曰：「是果不可留也。」遂出知和州。通判楊洙乘間問曰：「公以直言斥居此，何爲未嘗言及御史時事？」堯俞曰：「前日言職也，豈得已哉？今日爲郡守，當宣朝廷美意，而反呫呫追言前日之闕政，與誹謗何異？」

神宗即位，徙知廬州。熙寧三年，至京師。王安石素與之善，方行新法，謂之曰：「舉朝紛紛，俟君來久矣，將以待制、諫院處君。」堯俞曰：「新法世以爲不便，誠如是，當極論之。平生未嘗好欺，敢以爲告。」安石愠之，但授直昭文館、權鹽鐵副使，俄出爲河北轉運使，改知江寧府。陛辭，言：「仁廟一室，與藝祖、太宗並爲百代不遷之主。」

徙許州、河陽、徐州，再歲六移官，困於道路，知不爲時所容，請提舉崇福宮。先是，徐人告有談天文休咎者，堯俞以事未白，不受辭。談者後伏誅，堯俞坐不卽捕，削官職。稍起，監黎陽縣倉草場，郡掾行縣，堯俞從衆出迎盡禮。守爲遣他吏代主出納，堯俞不可，曰：「居其官安得曠其職。」雖寒暑，必日至庾中治事，凡十年。

哲宗立，自知明州召爲祕書少監兼侍講，擢給事中、吏部侍郎、御史中丞。奏言：「人才有能有不能，如使臣補闕拾遺以輔盛德，明善正失以平庶政，舉直措枉以正大臣，臣雖不才，敢不盡力。若使窺人陰私，抉人細故，則非臣所能，亦非臣之志也。」御史張舜民以言事罷，詔堯俞更舉御史，堯俞封還詔書，請留舜民。不聽，卽以堯俞爲吏部侍郎，堯俞不可，遂以龍圖閣待制知陳州。未幾，復爲吏部侍郎、御史中丞。

前宰相蔡確坐詩誹謗，貶新州，宰執、侍從以下，罷者七八人，御史府爲之一空。堯俞曰：「確之黨，其尤者固宜逐，其餘可以一切置之。」且言：「以陛下盛德，而乃於此不能平？願聽之如蚊虻之過耳，無使有纖微之忤，以奸太和之氣。事至，以無心應之，聖人所以養至誠而御遐福也。」

水官李偉議大河可從孫村導之還故道。堯俞言：「河事雖不可隃度，然比遣使按之，皆言非便。而偉又繆悠不肯任責，豈可以遽興大役。」朝廷遂罷偉議。進吏部尚書兼侍讀。元祐四年，拜中書侍郎。六年，卒，年六十八。哲宗〔三〕與太皇太后哭臨之，太皇太后語輔臣曰：「傅侍郎清直一節，終始不變，金玉君子也。方倚以相，遽至是乎！」贈銀青光祿大夫，謚曰獻簡。紹聖中，以元祐黨人，奪贈謚，著名黨籍。後黨錮解，下詔褒贈，錄其後。

堯俞厚重寡言，遇人不設城府，人自不忍欺。論事君前，略無回隱，退與人言，不復有矜異色。初，自諫官補郡，衆疑法令有未安者，必有所不從，堯俞一切遵之，曰：「君子素其位而行，諫官有言責也，爲郡知守法而已。」徐前守侵用公錢，堯俞至，爲償之，未足而去。後守移文堯俞使償，久之，攷實非堯俞所用，卒不辯。司馬光嘗謂河南邵雍曰：「清、直、勇三德，人所難兼，吾於欽之畏焉。」雍曰：「欽之清而不耀，直而不激，勇而能溫，是爲難爾。」從孫察，見忠義傳。

論曰：存、固、瞻、堯俞，初皆善王安石；及其秉政，未嘗受所誘餌，與論新法，終不詭隨。及元祐區別正邪，其論蔡確詩謗之罪恐爲已甚，將啓朋黨之禍，豈非先知之明乎？他有更張，隨事諫止，不少循默。然無矯枉過中之失，故能不亟不徐，進退有道，在元祐諸臣中，身名俱全，亦難矣哉。

校勘記

〔一〕汝川　原作「文川」，據范祖禹范太史集卷四一趙瞻神道碑銘、本書卷八九地理志改。

〔二〕乃求退　按范太史集卷四一趙瞻神道碑銘作「乃求對」；長編卷二〇三則作：「瞻又因入對，力請追還昭明等。」可見趙瞻未曾求退，「求退」乃「求對」之譌。

〔三〕哲宗　原作「神宗」，據上文傅堯俞死於元祐六年，元祐是哲宗的年號，當以作「哲宗」爲是，據改。

宋史卷三百四十二

列傳第一百一

梁燾　王巖叟　鄭雍　孫永

梁燾字況之，鄆州須城人。父蒨，兵部員外郎、直史館。燾以蒨任，爲太廟齋郎。舉進士中第，編校祕閣書籍，遷集賢校理、通判明州，檢詳樞密五房文字。

元豐時久旱，上書論時政曰：

陛下日者閔雨，竦惟政事之闕，惕然自責。丁卯發詔，癸酉而雨，是上天顧聽陛下之德言，而喜其有及民之意也。當四方仰雨十月之久，民刻於新法，嗷嗷如焦，而京師尤甚，闤闠細民，罔不失職，智愚相視，日有大變之憂。陛下既惠以詔音，又施之行事，講除刻文，蠲損緡算，一日之間，歡聲四起。距誕節三日而膏澤降，是天以雨壽陛下之萬年，感聖心於大寤，有以還其仁政也。

然法令乖戾，爲毒於民者，所變纔能萬一。人心之不解，故天意亦未釋，而雨不再施。陛下亦以此爲戒，而夙夜慮之乎？今陛下之所知者，市易事耳。法之爲害，豈特此耶？曰靑苗錢也，助役錢也，方田也，保甲也，淤田也。兼是數者，而天下之民被其害。靑苗之錢未及償，而責以免役；免役之錢未暇入，而重以淤田；淤田方下，而復有方田；方田未息，而迫以保甲。是徒擾百姓，使不得少休於聖澤。其爲害之實，雖一有言之者，必以下主吏，主吏妄報以無是，則從而信之，恬不復問，而反坐言者。雖間遣使循行，而苟且寵祿，巧爲妄誕，成就其事，至請遍行其法，上下相隱，習以成風。

臣謂天下之患，不患禍亂之不可去，患朋黨蔽蒙之俗成，使上不得聞所當聞，故政日以敝，而禍亂卒至也。陛下可不深思其故乎？

疏入，不省。

內侍王中正將兵出疆，干賞不以法。燾爭之不得，請外，出知宣州。入辭，神宗曰：「樞臣云卿不肯安職，何也？」對曰：「臣居官五年，非敢不安職，恐不勝任使，故去耳。」神宗曰：「王中正功賞文書，何爲獨不可？」曰：「中正罔冒僥覬，臣不敢屈法以負陛下。」未幾，提點京西刑獄。哲宗立，召爲工部郎中，遷太常少卿、右諫議大夫。有請宣仁后御文德殿服袞冕受册者，燾率同列諫，引薛奎諫章獻明肅皇后不當以王服見太廟事，宣仁后欣納。又論市易已廢，乞蠲中下戶逋負；又乞欠青苗下戶，不得令保人備償。

文彥博議遣劉奉世使夏國，御史張舜民論其不當遣，降通判虢州。燾言：「御史持紀綱之官，得以犯顏正論，況臣下過失，安得畏忌不言哉？今御史敢言大臣者，天下之公議；大臣不快御史者，一夫之私心。罪天下敢言之公議，便一夫不快之私心，非公朝盛事也。」時同論者傅堯俞、王巖叟、朱光庭、王覿、孫升、韓川，凡七人，悉召至都堂，勑諭以「事當權其輕重，故不惜一新進御史，以慰老臣」。燾又言：「若論年齡爵祿，則老臣爲重；若論法度綱紀，則老臣爲輕。御史者，天子之法官也，不可以大臣鞅鞅而斥去。願還舜民，以正國體。」章十上，不聽。

燾又面責給事中張問不能駁還舜民制命，以爲失職。坐詬同列，出爲集賢殿修撰、知潞州，辭不拜，曰：「臣本論張舜民不當罷，如以爲非，卽應用此受斥。今乃得以微罪冒美職，守劇郡，如此則朝廷命令，不能明辨曲直，以好惡示天下矣。」不報。至潞，值歲饑，不待命發常平粟振民。流人聞之，來者不絕，燾處之有條，人不告病。

明年，以左諫議大夫召。甫就道，民攀轅不得行，踰太行，抵河內乃已。旣對，上書言：「帝富於春秋，未專宸斷；太皇保佑聖主，制政簾帷，姦人易爲欺蔽。願正綱紀，明法度，采用忠言，講求仁術。」兩宮嘉納焉。

前宰相蔡確作詩怨謗，燾與劉安世交攻之。燾又言：「方今忠於確者，多於忠朝廷之士；敢爲姦言者，多於敢正論之人。以此見確之氣燄凶赫，根株牽連，賊化害政，爲患滋大。」確卒竄新州。燾進御史中丞。鄧潤甫除吏部尚書，燾論潤甫柔佞不立，巧爲進取。不聽。改權戶部尚書，不拜，以龍圖閣直學士知鄭州。旬日，入權禮部尚書，爲翰林學士。

元祐七年，拜尚書右丞，轉左丞。蔡京帥蜀，燾曰：「元豐侍從，可用者多；惟京輕險貪愎，不可用。」又與同列議夏國地界，不能合，遂丐去。哲宗遣近臣問所以去意，且令密訪人才。燾曰：「信任不篤，言不見聽，而詢問人才，非臣所敢當也。」使者再至，乃言：「人才可大任者，陛下自知之。但須識別邪正，公天下之善惡，圖任舊人中堅正純厚有人望者，不牽左右好惡之言以移聖意，天下幸甚。」

以疾，罷爲資政殿學士、同醴泉觀使。故事，非宰相不除使，遂置同使以寵之。力辭，改知潁昌府。既出京，哲宗遣中貴諭以復用之旨。紹聖元年，知鄆州。朋黨論起，哲宗曰：「梁燾每起中正之論，其開陳排擊，盡出公議，朕皆記之。」以故最後責，竟以司馬光黨黜知鄂州。三年，再貶少府監，分司南京。明年，三貶雷州別駕，化州安置。三年卒〔二〕，年六十四。徙其子於昭州。徽宗立，始得歸。

燾自立朝，一以引援人物爲意。在鄂作薦士錄，具載姓名。客或見其書，曰：「公所植桃李，乘時而發，但不向人開耳。」燾笑曰：「燾出入侍從，至位執政，八年之間所薦，用之不盡，負愧多矣。」其好賢樂善如此。

王巖叟字彥霖，大名清平人。幼時，語未正已知文字。仁宗患詞賦致經術不明，初置明經科，巖叟年十八，鄉舉、省試、廷對皆第一。調欒城簿、涇州推官，甫兩月，聞弟喪，棄官歸養。

熙寧中，韓琦留守北京，以爲賢，辟管勾國子監，又辟管勾安撫司機宜文字，監晉州折博、煉鹽務。韓絳代琦，復欲留用。巖叟謝曰：「巖叟，魏公之客，不願出他門也。」士君子稱之。後知定州安喜縣，有法吏罷居鄉里，導人爲訟，巖叟捕撻於市，衆皆竦然。定守呂公著歎曰：「此古良吏也。」有詔近臣舉御史，舉者意屬巖叟而未及識，或謂可一往見。巖叟笑曰：「是所謂呈身御史也。」卒不見。

哲宗卽位，用劉摯薦，爲監察御史。時六察尙未言事，巖叟入臺之明日，卽上書論社稷安危之計，在從諫用賢，不可以小利失民心。遂言役錢斂法太重，民力不勝，願復差法如嘉祐時。又言河北榷鹽法尙行，民受其弊，貧者不復食。錄大名刻石仁宗詔書以進上，以河北天下根本，自祖宗以來，推此爲患，願復其舊。

江西鹽害民，詔遣使者往視。巖叟言：「一方病矣，必待使還而後改爲，恐有不及被德澤而死者。願亟罷之。」又極陳時事，以爲「不絕害本，百姓無由樂生；不屏羣邪，太平終是難致」。時下詔求民疾苦，四方爭以其情赴愬，所司憚於省錄，頗成壅滯。巖叟言：「不問則已，言則必行之。不然，天下之人必謂陛下以空言說之，後有詔令，孰肯取信？」李定不持所生母仇氏服，巖叟論其不孝，定遂分司。

宰相蔡確爲裕陵復土使，還朝，以定策自居。巖叟言：「陛下之立，以子繼父，百王不易之道。且太皇太后先定於中，而確敢貪天自伐。章惇讒賊狠戾，罔上蔽明，不忠之罪，蓋與確等。近簾前爭役法，詞氣不遜，無事上之禮。今聖政不出房闥，豈宜容此大姦猶在廊廟！」於是二人相繼退斥。

遷左司諫兼權給事中。時並命執政，其間有不協時望者，巖叟卽繳錄黃，上疏諫。既而命不由門下省以出，巖叟請對，言之益切。退就閤門上疏曰：「臣爲諫官旣當言，承乏給事又當駁，非臣好爲高論，喜忤大臣，恐命令斜出，尤損紀綱。」疏凡八上，命竟寢。又言：「三省胥吏，月饗厚奉，歲累優秩。而朝廷每舉一事，輒計功論賞，不知平日祿賜，將焉用之？姑息相承，流弊已極。望飭厲大臣，事爲之制。」卽詔裁抑僥倖，定爲十七條。

遷侍御史。兩省正言久闕，巖叟上疏曰：「國朝倣近古之制，諫臣纔至六員，方之先王，已爲至少。今復虛而不除，臣所未諭。豈以爲治道已淸，而無事於言邪？人材難稱，不若虛其位邪？二者，皆非臣所望於今日也。願趣補其闕，多進正人以壯本朝；正人進，則小人自消矣。」

諸路水災，朝廷行振貸，戶部限以災傷過七分、民戶降四等，始許之。巖叟言：「中戶以上，蓋亦艱食。乞毋問分數、等級，皆得貸，庶幾王澤無間，以召至和矣。」坐張舜民事，改起居舍人，不拜，以直集賢院知齊州。請河北所言鹽法，行之京東。明年，復以起居舍人召。嘗侍邇英講，進讀寶訓，至節費，巖叟曰：「凡言節用，非偶節一事，便能有濟。當每事以節儉爲意，則積久累日，國用自饒。」讀仁宗知人事，巖叟曰：「人主常欲虛心平意，無所偏係，觀事以理，則事之是非，人之邪正，自然可見。」

司馬康講洪範，至「乂用三德」，哲宗曰：「止此三德，爲更有德。」蓋哲宗自臨御，淵默不言，巖叟喜聞之，因欲風諫，退而上疏曰：「三德者，人君之大本，得之則治，失之則亂，不可須臾去者也。臣請別而言之。夫明是非於朝廷之上，判忠邪於多士之間，不以順己而忘其惡，不以逆己而遺其善，私求不徇於所愛，公議不遷於所憎。竭誠盡節者，任之當勿貳；罔上盜寵者，棄之當勿疑。惜紀綱，謹法度，重典刑，戒姑息，此人主之正直也。遠聲色之好，絕盤遊之樂，勇於救天下之弊，果於斷天下之疑，邪說不能移，非道不能說，此人主之剛德也。居萬乘之尊而不驕，享四海之富而不溢，聰明有餘而處之若不足，俊傑並用而求之如不及，虛心以訪道，屈己以從諫，懼若臨淵，怯若履薄，此人主之柔德也。三者足以盡天下之要，在陛下力行何如耳。」

巖叟因侍講，奏曰：「陛下退朝無事，不知何以消日？」哲宗曰：「看文字。」對曰：「陛下以讀書爲樂，天下幸甚。聖賢之學，非造次可成，須在積累。積累之要，在專與勤。屏絕它好，始可謂之專；久而不倦，始可謂之勤。願陛下特留聖意。」哲宗然之。

巖叟館伴遼賀正旦使耶律寬，寬求觀元會儀，巖叟曰：「此非外國所宜知。」止錄笏記與之，寬不敢求。進權吏部侍郎、天章閣待制、樞密都承旨。湖北諸蠻互出擾邊，無有寧歲，巖叟請專以疆事委荊南唐義問。遂自草檄文，喻義問以朝廷方敦尙恩信，勿爲徼倖功賞之意，後遂安輯。

初，夏人遣使入貢，及爲境上之議，故爲此去彼來，牽致勞苦，每違期日。巖叟請預戒邊臣，夏違期，一不至則勿復應，自後不復敢違。質孤、勝如二堡，漢趙充國留屯之所，自元祐講和，在蘭州界內，夏以爲形勝膏腴之地，力爭之。二堡若失，則蘭州、熙河遂危。延帥欲以二堡與夏，蘇轍主其議。及熙河、延安二捷同報，轍奏曰：「近邊奏稍頻，西人意在得二堡。今盛夏猶如此，入秋可虞，不若早定議。」意在與之也。巖叟曰：「形勢之地，豈可輕棄，不知既與，還不更求否？」太皇太后曰：「然。」議遂止。

夏人數萬侵定西之東、通遠之北，壞七厓嵬堡，掠居人，轉侵涇原及河外鄜、府州，衆遂至十萬。熙帥范育偵伺夏右廂種落大抵趣河外，三疏請乘此進堡砦，築龕谷、勝如、相照、定西而東徑隴諸城。朝議未一，或欲以七嵬經毀之地，皆以與夏。巖叟力言不可與，彼計得行，後患未已。因請遣官諭熙帥，卽以戶部員外郎穆衍行視，築定遠以據要害。其調兵貲費，一從便宜，不必中覆。定遠遂城，皆巖叟之力。

拜中書舍人。滕甫帥太原，爲走馬承受所撼，徙潁昌。巖叟封還詞頭，言：「進退帥臣，理宜重愼。今以小臣一言易之，使後人畏憚不自保，此風浸長，非委任安邊之福。」乃止。

復爲樞密都承旨、權知開封府。舊以推、判官二人分左右廳，共治一事，多爲異同，或累日不竟，吏疲於咨稟。巖叟創立逐官分治之法，自是署爲令。都城羣偷所聚，謂之「大房」，每區容數十百人，淵藪詭僻，不可勝究。巖叟令掩捕撤毀，隨輕重決之，根株一空。供備庫使曹續以產貿萬緡，市儈逾年負其半，續盡力不可取。一日啓戶，則所負皆在焉。驚扣其故，儈曰：「王公今日知府矣。」初，曹氏之隸韓絢與同隸訟，事連其主，就逮之。曹氏者，慈聖后之族也。巖叟言：「部曲相訟，不當論其主。今不惟長告訐之風，且傷孝治。慈聖仙遊未遠，一旦因廝役之過，使其子孫對吏，殆聖情有所不忍。」詔竄絢而絕其獄。巖叟常謂：「天下積欠多名，催免不一，公私費擾，乞隨等第立多寡爲催法。」朝廷乃定五年十科之令。

元祐六年，拜樞密直學士、簽書院事。入謝，太皇太后曰：「知卿才望，不次超用。」巖叟又再拜謝，進曰：「太后聽政以來，納諫從善，務合人心，所以朝廷清明，天下安靜。願信之勿疑，守之勿失。」復少進而西，奏哲宗曰：「陛下今日聖學，當深辨邪正。正人在朝，則朝廷安，邪人一進，便有不安之象。非謂一夫能然，蓋其類應之者衆，上下蔽蒙，不覺養成禍胎爾。」又進曰：「或聞有以君子小人參用之說告陛下者，不知果有之否？此乃深誤陛下也。自古君子小人，無參用之理。聖人但云：『君子在內、小人在外則泰，小人在內、君子在外則否。』小人既進，君子必引類而去。若君子與小人競進，則危亡之基也。此際不可不察。」兩宮深然之。

上清儲祥宮成，太皇太后謂輔臣曰：「此與皇帝皆出閤中物營之，以成先帝之志。」巖叟曰：「陛下不煩公，不勞民，眞盛德事。然願自今以土木爲戒。」又以宮成將肆赦，巖叟曰：「昔天禧中，祥源成，治平中，醴泉成，皆未嘗赦。古人有垂死諫君無赦者，此可見赦無益於聖治也。」

哲宗方選后，太皇太后曰："今得狄諮女，年命似便，然爲是庶出過房，事須評議。"巖叟進曰："按禮經問名篇，女家答曰：『臣女，夫婦所生。』及外氏官諱，不識今者狄氏將何辭以進？"議遂寢。哲宗選后既定，太皇太后曰："帝得賢后，有內助功，不是小事。"巖叟對曰："內助雖后事，其正家須在皇帝。聖人言：『正家而天下定。』當愼之於始。"太皇太后以是語哲宗者再。巖叟退取歷代后事可爲法者，類爲中宮懿範上之。

宰相劉摯、右丞蘇轍以人言求避位，巖叟曰："元祐之初，排斥姦邪，緝熙聖治，摯與轍之功居多。願深察讒毀之意，重惜腹心之人，無輕其去就。"兩宮然之。後摯竟爲御史鄭雍所擊，巖叟連上疏論救。摯去位，御史遂指爲黨，罷爲端明殿學士、知鄭州。言者猶未厭，太皇太后曰："巖叟有大功，今日之命，出不獲已耳。"

明年，徙河陽，數月卒，年五十一。贈左正議大夫。紹聖初，追貶雷州別駕。司馬光以其進諫無隱，稱之曰："吾寒心栗齒，憂在不測，公處之自如，至于再三，或累十數章，必行其言而後已。"爲文語省理該，深得制誥體。有易、詩、春秋傳行于世。

鄭雍字公肅，襄邑人。進士甲科，調兗州推官。韓琦上其文，召試祕閣校理、知太常禮院。英宗之喪，論宗室不當嫁娶，與時相忤，通判峽州，知池州，復還太常禮院，歷開封府判官。

熙寧、元豐間，更制變令，士大夫多違己以求合，雍獨靜默自守。改嘉王、岐王府記室參軍。神宗末年，二王既長，猶居禁中，雍獻四箴規戒，且諷使求出外邸。凡在邸七年，用久次，以轉運使秩留。宣仁后知其賢，及臨政，擢爲起居郎，進中書舍人。

鄧潤甫除翰林承旨，雍當制。制未出，言事者五人交章攻之，換爲侍讀學士。雍言：「二職皆天下精選，以潤甫之過薄，不當革前命；以爲姦邪，不當在經幄。今中外咸謂朝廷姑以是塞言者，如此則邪正何由可辨，善惡何由可明？若每事必待人言，是賞罰之柄，不得已而行，非所以示信天下也。」潤甫仍爲承旨。周穜乞以王安石配享神宗廟，雍言：「安石持國政，不能上副屬任，非先帝神明，遠而弗用，則其所敗壞，可勝言哉！今穜以小臣輒肆橫議，願正其罪。」從之。

使契丹還，徙左諫議大夫，言：「朝廷重內輕外，選用牧伯，罕輟從班，以閥閱輕淺者充員，不復爲來日慮。願自今稍積資望，以漸試之。」吳中大饑，方議振恤，以民習欺誕，敕本部料檢，家至戶到。雍言：「此令一布，吏專料民而不救災，民皆死於飢。今富有四海，奈何謹圭撮之濫，而輕比屋之死乎？」哲宗悟，追止之。

侍御史賈易沽激自喜，中丞趙彥若懦不自立，雍并論之，遂罷易，左轉彥若，以雍爲中丞。雍辭曰：「中丞以臣言去而身承其乏，非所以厚風俗也。」不許。時二府禁謁加嚴，雍歎曰：「旁招俊乂，列于庶位，宅百揆職也。彼有足不及公卿之門者，猶當物色致之，奈何設禁若是！且二府皆天子所改容而禮貌之者，乃復防閑其私如此乎？」於是援賈誼廉恥節行之說以諫，詔弛其禁。

刑部讞囚，宰執論殺之，有司以爲可生，不奉詔，得罪。雍言：「是固可罪，然究其用心，在於廣好生之德耳，若遽以爲罪，臣恐鄰於嗜殺。今使有司欲殺而朝廷生之，猶恐仁恩德意不白於天下，而況反是者哉！」哲宗嘉納，囚遂得生。

初，邢恕以書抵宰相劉摯，摯答之，有「自愛以俟休復」之語，排岸司茹東濟錄書示雍與殿中侍御史楊畏，雍、畏釋其語曰：「『俟休復』者，俟他日太后復辟也。」遂並以此事論摯威福自恣，乞罷之以收主柄。又論王巖叟、朱光庭、梁燾等三十人皆爲摯黨，以閉其援。及摯出知鄆州，光庭方爲給事中，繳還摯麻詞，巖叟、燾力救之，哲宗以先入之言，不納。雍之攻摯，人以爲附左相呂大防也。又有請暴摯陰事者，雍曰：「吾爲國擊宰相，非仇摯也。彼之陰事，何有於國哉？」置不以聞。

拜尚書右丞，改左丞。雍在政地，哲宗稱其事上有禮。紹聖初，治元祐衆臣，雍頓首自列，哲宗明其亡他心，諭使勿去。周秩乘隙抵之，謂雍初爲侍從時，因徐王私於權臣以進。哲宗怒曰：「此是何言也！使徐王聞之，豈能自安？」黜秩知廣德軍，敕銀臺毋受雍辭去奏章，東府吏毋聽雍妻子輒出，且令學士錢勰善爲留詔。二年，始以資政殿學士知陳州，徙北京留守。

初，章惇以白帖貶謫元祐臣僚，安燾爭論不已，哲宗疑之。雍欲爲自安計，謂惇曰：「熙寧初，王安石作相，常用白帖行事。」惇大喜，取其案牘懷之，以白哲宗，遂其姦。雍雖以此結惇，然卒罷政，坐元祐黨，奪職知鄭州。數日，改成都府。元符元年，提舉崇福宮，歸，未至而卒，年六十八。政和中，復資政殿學士。

孫永字曼叔，世爲趙人，徙長社。年十歲而孤，祖給事中沖，列爲子行，蔭將作監主簿，肄業西學，羣試常第一。沖戒之曰：「洛陽英儁所萃，汝年少，不宜多上人。」自是不復試。沖卒，喪除，復列爲孫，換試銜，擢進士第，調襄城尉、宜城令，至太常博士。御史中丞賈黯薦爲御史，以母老不就。韓琦讀其詩，歎譽之，引爲諸王府侍讀。神宗爲潁王，出新錄韓非子畀宮僚讎定，永曰：「非險薄刻核，其書背六經之旨，願毋留意。」王曰：「廣藏書之數耳，非所好也。」及爲皇太子，進舍人；卽位，擢天章閣待制，安撫陝西。民景詢外叛，詔捕送其孥，勿以赦原。永言：「陛下新御極，曠澤流行，惡逆者猶得虧除。今緣坐者弗宥，非所以示信也。」

歷河北、陝西都轉運使。時邊用不足，以解鹽、市馬別爲一司，外臺不得與。永奏曰：「鹽、馬，國之大計，使主者專其柄，既無以統隸，苟爲非法，孰從而制之？」

加龍圖閣直學士、知秦州。王韶以布衣入幕府，建取熙河策，永折之曰：「邊陲方安靜，無故騷動，恐變生不測。」會新築劉家堡失利，衆請戮偏裨以塞責。永曰：「居敵必爭之地，軍孤援絕，兵法所謂不得而守者也。尤人以自免，於我安乎？」竟用是降天章閣待制、知和州。以詳定編敕知審官東院召還，神宗問：「青苗、助役之法，於民便否？」對曰：「法誠善，然彊民出息輸錢代徭，不能無重斂之患。若用以資經費，非臣所知也。」時倉法峻密，庾吏受百錢，則黥爲卒，府史亦如之。神宗又問：「此法既下，吏尙爲姦乎？」對曰：「強盜罪死，犯者猶衆，況配隸邪？使人畏法而不革心，雖在府史，臣亦不敢必其無犯也。」議復肉刑，事下永。永奏曰：「刻人肌膚，深害仁政，漢文帝所不忍，陛下忍之乎？」神宗曰：「事固未決，待卿始定耳。」不果行。

復學士，知瀛州。河決，于貝、瀛、冀尤甚，民租以災免者，州縣懼常平法，徵催如故。永連章論止，神宗從之，仍命發廩粟以振。白溝巡檢趙用以遼人漁界河，擅引兵北度，蕩其族帳，遼持此兆釁，數暴邊上。神宗遣使問故，永請正用罪以謝，未報。遼屯兵連營亙四十里，永好諭之曰：「疆吏冒禁，已寘之獄矣，今何爲者？」敵意解，但求醪糒犒師而旋。

進樞密直學士、知開封府。呂嘉問言，吏欲使都人列肆輸錢以免直。下府詢究，曹椽以爲便。永占書紙尾，不暇省。既乃行市易抵當法，貸民錢而爲之期，有不能償而死者。神宗頗知之，嘉問妄變其名以罔聽。神宗慮立法未盡，詔永及韓維究實。永奏言：「市算下逮錐刀，爲人患苦。」御史張琥劾永棄同卽異，罷爲提舉中太一宮。

元豐中，判軍器監。有司病皮革不給，嚴隱匿之科，亡賴輩肆情爲訐，至婦人冠飾亦不免。永請聽人以所藏之善者售于官，得貨其餘，訐訟既息，國用亦濟。

出知太原，且行，神宗訪以時務，永言：「近者造戎器倍常，外間謂將有事於征討。兵非輕用之物，願軫不戢自焚之戒。」神宗曰：「此備豫不虞，若四方安平，豈有輕動之理？卿言是也。」忻、代產鹽，苦惡不堪食，轉運使必欲理之，以盜販闌越之罪罪兵吏。永言：「鹽，民食也，不可禁；兵，武備也，不可闕。顧以惡鹽累防兵，非計也。」詔弛其禁。

入判將作，進端明殿學士。病不能朝，神宗遣上醫調視，六命近侍問安否，至虛樞密位以待。辭去益力，提舉崇福宮。踰年，起知陳州，徙潁昌。永裕起陵，許、汝當運粟數十萬斛於陵下，調民牛數萬，永請而免。哲宗召拜工部尚書。太皇太后下詔求言，永陳保馬、保甲、免役三事最敝，願一切罷去，復修監牧、保伍、差徭之法。太皇太后皆納之。元祐元年，遷吏部，又屬疾，改資政殿學士兼侍讀，提舉中太一宮，未拜而卒，年六十八。贈銀青光祿大夫，賻金帛二千，謚曰康簡。

永外和內勁，論議常持平，不求詭異。事或悖于理，雖逼以勢，亦不爲屈。未嘗以矯亢形于色辭，與人交，終身無怨仇。范純仁、蘇頌皆稱之爲國器。

論曰：宋之衰也，人才尚多。梁燾、王巖叟盡忠事上，凡有過舉，知無不言，雖或從或違，而隱然有虎豹在山之勢矣。第以新州之舉，於是爲過。故他日紹聖復以藉口，使元祐衆賢皆罹其禍，由是再變而爲宣、政之姦臣，國日危矣。鄭雍易其所守，肆擊劉摯，波及者三十人，欲結章惇以取容，然而終亦不免。小人反覆，專務自全，竟何益哉？孫永之爲人，庶得其中焉。

校勘記

〔一〕三年卒　按宋會要職官六七之一五，梁燾責授雷州別駕、化州安置，事在紹聖四年二月；東都事略卷九〇本傳，燾於「紹聖三年，責少府監，分司。明年，遂貶雷州別駕，化州安置，卒於貶所」；長編紀事本末卷一〇七、編年綱目卷二四都繫燾死於紹聖四年十一月。疑此處有誤，或「三年」當爲「是年」。

宋史卷三百四十三

列傳第一百二

元絳 許將 鄧潤甫 林希弟旦 蔣之奇 陸佃 吳居厚 温益

元絳字厚之，其先臨川危氏。唐末，曾祖仔倡聚衆保鄉里，進據信州，爲楊氏所敗，奔杭州，易姓曰元。祖德昭，仕吳越至丞相，遂爲錢塘人。絳生而敏悟，五歲能作詩，九歲謁荆南太守，試以三題，上諸朝，貧不能行。長，舉進士，以廷試誤賦韻，得學究出身。再舉登第，調江寧推官，攝上元令。

民有號王豹子者，豪占人田，略男女爲僕妾，有欲告者，則殺以滅口。絳捕寘于法。甲與乙被酒相毆擊，甲歸臥，夜爲盜斷足，妻稱乙，告里長，執乙詣縣，而甲已死。絳敕其妻曰：「歸治而夫喪，乙已伏矣。」陰使信謹吏迹其後，望一僧迎笑，切切私語。絳命取僧繫廡下，詰妻姦狀，卽吐實。人問其故，絳曰：「吾見妻哭不哀，且與傷者共席而襦無血污，是以知之。」

安撫使范仲淹表其材，知永新縣。豪子龍聿誘少年周整飲博，以技勝之，計其貲折取上腴田，立券。久而整母始知之，訟于縣，縣索券爲證，則母手印存，弗受。又訟于州、于使者，擊登聞鼓，皆不得直。絳至，母又來訴，絳視券，呼謂聿曰：「券年月居印上，是必得周母他牘尾印，而撰僞券續之耳。」聿駭謝，卽日歸整田。

知通州海門縣。淮民多盜販鹽，制置使建言，滿二十斤者皆坐徒。絳曰：「海濱之人，恃鹽以爲命，非羣販比也。」笞而縱之。擢江西轉運判官、知台州。州大水冒城，民廬蕩析。絳出庫錢，卽其處作室數千區，命人自占，與期三歲償費，流移者皆復業。又甓其城，因門爲牐，以禦湍漲，後人守其法。入爲度支判官。

儂智高叛嶺南，宿軍邕州而歲漕不足。絳以直集賢院爲廣東轉運使，建瀕江水砦數十，以待逋寇；繕治十五城，樓堞械器皆備，軍食有餘。以功遷工部郎中，歷兩浙、河北轉運使，召拜鹽鐵副使，擢天章閣待制、知福州，進龍圖閣直學士，徙廣、越、荆南，爲翰林學士、知開封府，拜三司使、參知政事。數請老，神宗命其子耆寧校書崇文院，慰留之。

會太學虞蕃訟博士受賄，事連耆寧，當下獄。絳請上還職祿，而容耆寧卽訊於外，從之。於是御史至第薄責絳，絳一不自辨，罷知亳州。入辭，帝謂曰：「朕知卿，一歲即召矣。卿意欲陳訴乎？」絳謝罪，願得潁，即以爲潁州。明年，加資政殿學士、知青州，過都，留提舉中太一宮，力疾入謁，曰：「臣疾憊子弱，儻一旦不幸死，則遺骸不得近先人丘墓。」帝惻然曰：「朕爲卿辦護，雖百子何以加。」詔毋多拜，乘輿行幸勿扈從。又明年，以太子少保致仕。

絳所至有威名，而無特操，少儀矩。仕已顯，猶謂遲晚。在翰林，諂事王安石及其子弟，時論鄙之。然工於文辭，爲流輩推許。景靈宮作神御十一殿，夜傳詔草上梁文，遲明，上之。雖在中書，而蕃夷書詔，猶多出其手。既得謝，帝眷眷命之曰：「卿可營居京師，朕當資金幣，且便耆寧仕進。」絳曰：「臣有田廬在吳，乞歸鬻之，即築室都城，得望屬車之塵，幸矣。敢冀賜邪。」既行，追賚白金千兩，敕以蚤還。絳至吳踰歲，以老病奏，恐不能奉詔。三年而薨，年七十六。贈太子少師，謚曰章簡。

許將字沖元，福州閩人。舉進士第一。歐陽脩讀其賦，謂曰：「君辭氣似沂公，未可量也。」簽書昭慶軍判官，代還，當試館職，辭曰：「起家爲官，本代耕爾，願以守選餘日，讀所未見書。」宰相善其志，以通判明州。神宗召對，除集賢校理、同知禮院，編修中書條例。自太常丞當轉博士，超改右正言；明日，直舍人院；又明日，判流內銓：皆神宗特命，舉朝榮之。

初，選人調擬，先南曹，次考功。綜核無法，吏得緣文爲姦，選者又不得訴長吏。將奏罷南曹，闢公舍以待來訴者，士無留難。進知制誥，特敕不試而命之。

契丹以兵二十萬壓代州境，遣使請代地，歲聘之使不敢行，以命將。將入對曰：「臣備位侍從，朝廷大議不容不知。萬一北人言及代州事，不有以折之，則傷國體。」遂命將詣樞密院閱文書。及至北境，居人跨屋棟聚觀，曰：「看南朝狀元。」及肆射，將先破的。契丹使蕭禧館客，禧果以代州爲問，將隨問隨答。禧又曰：「界濠未定，顧和好體重，吾且往大國分畫矣。」將曰：「此事，申飭邊臣豈不可，何以使爲？」禧慙不能對。歸報，神宗善之，以將知審官西院、直學士院、判尙書兵部。

時河北保甲、陝西河東弓箭社、閩楚槍仗手雖有名籍，其多少與年月不均，以致閱按無法，將一切整攝之。進翰林學士、權知開封府，爲同進所忌。會治太學虞蕃訟，釋諸生無罪者，蔡確、舒亶因陷之，逮其父子入御史府，踰月得解，黜知蘄州。

明年，以龍圖閣待制起知秦州，改揚州，又改鄆州。上元張燈，吏籍爲盜者繫獄，將曰：

「是絕其自新之路也。」悉縱遣之，自是民無一人犯法，三圄皆空。父老歎曰：「自王沂公後五十六年，始再見獄空耳。」鄆俗士子喜聚肆以謗官政，將雖弗禁，其俗自息。

召爲兵部侍郎。上疏言：「兵措於形勢之內，最彰而易知；隱於權用之表，最微而難能。此天下之至機也。是以治兵有制，名雖不同，從而橫之，方而圓之，使萬衆猶一人；車馬有數，用雖不同，合而分之，散而斂之，取四方猶跬步；制器有度，工雖不同，左而右之，近而遠之，運衆算猶掌握。非天下之至神，孰能與此？」又條奏八事，以爲「兵之事有三：曰禁兵，曰廂兵，曰民兵。馬之事有三：曰養馬，曰市馬，曰牧馬。兵器之事有二：曰繕作，曰給用。」及西方用兵，神宗遣近侍問兵馬之數，將立具上之；明日，訪樞臣，不能對也。

以龍圖閣直學士知成都府。元祐三年，再爲翰林學士。四年，拜尙書右丞。將自以在先朝爲侍從，每討熙、豐舊章以聞。中旨用王文郁、姚兕領軍，執政復議用張利一、張守約。將始與執政同議，復密疏利一不可用。言者論其窺伺主意，衒直賣友。罷爲資政殿學士、知定州，移揚州，又移大名府。

會黃河東、北二議未決，將曰：「度今之利，謂宜因梁村之口以行東，因內黃之口以行北，而盡閉諸口，以絕大名諸州之患。俟水大至，觀故道足以受之，則內黃之口可塞；不足以受之，則梁村之口可以止；兩不能相奪，則各因其自流以待之。」

紹聖初，入爲吏部尚書，上疏乞依元豐詔，定北郊夏至親祀。拜尚書左丞、中書侍郎。章惇爲相，與蔡卞同肆羅織，貶謫元祐諸臣，奏發司馬光墓。哲宗以問將，對曰：「發人之墓，非盛德事。」方黨禍作，或舉漢、唐誅戮故事，帝復問將，對曰：「二代固有之，但祖宗以來未之有，本朝治道所以遠過漢、唐者，以未嘗輒戮大臣也。」哲宗皆納之。

將嘗議正夏人罪，以涇原近夏而地廣，謀帥尤難，乞用章楶，楶果有功。崇寧元年，進門下侍郎，累官金紫光祿大夫，撫定鄯、廓州。邊臣欲舉師渡河，朝議難之，將獨謂：「外國不可以爽信，而兵機有不可失，既已戒期，願遂從之。」未幾，捷書至，將以復河、湟功轉特進，凡居政地十年。

御史中丞朱諤取將舊謝章表，析文句以爲謗，且謂：「將左顧右視，見利則回，幡然改圖，初無定論。元祐間嘗爲丞轄，則盡更元豐之所守。紹聖初復秉鈞軸，則陰匿元祐之所爲。逮至建中，尚此冒居，則紹聖之所爲已皆非矣。強顏今日，亦復偷安，則建中之所爲亦隨改焉。」遂以資政殿大學士知河南府。言者不已，降資政殿學士、知潁昌府，移大名，加觀文殿學士、奉國軍節度使。在大名六年，數告老，召爲佑神觀使。政和初，卒，年七十五。贈開府儀同三司，謚曰文定。

子份，龍圖閣學士。

鄧潤甫字温伯，建昌人。嘗避高魯王諱，以字爲名，別字聖求，後皆復之。第進士，爲上饒尉、武昌令。舉賢良方正，召試不應。熙寧中，王安石以潤甫爲編修中書條例、檢正中書戶房事。神宗覽其文，除集賢校理、直舍人院，改知諫院、知制誥。同鄧綰、張琥治鄭俠獄，深致其文，入馮京、王安國、丁諷、王堯臣於罪。

擢御史中丞。上疏曰：「向者陛下登用儁賢，更易百度，士狃於見聞，蔽於俗學，競起而萃非之，故陛下排斥異論，以圖治功。然言責之路，反爲壅抑；非徒抑之，又或疑之。論卹民力，則疑其違道干譽；論補法度，則疑其同乎流俗；論斥人物，則疑其訐以爲直。故敢言之氣日以折，而天下事變，有不得盡聞。曩變法之初，勢自當爾。今法度已就緒，宜有以來天下論議。至於淫辭詖行，有挾而發，自當屏棄。如此，則善言不伏，而眞大治也。」

李憲措置熙河邊事，潤甫率其屬周尹、蔡承禧、彭汝礪上書切諫，其略云：「自唐開元以來，用楊思勗、魚朝恩、程元振、吐突承璀爲將。有功，則負勢驕恣，陵轢公卿；無功，則挫損國威，爲四國笑。今陛下使憲將兵，功之成否，非臣等所能預料。然以往事監之，其有害必矣。陛下仁聖神武，駕御豪桀，雖憲百輩，顧何能爲，獨不長念郤慮，爲萬世之計乎？豈可使國史所書，以中人將兵，自陛下始？後世沿襲故迹，視以爲常，進用其徒握兵柄，則天下之患，將有不可勝言者矣！」不聽。

又言：「興利之臣，議前代帝王陵寢，許民請射耕墾，而司農可之。唐之諸陵，因此悉見芟劉，昭陵喬木，翦伐無遺。熙寧著令，本禁樵采，遇郊祀則敕吏致祭，德意可謂遠矣。小人掊克，不顧大體。願紬創議之人，而一切如令。」從之。

遷翰林學士。因論奏相州獄，爲蔡確所陷，落職知撫州。移杭州，以龍圖閣直學士知成都府。召復翰林學士兼掌皇子閤牋記，一時制作，獨倚潤甫焉。哲宗立，惟潤甫在院，一夕草制二十有二。進承旨，修撰神宗實錄。以母喪去，終制，爲吏部尚書。梁燾論其草蔡確制，妄稱有定策功，乃以龍圖閣學士知亳州。閱歲，復以承旨召。數月，除端明殿學士、禮部尚書。請郡，得知蔡州，移永興軍。

元祐末，以兵部尚書召。紹聖初，哲宗親政，潤甫首陳武王能廣文王之聲，成王能嗣文、武之道，以開紹述。遂拜尚書左丞。章惇議重謫呂大防、劉摯，潤甫不以爲然，曰：「俟見上，當力爭。」無何，暴卒，年六十八。輟視朝二日。以嘗掌均邸牋奏，優贈開府儀同三司，謚曰安惠。

林希字子中，福州人。舉進士，調涇縣主簿，爲館閣校勘、集賢校理。神宗朝，同知太常禮院。皇后父喪，太常議服淺素，希奏：「禮，后爲父降服期。今服淺素，不經。」及遣使高麗，希聞命，懼形於色，辭行。神宗怒，責監杭州樓店務。歲餘，通判秀州，復知太常禮院，遷著作佐郎、禮部郎中。元豐六年，詔修兩朝寶訓，上之。元祐初，歷祕書少監、起居舍人、起居郎，進中書舍人。言者疏其行誼浮僞，士論羞薄，不足以玷從列。以集賢殿修撰知蘇州，更宣、湖、潤、杭、亳五州，加天章閣待制。

紹聖初，進寶文閣直學士、知成都府。道闕下，會哲宗親政，章惇用事，嘗曰：「元祐初，司馬光作相，用蘇軾掌制，所以能鼓動四方，安得斯人而用之。」或曰：「希可。」惇欲使希典書命，逞毒於元祐諸臣，且許以爲執政。希亦以久不得志，將甘心焉，遂留行。復爲中書舍人，修神宗實錄兼侍讀。

哲宗問：「神宗殿曰宣光，前代有此名乎？」希對曰：「此石勒殿名也。」乃更爲顯承。時方推明紹述，盡黜元祐羣臣，希皆密豫其議。自司馬光、呂公著大防、劉摯、蘇軾轍等數十人之制，皆希爲之，詞極其醜詆，至以「老姦擅國」之語陰斥宣仁，讀者無不憤歎。一日，希草制罷，擲筆于地曰：「壞了名節矣。」

遷禮部吏部尚書、翰林學士，擢同知樞密院。始，惇疑曾布在樞府間己，使希爲貳，以相伺察。希日爲布所誘，且怨惇不引爲執政，遂叛惇。會邢恕論希罪，惇因幷去之，罷知亳州，移杭州，布不能救也。旋以端明殿學士知太原府。

徽宗立，徙大名。上河東邊計三策，朝廷以其詞命醜正之罪，奪職知揚州，徙舒州。未幾卒，年六十七。追贈資政殿學士，謚曰文節。弟旦。

旦，第進士，熙寧中，由著作佐郎主管淮南常平，擢太子中允、監察御史裏行。居臺五月，以論李定事罷守故官。久之，幹當奏院；陳繹領門下封駁，又摭其前論罷之。累年，乃簽書淮南判官。入爲太常博士，工部、考功員外郎。

元祐元年，拜殿中侍御史。甫涖職，卽上疏曰：「廣言路然後知得失，達民情然後知利病。竊見去歲五月，詔求讜言，士民爭欲自獻。及詳觀詔語，名雖求諫，實欲拒言，約束丁寧，使不得觀望迎合，犯令干譽，終之，以必行黜罰以恐懼之。於是人人相戒，言將出而復止；至於再申諭告，方達天聽。聞初詔乃蔡確、章惇造端，其詞盡出於惇。今二人旣去，其餘黨常懷醜正惡直之心，願深留宸慮，以折邪謀。」遂論呂惠卿、鄧綰，謂「綰雖罷揚州，猶涖小郡，小郡之民奚罪焉？乞投之散地，以謝天下」。又言：「近彈王中正、石得一等，雖已薄責，得一所任肘腋小人，如翟勍之徒，亦宜編削。」詔並降支郡營校。又論崔台符、賈種民舞文深酷之罪，皆逐之。出爲淮南轉運副使，歷右司郎中、祕書少監、太僕卿，終河東轉運使。

子膚，坐元符上書，陷於黨籍。

蔣之奇字穎叔，常州宜興人。以伯父樞密直學士堂蔭得官。擢進士第，中春秋三傳科，至太常博士；又舉賢良方正，試六論中選，及對策，失書問目，報罷。英宗覽而善之，擢監察御史。

神宗立，轉殿中侍御史，上謹始五事：一曰進忠賢，二曰退姦邪，三曰納諫諍，四曰遠近習，五曰閉女謁。神宗顧之曰：「斜封、墨敕必無有，至於近習之戒，孟子所謂『觀遠臣以其所主』者也。」之奇對曰：「陛下之言及此，天下何憂不治。」

初，之奇爲歐陽脩所厚，制科既黜，乃詣脩盛言濮議之善，以得御史。復懼不爲衆所容，因脩妻弟薛良孺得罪怨脩，誣脩及婦吳氏事，遂劾脩。神宗批付中書，問狀無實，貶監道州酒稅，仍榜朝堂。至州，上表哀謝，神宗憐其有母，改監宣州稅。

新法行，爲福建轉運判官。時諸道免役推行失平，之奇約僦庸費，隨算錢高下均取之，民以爲便。遷淮東轉運副使。歲惡民流，之奇募使修水利以食流者。如揚之天長三十六陂，宿之臨渙橫斜三溝，尤其大也，用工至百萬，溉田九千頃，活民八萬四千。

歷江西、河北、陝西副使。之奇在陝西，經賦入以給用度，公私用足。比其去，庫緡八十餘萬，邊粟皆支二年。移淮南，擢江、淮、荆、浙發運副使。元豐六年，漕粟至京，比常歲溢六百二十萬石，錫服三品。請鑿龜山左肘至洪澤爲新河，以避淮險，自是無覆溺之患。詔增二秩，加直龍圖閣，升發運使。凡六年，其所經度，皆爲一司故事。

元祐初，進天章閣待制、知潭州。御史韓川孫升、諫官朱光庭皆言之奇小人，不足當斯選。改集賢殿修撰、知廣州。妖人岑探善幻，聚黨二千人，謀取新興，略番禺，包據嶺表，羣不逞借之爲虐，其勢張甚。之奇遣鈐轄楊從先致討，生擒之。加寶文閣待制。南海饒寶貨，爲吏者多貪黷，之奇取前世牧守有清節者吳隱之、宋璟、盧奐、李勉等，繪其象，建十賢堂以祀，冀變其習。

徙河北都轉運使、知瀛州。遼使耶律迪道死，所過郡守皆再拜致祭。之奇曰：「天子方伯，奈何爲之屈膝邪！」奠而不拜。入爲戶部侍郎。未幾，復出知熙州。夏人論和，請畫封境。之奇揣其非誠心，務修守備，謹斥候，常若敵至。終之奇去，夏人不敢犯塞。

紹聖中，召爲中書舍人，改知開封府，進龍圖閣直學士，拜翰林學士兼侍讀。元符末，鄒浩以言事得罪，之奇折簡別之，責守汝州。閱月，徙慶州。徽宗立，復爲翰林學士，拜同知樞密院。明年，知院事。沅州蠻擾邊，之奇請遣將討之，以其地爲徽、靖二州。崇寧元年，除觀文殿學士、知杭州。以棄河、湟事奪職，由正議大夫降中大夫。以疾告歸，提舉靈仙觀。三年，卒，年七十四。後錄其嘗陳紹述之言，盡復官職。

之奇爲部使者十二任，六典會府，以治辦稱。且孜孜以人物爲己任，在閩薦處士陳烈，在淮南薦孝子徐積，每行部至，必造之。特以畔歐陽脩之故，爲淸議所薄。

子璐至侍從，曾孫芾別有傳。

陸佃字農師，越州山陰人。居貧苦學，夜無燈，映月光讀書。躡屩從師，不遠千里。過金陵，受經於王安石。熙寧三年，應舉入京。適安石當國，首問新政，佃曰：「法非不善，但推行不能如初意，還爲擾民，如靑苗是也。」安石驚曰：「何爲乃爾？吾與呂惠卿議之，又訪外議。」佃曰：「公樂聞善，古所未有，然外間頗以爲拒諫。」安石笑曰：「吾豈拒諫者？但邪說營營，顧無足聽。」佃曰：「是乃所以致人言也。」明日，安石召謂之曰：「惠卿云：『私家取債，亦須一雞半豚。』已遣李承之使淮南質究矣。」既而承之還，詭言於民無不便，佃說不行。

禮部奏名爲舉首。方廷試賦，遽發策題，士皆愕然；佃從容條對，擢甲科。授蔡州推官。初置五路學，選爲鄆州教授，召補國子監直講。安石以佃不附己，專付之經術，不復咨以政。安石子雱用事，好進者坌集其門，至崇以師禮，佃待之如常。

同王子韶修定說文。入見，神宗問大裘襲衮〔一〕，佃考禮以對。神宗悅，用爲詳定郊廟禮文官。時同列皆侍從，佃獨以光祿丞居其間。每有所議，神宗輒曰：「自王、鄭以來，言禮未有如佃者。」加集賢校理、崇政殿說書，進講周官，神宗稱善，始命先一夕進稿。同修起居注。元豐定官制，擢中書舍人、給事中。哲宗立，太常請復太廟牙盤食。博士呂希純、少卿趙令鑠皆以爲當復。佃言：「太廟，用先王之禮，於用俎豆爲稱；景靈宮、原廟，用時王之禮，於用牙盤爲稱，不可易也。」卒從佃議。

是時，更先朝法度，去安石之黨，士多諱變所從。安石卒，佃率諸生供佛，哭而祭之，識者嘉其無向背。遷吏部侍郎，以修撰神宗實錄徙禮部。數與史官范祖禹、黃庭堅爭辨，大要多是安石，爲之晦隱。庭堅曰：「如公言，蓋佞史也。」佃曰：「盡用君意，豈非謗書乎！」

進權禮部尚書。鄭雍論其穿鑿附會，改龍圖閣待制、知潁州。佃以歐陽脩守潁有遺愛，爲建祠宇。實錄成，加直學士，又爲韓川、朱光庭所議，詔止增秩，徙知鄧州。未幾，知江寧府。甫至，祭安石墓。句容人盜嫂害其兄，別誣三人同謀。旣皆訊服，一囚父以寃訴，通判以下皆曰：「彼怖死耳，獄已成，不可變。」佃爲閱實，三人皆得生。紹聖初，治實錄罪，坐落職，知泰州，改海州。朝論灼其情，復集賢殿修撰，移之蔡。

徽宗卽位，召爲禮部侍郎。上疏曰：「人君踐祚，要在正始，正始之道，本於朝廷。近時學士大夫相傾競進，以善求事爲精神，以能訐人爲風采，以忠厚爲重遲，以靜退爲卑弱。相師成風，莫之或止，正而救之，實在今日。神宗延登眞儒，立法制治，而元祐之際，悉肆紛更。紹聖以來，又皆稱頌。夫善續前人者，不必因所爲，否者賡之，善者揚焉。元祐紛更，是知賡之而不知揚之之罪也；紹聖稱頌，是知揚之而不知賡之之過也。願咨謀人賢，詢考政事，惟其當之爲貴，大中之期，亦在今日也。」徽宗遂命修哲宗實錄。

遷吏部尚書，報聘于遼，歸，半道聞遼主洪基喪，送伴者赴臨而返，誚佃曰：「國哀如是，漢使殊無弔唁之儀，何也？」佃徐應曰：「始意君匍匐哭踊而相見，卽行弔禮；今偃然如常時，尙何所弔？」伴者不能答。

拜尙書右丞。將祀南郊，有司欲飾大裘匣，度用黃金多，佃請易以銀。徽宗曰：「匣必用飾邪？」對曰：「大裘尙質，後世加飾焉，非禮也。」徽宗曰：「然則罷之可乎？數日來，豐稷屢言之矣。」佃因贊曰：「陛下及此，盛德之舉也。」徽宗欲親祀北郊，大臣以爲盛暑不可，徽宗意甚確。朝退，皆曰：「上不以爲勞，當遂行之。」李清臣不以爲然。佃曰：「元豐非合祭而是北郊，公之議也。今反以爲不可，何耶？」清臣乃止。

御史中丞趙挺之以論事不當，罰金。佃曰：「中丞不可罰，罰則不可爲中丞。」諫官陳瓘上書，曾布怒其尊私史而壓宗廟。佃曰：「瓘上書雖無取，不必深怒，若不能容，是成其名也。」佃執政與曾布比，而持論多近恕。每欲參用元祐人才，尤惡奔競。嘗曰：「天下多事，須不次用人；苟安寧時，人之才無大相遠，當以資歷序進。少緩之，則士知自重矣。」又曰：「今天下之勢，如人大病向愈，當以藥餌輔養之，須其安平；苟爲輕事改作，是使之騎射也。」

轉左丞。御史論呂希純、劉安世復職太驟，請加鐫抑，且欲更懲元祐餘黨。佃爲徽宗言不宜窮治，乃下詔申諭，揭之朝堂。讒者用是詆佃，曰：「佃名在黨籍，不欲窮治，正恐自及耳。」遂罷爲中大夫、知亳州，數月卒，年六十一。追復資政殿學士。

佃著書二百四十二卷，於禮家、名數之說尤精，如埤雅、禮象、春秋後傳皆傳於世。

吳居厚字敦老，洪州人。第嘉祐進士，熙寧初，爲武安節度推官。奉行新法，盡力核閉田，以均給梅山傜，計勞，得大理丞，轉補司農屬。元豐間，提舉河北常平，增損役法五十一條，賜銀緋，爲京東轉運判官，升副使。

天子方興鹽、鐵，居厚精心計，籠絡鉤稽，收羨息錢數百萬。即萊蕪、利國二冶官自鑄錢，歲得十萬緡。詔褒揭其能。擢天章閣待制、都轉運使。前使者皆以不任職蒙譴，居厚與河北蹇周輔、李南公會境上，議鹽法，搜剔無遺。居厚起州縣凡流，無閥閱勳庸，徒以言利得幸，不數歲，至侍從，嗜進之士從風羨美。又請以鹽息買絹，資河東馬直；發大鐵錢二十萬貫，佐陝西軍興；且募民養保馬。當時商功利之臣，所在成聚，居厚最爲掊克。

劇盜王沖因民不忍，聚衆數千，欲乘其行部至徐，篡取投諸冶。居厚聞知，間道遁去。元祐治其罪，責成州團練副使，安置黃州。章惇用事，起爲江、淮發運使。疏支家河通漕楚、海之間賴其利。召拜戶部侍郎、尚書，以龍圖閣學士知開封府，爲永泰陵橋道頓遞使。坐積雨留滯，罷知和州。

崇寧初，復尹開封，拜尙書右丞，進中書門下侍郎。以老避位，爲資政殿學士、東太一宮使，恩許仍服方團金毬文帶。自是，前執政在京師者視此。出爲亳州、洪州，徙太原，道都門，留使佑神觀，復還政府，遷知樞密院。政和三年，以武康軍〔三〕節度使知洪州，卒，年七十九。贈開府儀同三司。

居厚在政地久，以周謹自媚，無赫顯惡，唯一時聚斂，推爲稱首。

溫益字禹弼，泉州人。第進士，歷大宗正丞、利州路湖南轉運判官、工部員外郎。紹聖中，由諸王府記室出知福州，徙潭州。鄒浩南遷過潭，暮投宿村寺，益卽遣州都監將數卒夜出城，逼使登舟，竟凌風絕江而去。他逐臣在其境內，若范純仁、劉奉世、韓川、呂希純、呂陶，率爲所侵困，用事者悅之。未及用，而徽宗以藩邸恩，召爲太常少卿，遷給事中兼侍讀。陳瓘指言其過，謂不宜列侍從、處經帷，不報。改龍圖閣待制、知開封府，猶兼侍讀。時執政倡言，帝當爲哲宗服兄弟之服。曾肇在邇英讀史記舜紀，因言：「昔堯、舜同出黃帝，世數已遠，然舜爲堯喪三年者，以嘗臣堯故也。」益意附執政，進曰：「史記世次不足信，堯、舜非同出。」遷吏部尙書。

建中靖國元年，拜尙書右丞。鄧洵武獻愛莫助之圖，帝初付曾布，布辭。改付益，益得藉手以爲宜相蔡京，天下之善士，一切指爲異論，時人惡之。布與京爭事帝前，辭頗厲，益叱曰：「曾布安得無禮！」帝不樂，布由是得罪，而京遂爲相。進益中書侍郎。

益仕宦從徽至著，無片善可紀，至其狡譎傅合，蓋天稟然。及是，乃時有立異。京一日除監司、郡守十人，益稍不謂然。京知中書舍人鄭居中與益厚，使居中自從其所問之，居中以告。益曰：「君在西掖，每見所論事，舍人得舉職，侍郎顧不許耶？今丞相所擬錢穀而下十人，皆其姻黨耳，欲不逆其意得乎？」京聞而頗憚焉。踰年，卒，年六十六。

子萬石至尙書。

論曰：王安石爲政，一時士大夫之素知名者，變其所守而從之，比比皆然；元絳所涖，咸有異政，亦諂事之，陋矣。許將嘗力止發司馬光墓，此爲可稱；而言者謂其仕於元祐、紹聖以至建中，左右視利，幡然改圖，初無定論。鄧潤甫初掌牋記，盛有文名，而首贊紹述之謀，又表章蔡確定策之功，雖有他長，無足觀矣。林希草制，務醜詆正人，自知隳壞名節，擲筆而悔，又何晚也；弟旦反其所爲，糾劾巨姦，善惡豈相掩哉！蔣之奇始慫慂濮議，晚撫飛語，擊舉主以自文，小人之魁傑者也。吳居厚奉行新法，剝下媚上，溫益阿附二蔡，物議不容。陸佃雖受經安石，而不主新法，元祐黨人之罪，請一施薄罰而已，猶差賢於衆人焉。

校勘記

〔一〕大裘襲衮　「大裘」原作「大喪」，據本書卷一五一輿服志、陸佃陶山集卷五元豐大裘議改。

〔二〕武康軍　原作「武寧軍」，據本書卷二一二宰輔表、葛勝仲丹陽集卷一二吳居厚墓誌銘改。

宋史卷三百四十四

列傳第一百三

孫覺 弟覽　李常　孔文仲 弟武仲　平仲　李周　鮮于侁　顧臨

李之純 從弟之儀　王覿 子俊義　馬默

孫覺字莘老，高郵人。甫冠，從胡瑗受學。瑗之弟子千數，別其老成者爲經社，覺年最少，儼然居其間，衆皆推服。登進士第，調合肥主簿。歲旱，州課民捕蝗輸之官，覺言：「民方艱食，難督以威。若以米易之，必盡力，是爲除害而享利也。」守悅，推其說下之他縣。嘉祐中，擇名士編校昭文書籍，覺首預選，進館閣校勘。神宗即位，直集賢院，爲昌王記室，王問終身之戒，爲陳諸侯之孝，作富貴二箴。擢右正言。

神宗將大革積弊，覺言：「弊政固不可不革，革而當，其悔乃亡。」神宗稱其知理。嘗從容語及知人之難，覺曰：「堯以知人爲難，終享其易。蓋知人之要，在於知言。人主用臣之道，任賢使能而已。賢能之分既殊，任使之方亦異。至於所知有限量，所能有彼此，是功用之士也，可以處外而不可以處內，可以責之事而不可責之言。陛下欲興太平之治，而所擢數十人者，多有口才，而無實行。臣恐日浸月長，彙征牆進，充滿朝廷之上，則賢人日遠，其爲患禍，尚可以一二言之哉。願觀詩、書之所任使，無速於小利近功，則王道可成矣。」

邵亢在樞府，無所建明，神宗語覺，欲出之，用陳升之以代。覺退，即奏疏如所言，神宗以爲希旨，奪官兩級。執政曰：「諫官有出外，無降官之理。」神宗曰：「但降官，自不能任。」覺連章丙去云：「去歲有罰金御史，今茲有貶秩諫官，未聞罰金貶秩，而猶可居位者。」乃通判越州，復右正言，徙知通州。熙寧二年，詔知諫院，同修起居注，知審官院。

王安石早與覺善，驟引用之，將援以爲助。時呂惠卿用事，神宗詢於覺，對曰：「惠卿即辯而有才，過於人數等，特以爲利之故，屈身於安石，安石不悟，臣竊以爲憂。」神宗曰：「朕亦疑之。」其後王、呂果交惡。

青苗法行，首議者謂：「周官泉府，民之貸者，至輸息二十而五，國事之財用取具焉。」覺奏條其妄，曰：「成周賒貸，特以備民之緩急，不可徒與也，故以國服爲之息。然國服之息，說者不明。鄭康成釋經，乃引王莽計贏受息，無過歲什一爲據，不應周公取息，重於莽時。况載師所任地，漆林之征特重，所以抑末作也。今以農民乏絕，將補耕助斂，顧比末作而征之，可乎？國事取具，蓋謂泉府所領，若市之不售，貨之滯於民用，有買有予，幷賒貸之法而舉之。儻專取具於泉府，則冢宰九賦，將安用邪？聖世宜講求先王之法，不當取疑文虛說以圖治。今老臣疏外而不見聽，輔臣遷延而不就職，門下執正而不行，諫官請罪而求去。臣誠恐姦邪之人，結黨連伍，乘衆情之洶洶，動搖朝廷，釣直干譽，非國家之福也。」

安石覽之，怒，覺適以事詣中書，安石以語動之曰：「不意學士亦如此！」始有逐覺意。會曾公亮言畿縣散常平錢，有追呼抑配之擾，安石因請遣覺行視虛實。覺旣受命，復奏疏辭行，且言：「如陳留一縣，前後牓示，情願請錢，卒無一人至者，故陳留不散一錢。以此見民實不願與官中相交。所有體量，望賜寢罷。」遂以覺爲反覆，出知廣德軍，徙湖州。松江隄沒，水爲民患。覺易以石，高丈餘，長百里，隄下化爲良田。

徙廬州，改右司諫。以祖母喪求解官，下太常議，不可。詔知潤州，覺已持喪矣。服除，知蘇州，徙福州。閩俗厚於婚喪，其費無藝。覺裁爲中法，使資裝無得過百千。令下，嫁娶以百數，葬埋之費亦率減什伍。連徙亳、揚、徐州。徐多盜，捕得殺人者五，其一僅勝衣，疑而訊之，曰：「我耕於野，與甲遇，彊以梃與我，半夜挾我東，使候諸門，不知其他也。」問吏：「法何如？」曰：「死。」覺止誅其首，後遂爲例。

知應天府，入爲太常少卿，易祕書少監。哲宗卽位，兼侍講，遷右諫議大夫。時諫官、御史論事有限，毋得越職。覺請申唐六典及天禧詔書，凡發令造事之未便，皆得奏陳。論宰相蔡確、韓縝進不以德，確自訟有功無罪，覺隨所言折之，確竟去。縝白遷覺給事中，辭曰：「間者，執政畏人議己，則遷官以餌之，願與縝俱罷。」踰月，縝去。

進吏部侍郎，領右選，在選萬五千員，闕纔五之二，至有三年不得調者。覺請自軍功、保甲進者補指使，宗室袒免從員外置，一日得闕數千。改主左選，請磨勘歲以百人爲限。擢御史中丞，數月，以疾請罷，除龍圖閣學士兼侍講，提舉醴泉觀，求舒州靈仙觀以歸。哲宗遣使存勞，賜白金五百兩。卒，年六十三。

覺有德量，爲王安石所逐。安石退居鍾山，覺枉駕道舊，爲從容累夕；迨其死，又作文以誄，談者稱之。紹聖中，以覺爲元祐黨，奪職追兩官。徽宗卽位，復官職。有文集、奏議六十卷，春秋傳十五卷。弟覽。

覽字傳師。擢第，知尉氏縣。有屯將遇下虐，士卒謀因大閱殺之以叛。覽聞之，馳往，士猶羣語不顧，覽呼諭之曰：「將誠無狀，然天子何負汝輩，乃欲致族滅邪？」皆感謝去就列。屯將徐至，覽命吏趣具奏，衆意遂安。神宗壯其材，以爲司農主簿。舒亶判寺且兼諫院，欲引覽自助，覽拒不答。亶怒，用帳籍違事劾之。出提舉利州、湖南常平，改京西轉運判官，入爲右司員外郎。荆湖開疆，命往相其使。覽言：「沅州所招溪洞百三十，宜從本郡隨事要束，勿建官置戍以爲民困。自誠州至融江口，可通西廣鹽，以省北道餉餽。」悉從之。使還，爲河東、河北轉運副使，加直龍圖閣，歷知河中應天府、江淮發運使。進寶文閣待制，由桂徙廣，又改渭州。夏人入邊，檄大將苗履禦之，履稱疾移告，立按正其罪，竄諸房陵，轅門肅然。召知開封府，至則拜戶部侍郎。與蔡京論役法不合，以龍圖閣直學士知太原。夏人據横山，並河爲寨，秦、晉之路皆塞。覽謀復取葭蘆戍，阻險不得前。夏人數萬屯境上，覽下令吾兵少，須滿五萬。及西夏人聞而濟師，覽不爲動，相持益久，忽令具糗糧，嚴兵械，曰：「敵至矣！」居數日，果大入，覽奮擊敗之，遂城葭蘆而還。策勳，加樞密直學士。

覽雖立邊功，議論多觸執政，屢遭絀削，歷知河南、永興，徙成都。辭不行，降爲寶文閣待制。卒，年五十九。

李常字公擇，南康建昌人。少讀書廬山白石僧舍。既擢第，留所抄書九千卷，名舍曰李氏山房。調江州判官、宣州觀察推官。發運使楊佐將薦改秩，常推其友劉琦，佐曰：「世無此風久矣。」幷薦之。

熙寧初，爲祕閣校理。王安石與之善，以爲三司條例檢詳官，改右正言、知諫院。安石立新法，常預議，不欲青苗收息。至是，疏言：「條例司始建，已致中外之議。至於均輸、青苗，斂散取息，傅會經義，人且大駭，何異王莽猥析周官片言，以流毒天下！」安石見之，遣所親密諭意，常不爲止。又言：「州縣散常平錢，實不出本，勒民出息。」神宗詰安石，安石請令常具官吏主名，常以非諫官體，落校理，通判滑州。歲餘復職，知鄂州，徙湖、齊二州。齊多盜，論報無虛日。常得黠盜，刺爲兵，使在麾下，盡知囊括處，悉發屋破柱，拔其根株，半歲間，誅七百人，姦無所匿。徙淮南西路提點刑獄。元豐六年，召爲太常少卿，遷禮部侍郎。

哲宗立，改吏部，進戶部尚書。或疑其少幹局，慮不勝任，質於司馬光。光曰：「用常主邦計，則人知朝廷不急於征利，聚斂少息矣。」常轉對，上七事，曰崇廉恥，存鄉舉，別守宰，廢貪贓，審疑獄，擇儒師，修役法。時役法差、免二科未定，常謂：「法無新陳，便民者良；論無彼己，可久者確。今使民俱出貲則貧者難辦，俱出力則富者難堪，各從其願，則可久爾。」乃折衷條上之。赦恩，蠲市易逋負不滿二百緡者，常請息過其數亦勿取。

拜御史中丞，兼侍讀，加龍圖閣直學士。論取士，請分詩賦、經義爲兩科，以盡所長。初，河決小吳，議者欲自孫村口導還故處，及是，役興，常言：「京東、河北饑困，不宜導河。」詔罷之。諫官劉安世以吳處厚繳蔡確詩爲謗訕，因力攻確。常上疏論以詩罪確，非所以厚風俗。安世併劾常，徙兵部尙書，辭不拜，出知鄧州。徙成都，行次陝，暴卒，年六十四。有文集、奏議六十卷，詩傳十卷，元祐會計錄三十卷。

常長孫覺一歲，始與覺齊名，俱受知於呂公著。其論議趣舍，大略多同；所終官職又同；其死，先後一夕云。

孔文仲字經父，臨江新喩人。性狷直，寡言笑，少刻苦問學，號博洽。擧進士，南省考官呂夏卿，稱其詞賦贍麗，策論深博，文勢似荀卿、楊雄，白主司，擢第一。調餘杭尉。恬介自守，不事請謁。轉運使在杭，召與議事，事已，馳歸，不詣府。人問之，曰：「吾於府無事也。」再轉台州推官。

熙寧初，翰林學士范鎭以制擧薦，對策九千餘言，力論王安石所建理財、訓兵之法爲非是，宋敏求第爲異等。安石怒，啓神宗，御批罷歸故官。齊恢〔一〕、孫固封還御批，韓維、陳薦、孫永皆力言文仲不當黜，五上章，不聽。范鎭又言：「文仲草茅疎遠，不識忌諱。且以直言求之，而又罪之，恐爲聖明之累。」亦不聽。蘇頌歎曰：「方朝廷求賢如飢渴，有如此人而不見錄，豈其論太高而難合邪，言太激而取怨邪？」

吳充爲相，欲寘之館閣，又有忌之者，僅得國子直講。學者方用王氏經義進取，文仲不習其書，換爲三班主簿，出通判保德軍。時征西夏，衆數十萬皆道境上，久不解，邊人厭苦。文仲陳三不便曰：「大兵未出，而丁夫預集；河東顧夫，勞民而損費；諸路出兵，首尾不相應。虞、夏、商、周之盛，未嘗無外侮，然懷柔制禦之要，不在彼而在此也。」

元祐初，哲宗召爲祕書省校書郞，進禮部員外郞。有言：「皇族唯楊、荊二王得稱皇叔，餘宜各系其祖，若唐人稱諸王孫之比。」文仲曰：「上新卽位，宜廣敦睦之義，不應疎間骨肉。」議遂寢。遷起居舍人，擢左諫議大夫。日食七月朔，上疏條五事，曰邪說亂正道，小人乘君子，遠服侮中國，斜封奪公論，人臣輕國命，宜察此以消厭兆祥。論青苗、免役，首困天下，保甲、保馬、茶鹽之法，爲遺螢留蠹。改中書舍人。

三年，同知貢舉。文仲先有寒疾，及是，晝夜不廢職。同院以其形瘵，勸之先出，或居別寢。謝曰：「居官則任其責，敢以疾自便乎！」於是疾益甚，還家而卒，年五十一。士大夫哭之皆失聲。蘇軾拊其柩曰：「世方嘉軟熟而惡崢嶸，求勁直如吾經父者，今無有矣！」詔厚恤其家，命弟平仲爲江東轉運判官，視其葬。

初，文仲與弟武仲、平仲皆以文聲起江西，時號「三孔」。後追貶梅州別駕。元符末，復其官。有文集五十卷。

武仲字常父。幼力學，舉進士，中甲科。調穀城主簿，選教授齊州，爲國子直講。喪二親，毀瘠特甚，右肱爲不舉。元祐初，歷祕書省正字、校書，集賢校理，著作郎，國子司業。嘗論科舉之弊，詆王氏學，請復詩賦取士。又欲罷大義，而益以諸經策，御試仍用三題。進起居郎兼侍講邇英殿，除起居舍人，數月，拜中書舍人，直學士院。

初，罷侍從轉對，專責以論思。武仲言：「苟不持之以法，則言與不言，將各從其意。願輪二人次對。」時議祠北郊，久不決。武仲建用純陰之月親祠，如神州地祇。擢給事中，遷禮部侍郎，以寶文閣待制知洪州。請：「從臣爲州者，杖以下公坐止劾官屬，俟獄成，聽大理約法，庶幾刑不逮貴近，又全朝廷體貌之意。」遂著爲令。

徙宣州，坐元祐黨奪職，居池州。卒，年五十七。元符末，追復之。所著詩書論語說〔二〕金華講義、內外制、雜文共百餘卷。

平仲字義甫。登進士第，又應制科。用呂公著薦，爲祕書丞、集賢校理。文仲卒，歸葬南康。詔以平仲爲江東轉運判官護葬事，提點江淛鑄錢、京西刑獄。紹聖中，言者詆其元祐時附會當路，譏毀先烈，削校理，知衡州。提舉董必劾其不推行常平法，陷失官米之直六十萬，置獄潭州。平仲疏言：「米貯倉五年半，陳不堪食，若非乘民闕食，隨宜泄之，將成棄物矣。儻以爲非，臣不敢逃罪。」乃徙韶州。又坐前上書之故，責惠州別駕，安置英州。徽宗立，復朝散大夫，召爲戶部、金部郎中，出提舉永興路刑獄，帥鄜延、環慶。黨論再起，罷，主管兗州景靈宮，卒。平仲長史學，工文詞，著續世說、釋稗〔三〕、詩戲諸書傳於世。

李周字純之，馮翊人。登進士第，調長安尉。歲饑，官爲粥以食餓者，民坌集不可禁，縣以屬周，周設梐枑，間老少男女，無一亂者。都巡檢趙瑜詰盜南山，諸尉皆屬焉，瑜悍急，多行無禮，獨於周不敢肆。

轉洪洞令。民有世絕而官錄其產者，其族晚得遺券，周取以還之。郡吏咎周，周曰：「利民，所以利國也。」縣之南有澗，支流溢入，歲賦菑楗，調徒遏之。周始築新隄，民不告病。改知雲安縣，蠲鹽井之征且百萬。通判施州。州介羣獠，不習服牛之利，爲辟田數千畝，選謫戍知田者，市牛使耕，軍食賴以足。

司馬光將薦爲御史，欲使來見，周曰：「司馬公之賢，吾固願見，但聞薦而往，所謂『呈身御史』也。」卒不往。神宗詔近臣舉士，孫固以周聞。神宗召對，謂曰：「知卿不游權門，識今執政乎？」對曰：「不識也。」「識司馬光乎？」曰：「不識也。」訪禦邊之術，曰：「四邊，手足爾。若疲中國以勤遠略，致百姓窮困，聚爲盜賊，懼成腹心之憂。」神宗領之，翼日，語固曰：「李周，樸忠之士也。朕且以爲御史。」執政意其異己，請試以事。除提點京西刑獄。

時方興水利，或請釃湍河爲六渠，以益鉗盧陂水，度用工八十萬。周曰：「湍河原高委下，捍以隄，猶患決溢，若又導之，必致爲害。」乃疏言：「渠成未可必，而費已不貲。盍姑鑿其一而試之，儻可以足用，行之。」渠卒無功。明年，河溢，鄧城幾沒，始思其議。竟以直道罷，判西京國子監。慈聖后復土，庀職陵下，中貴人至者旁午，次舍帟幕，競爲華靡。周曰：「臣子執喪，不能寢苫枕塊，奈何又從而侈乎？」訖役，山陵使第功載，人人自言，周獨否。

哲宗立，召爲職方郎中。朝廷議和西夏，畀以侵地，至欲棄蘭州。周曰：「隴右故爲唃氏所有，常爲吾藩籬。今唃氏破滅，若棄之，必歸夏人。彼以區區河南，百年爲勍敵，苟益以河湟，是盡得吐蕃之地，非秦、蜀之利也。」遂不果棄。遷太常少卿、祕書少監，以直龍圖閣爲陝西轉運使，復入爲太常少卿，進權工部侍郎，旋以集賢院學士知邠州，恩禮如待制。徙鳳翔府、河中府、陝州，提舉崇福宮，改集賢殿修撰。卒，年八十。紹聖中，追貶賀州別駕，後復舊職。

周自爲小官，沉晦自匿，未嘗私謁執政，有公事，公詣中書白之。薛向使三司，欲辟爲屬，及相見，卒不敢言，退而歎曰：「若人未易屈也。」以是不偶於世。

鮮于侁字子駿，閬州人。唐劍南節度使叔明裔孫也。性莊重，力學。舉進士，爲江陵右司理參軍。慶曆中，天下旱，詔求言，侁推災變所由興，又條當世之失有四，其語剴切。唐介與同鄉里，稱其名於上官，交章論薦。侁盛言左參軍李景陽、枝江令高汝士之美，乞移與之，介益以爲賢。調黟令，攝治婺源。姦民汪氏富而狠，橫里中，因事抵法，羣吏羅拜曰：「汪族敗前令不少，今不舍，後當詒患。」侁怒，立杖之，惡類屏跡。

通判綿州。綿處蜀左，吏狃貪成風，至課卒伍供薪炭、芻豆，鬻果蔬多取贏直。侁一切弗取，郡守以下效之。趙抃使蜀，薦於朝，未及用。從何郯辟，簽書永興軍判官。萬年令不任職，繫囚累百，府使往治，數日，空其獄。神宗詔求直言，侁爲蔡河撥發，應詔陳十六事，神宗愛其文。詔近臣舉所知，范鎭以侁應選，除利州路轉運判官。

初，王安石居金陵，有重名，士大夫期以爲相。侁惡其沽激要君，語人曰：「是人若用，必壞亂天下。」至是，乃上書論時政，曰：「可爲憂患者一，可爲太息者二，其他逆治體而召民怨者，不可概舉。」其意專指安石。安石怒，毁短之。神宗曰：「侁有文學，可用。」安石曰：「陛下何以知之？」神宗曰：「有章奏在。」安石乃不敢言。

初，助役法行，詔諸路各定所役緡錢。利州轉運使李瑜定四十萬，侁爭之曰：「利州民貧地瘠，半此可矣。」瑜不從，各以其事聞。時諸路役書皆未就，神宗是侁議，諭司農曾布使頒以爲式。因黜瑜，而升侁副使，仍兼提舉常平。部民不請青苗錢，安石遣吏廉按，且詰侁不散之故。侁曰：「青苗之法，願取則與，民自不願，豈能彊之哉！」

左藏庫使周永懿守利州，貪虐不法，前使者畏其兇，莫敢問。侁捕械于獄，流之衡湘，因請更以文臣爲守，併易班行領縣事。凡居部九年，治所去閬中近，姻戚旁午，待之無所私，各得其歡心。蘇軾稱侁上不害法，中不廢親，下不傷民，以爲「三難」。二稅輸絹綿，侁奏聽民以畸零納直。其後有李元輔者，輒變而多取之，父老流涕曰：「老運使之法，何可改？」蓋侁之姪師中亦居是職，故稱「老」以別之。

徙京東西路。河決澶淵，議欲勿塞，侁言：「東州匯澤惟兩濼，夏秋雨淫，猶溢而害，若縱大河注其中，民爲魚矣。」作議河書上之，神宗嘉納。後兩路合爲一，以侁爲轉運使。

時王安石、呂惠卿當路，正人多不容。侁曰：「吾有薦舉之權，而所列非賢，恥也。」故凡所薦如劉摯、李常、蘇軾、蘇轍、劉攽、范祖禹，皆守道背時之士。元豐二年召對，命知揚州。神宗曰：「廣陵重鎮，久不得人，今朕自選卿往，宜善治之。」蘇軾自湖州赴獄，親朋皆絕交。道揚，佖往見，臺吏不許通。或曰：「公與軾相知久，其所往來書文，宜焚之勿留，不然，且獲罪。」佖曰：「欺君負友，吾不忍爲，以忠義分譴，則所願也。」爲舉吏所累，罷主管西京御史臺。

哲宗立，念東國困於役，吳居厚掊斂虐害，竄之，復以佖使京東。司馬光言於朝曰：「以佖之賢，不宜使居外。顧齊魯之區，凋敝已甚，須佖往救之，安得如佖百輩，布列天下乎？」士民聞其重臨，如見慈父母。召爲太常少卿。侍從議神宗廟配享，有欲用王安石、吳充者，佖曰：「先朝宰相之賢，誰出富弼右？」乃用弼。拜左諫議大夫。

佖見哲宗幼沖，首言君子小人消長之理甚備。又言：「制舉，誠取士之要，國朝尤爲得人。王安石用事，諱人詆訾新政，遂廢其科。今方搜羅俊賢，廓通言路，宜復六科之舊。」又乞罷大理獄，許兩省、諫官相往來，減特奏名舉人〔四〕，嚴出官之法，京東鹽得通商，復三路義勇以寬保甲，罷戎、瀘保甲以寬民力，事多施行。在職三月，以疾求去。除集賢殿修撰、知陳州。詔滿歲進待制。居無何，卒，年六十九。

佖刻意經術，著詩傳、易斷，爲范鎮、孫甫推許。孫復與論春秋，謂今學者不能如之。

作詩平澹淵粹，尤長於楚辭，蘇軾讀九誦，謂近屈原、宋玉，自以爲不可及也。

顧臨字子敦，會稽人。通經學，長於訓詁。皇祐中，舉說書科，爲國子監直講，遷館閣校勘、同知禮院。熙寧初，神宗以臨喜論兵，詔編武經要略。初命都副承旨提舉，神宗謂臨館職，改提舉曰館幹。且召臨問兵，對曰：「兵以仁義爲本，動靜之機，安危所繫，不可輕也。」因條十事以獻。出權湖南轉運判官，提舉常平。議事戾執政意，罷歸。改同判武學，進集賢校理、開封府推官，請知潁州。入爲吏部郎中、祕書少監，以直龍圖閣爲河東轉運使。

元祐二年，擢給事中。朝廷方事回河，拜臨天章閣待制、河北都轉運使。於是，翰林學士蘇軾與李常、王古、鄧温伯、孫覺、胡宗愈言：「臨資性方正，學有根本，慷慨中立，無所回撓。自處東省，封駁論議，凛然有古人之風。僥倖之流，側目畏憚。忽去朝廷，衆所嗟惜，宜留寘左右，以補闕遺，別選深知河事者往使河北。」諫議大夫梁燾亦言：「都漕之職，在外豈無其人，在朝求如臨者，恐不易得。」皆不報。臨至部，請因河勢回使東流。復以給事中召還。歷刑、兵、吏三部侍郎兼侍讀，爲翰林學士。

紹聖初，以龍圖閣學士知定州，徙應天、河南府。中人梁惟簡坐嘗事宣仁太后得罪，過洛，轉運使郭茂恂狥時宰意，劾臨與之宴集，奪職知歙州，又以附會黨人，斥饒州居住。卒，年七十二。徽宗立，追復之。

李之純字端伯，滄州無棣人。登進士第。熙寧中，爲度支判官、江西轉運副使。御史周尹劾廣西提點刑獄許彥先受邕吏金，命之純往究其端，乃起於出婢之口。之純以爲蕪俚之言，不治，彥先得免。

徙成都路轉運使。成都歲發官米六千石，損直與民，言者謂惠民損上，詔下其議。之純曰：「蜀郡人恃此爲生百年，奈何一旦奪之。」事遂已。秩滿復留，凡數歲，始還朝。神宗勞之曰：「遐方不欲數易大吏，使劍外安靖，年穀屢豐，以彰朝廷綏遠之意，汝知之乎？」以爲右司郎中，轉太僕卿。

元祐初，加直龍圖閣、知滄州，召爲戶部侍郎。未至，改集賢殿修撰、河北都轉運使，進寶文閣待制、知瀛州。俄以直學士知成都府，還爲戶部，三遷御史中丞。建言：「朝廷事下六部，但隨省吏視其前後批，以制緩急之序，是爲胥吏顓處命令也。若大臣不暇省，宜令列曹長貳隨其所承，當行卽行，當止卽止，必稟而後決，毋拘於文，則吏不得舞權，而下情達矣。」又言：「衆賢和於朝，則萬物和於野。燮理陰陽，輔相之職。間者，國論稍虧雍睦，語言播傳，動係觀望，不可以不謹。」

董敦逸、黃慶基論蘇軾託詞命以毀先帝，蘇轍以名器私所親，皆以監司罷，之純疏其誣罔，乃更黜之。以疾，改工部尚書。紹聖中，劉拯劾其阿附轍，出知單州。卒，年七十五。從弟之儀。

之儀字端叔。登第幾三十年，乃從蘇軾於定州幕府。歷樞密院編修官，通判原州。元符中，監內香藥庫。御史石豫言其嘗從蘇軾辟，不可以任京官，詔勒停。徽宗初，提舉河東常平。坐爲范純仁遺表，作行狀，編管太平，遂居姑熟，久之，徙唐州，終朝請大夫。之儀能爲文，尤工尺牘，軾謂入刀筆三昧。

王覿字明叟，泰州如皋人。第進士。熙寧中，爲編修三司令式刪定官。不樂久居職，求潤州推官。二浙旱，郡遣吏視苗傷，承監司風旨，不敢多除稅。覿受檄覆按，嘆曰：「旱勢如是，民食已絕，倒廩贍之，猶懼不克濟，尚可責以賦邪？」行數日，盡除之。監司怒，捃摭百出。會朝廷遣使振貸，覿請見，爲言民間利病。使者喜，歸薦之，除司農寺主簿，轉爲丞。司農時爲要官，進用者多由此選。覿拜命一日，卽求外，韓絳高其節，留檢詳三司會計。絳出潁昌，辟簽書判官。坐在潤公免，屏居累年，起爲太僕丞，徙太常。

哲宗立，呂公著、范純仁薦其可大任，擢右正言，進司諫。上疏言：「國家安危治亂，係於大臣。今執政八人，而姦邪居半，使一二元老，何以行其志哉？」因極論蔡確、章惇、韓縝、張璪朋邪害正。章數十上，相繼斥去。又劾竄呂惠卿。朝論以大姦旣黜，慮人情不安，將下詔慰釋之，且戒止言者。覿言：「誠出於此，恐海內有識之士，得以輕議朝廷。舜罪四凶而天下服，孔子誅少正卯而魯國治。當是之時，不聞人情不安，亦不聞出命令以悅其黨也。蓋人君之所以御下者，黜陟二柄而已。陟一善而天下之爲善者勸，黜一惡而天下之爲惡者懼。豈以爲惡者懼而朝廷亦爲之懼哉？誠爲陛下惜之。」覿言雖切，然不能止也。

夏主新立，有輕中國心。覿曰：「小羌窺我厭兵，故桀驁若是。然所當憂者，不在今秋而在異日，所當謹者，不在邊備而在廟謨。翕張取予之權，必持重而後可。」洮東擒鬼章，檻至闕下，覿曰：「老羌雖就擒，其子統衆如故，疆土種落未滅於前，安可遽戮以賈怨。宜處之洮、岷、秦、雍間，以示含容好生之德，離其石交而壞其死黨。」又言：「今民力凋瘵，邊費亡極，不可不深爲之計。」於是疏將帥非其人者請易之，茶鹽之害民者請革之，至逋債、振贍、賦斂、科須，皆指陳其故。

差役法復行，觀以爲朝廷意在便民，而議者遂謂免役法無一事可用。夫法無新舊，惟善之從。因采掇數十事於差法有助可以通行者上之。遂論青苗之害，乞盡罷新令，而復常平舊法，曰：「聚斂之臣，惟知罔利自媒，不顧後害。以國家之尊，而與民爭錐刀之利，何以示天下？」又言：「刑罰世輕世重。熙寧大臣，謂刑罰不重，則人無所憚。今法令已行，可以適輕之時，願擇質厚通練之士，載加芟正。」於是置局編彙，俾觀預焉。大抵皆用中典，元祐敕是也。

神宗復唐制，諫官分列兩省。至是，大臣議徙之外門，而以其直舍爲制敕院，名防漏泄，實不欲使與給舍相通。觀爭之曰：「制敕院，吏舍也。奪諫省以廣吏舍，信胥吏而疑諍臣，何示不廣也。」乃不果徙。

觀在言路，欲深破朋黨之說。朱光庭訐蘇軾試館職策問，呂陶辯其不然，遂起洛、蜀二黨之說。觀言：「軾之辭，不過失輕重之體爾。若悉攷同異，深究嫌疑，則兩歧遂分，黨論滋熾。夫學士命詞失指，其事尙小；使士大夫有朋黨之名，大患也。」帝深然之，置不問。

尋改右司員外郎，未幾，拜侍御史、右諫議大夫。坐論尙書右丞胡宗愈，出知潤州，加直龍圖閣、知蘇州。州有狡吏，善刺守將意以撓權，前守用是得譏議。覿窮其姦狀，寘于法，一郡肅然。民歌詠其政，有「吏行水上，人在鏡心」之語。徙江、淮發運使，入拜刑、戶二部侍郎，與豐稷偕使遼，爲遼人禮重。

紹聖初，以寶文閣直學士知成都府。蜀地膏腴，畝千金，無閑田以葬，覿索侵耕官地，表爲墓田。江水貫城中爲渠，歲久湮塞，積苦霖潦而多水災，覿疏治復故，民德之，號「王公渠」。徙河陽，貶少府少監，分司南京，又貶鼎州團練副使。

徽宗即位，還故職，知永興軍。過闕，留爲工部侍郎，遷御史中丞。改元詔下，覿言：「『建中』之名，雖取皇極，然重襲前代紀號，非是，宜以德宗爲戒。」時任事者多乖異不同，覿言：「堯、舜、禹相授一道，堯不去四凶而舜去之，堯不舉元凱而舜舉之，事未必盡同；文王作邑于豐而武王治鎬，文王關市不征，澤梁無禁，周公征而禁之，不害其爲善繼、善述。神宗作法于前，子孫當守于後。至於時異事殊，須損益者損益之，於理固未爲有失也。」當國者忿其言，遂改爲翰林學士。日食四月朔，帝下詔責躬，覿當制，有「惟德弗類，未足以當天心」之語，宰相去之，乃力請外。以龍圖閣學士知潤州，徙海州，罷主管太平觀，遂安置臨江軍。

覿清修簡澹，人莫見其喜慍。持正論始終，再罹譴逐，不少變。無疾而卒，年六十八。

紹興初，追復龍圖閣學士。從子俊義。

俊義字堯明。游學京師，資用乏，或薦之童貫，欲厚聘之，拒不答。林靈素設講席寶籙宮，詔兩學選士問道。車駕將臨視推恩，司成以俊義及曹偉應詔，俊義辭焉。人曰：「此顯仕捷逕也，不可失。」俊義曰：「使辭不獲命，至彼亦不拜。倘見困辱，則以死繼之。」逮至講所，去御幄跬步，內侍呼姓名至再，俊義但望幄致敬，不肯出；次呼曹偉，偉回首，俊義目之，亦不出。既罷，皆為之懼，俊義處之恬然。

以太學上舍選，奏名列其下，徽宗親程其文，擢為第一。及賜第，望見容貌甚偉，大說，顧侍臣曰：「此朕所親擢也，眞所謂『俊義』矣。自古未有人主自為主司者，宜卽超用。」蔡京邀使來見，曰：「一見我，左右史可立得。」俊義不往，僅拜國子博士。居二年，乃得改太學博士。

鄆王謁先聖，有司議諸生門迎。俊義曰：「此豈可施於人臣哉？禮如見宰相足矣。」乃序立敦化堂下，及王至，猶辭不敢當。進吏部員外郎。嘗入對，帝問：「卿知前所以親擢乎？蓋主司之意不一，是以天子自提文衡也。衞膚敏、吳安國今安在？」具以對，卽召為館職，而遷俊義右司員外郎。為王黼所惡，以直祕閣知岳州。卒，年四十七。

俊義與李祁友善，首建正論於宣和間。當是時，諸公卿稍知分別善惡邪正，兩人力也。祁字肅遠，亦知名士，官不顯。

馬默字處厚，單州成武人。家貧，徒步詣徂徠從石介學。諸生時以百數，一旦出其上。既而將歸，介語諸生曰：「馬君他日必爲名臣，宜送之山下。」

登進士第，調臨濮尉，知須城縣。縣爲鄆治所，鄆吏犯法不可捕，默趨府，取而杖之客次，闔府皆驚。曹佾守鄆，心不善也，默亦不爲屈。後守張方平素貴，掾屬來前，多閉目不與語。見默白事，忽開目熟視久之，盡行其言，自是諉以事。治平中，方平還翰林，薦爲監察御史裏行，遇事輒言無顧。方平間遣所親儆之曰：「言太直，得無累舉者乎？」默謝曰：「辱知之深，不敢爲身謀，所以報也。」

時議尊崇濮安懿王，臺諫呂誨等力爭以爲不可，悉出補外。默請還之，不報。遂上言：「濮王生育聖躬，人誰不知。若稱之爲親，義無可據，名之不正，失莫大焉。願蔽自宸心，明詔寢罷，以感召和氣，安士廟之神靈，是一舉而衆善隨之也。」又言：「致治之要，求賢爲本。仁宗以官人之權，盡委輔相，數十年間，賢而公者無幾。官之進也，不由實績，不自實聲，但趨權門，必得顯仕。今待制以上，數倍祖宗之時，至謀一帥臣，則協於公議者十無三四。庶僚之衆，不知幾人，一有難事，則曰無人可使。豈非不才者在上，而賢不肖混淆乎？願陛下明目達聰，務旣其實，歷試而超升之，以幸天下。」

刑部郎中張師顏提舉諸司庫務，繩治不法，衆吏懼搖，飛語讒去之。默力陳其故，以爲：「惡直醜正，實繁有徒。今將去積年之弊，以興太平，必先官舉其職。宜崇奬師顏，厲以忠勤，則尸素括囊之徒，知所勸矣。」

西京會聖宮將創仁宗神御殿，默言：「事不師古，前典所戒。漢以諸帝所幸郡國立廟，知禮者非之。况先帝未嘗幸洛，而創建廟祀，實乖典則。願以禮爲之節，義爲之制，亟止此役，以章淸靜奉先之意。」會地震河東、陝西郡，默以爲陰盛，慮爲邊患，宜備之。後數月，西夏果來侵。

神宗卽位，以論歐陽脩事，通判懷州。上疏陳十事：一曰攬威權，二曰察姦佞，三曰近正人，四曰明功罪，五曰息大費，六曰備凶年，七曰崇儉素，八曰久任使，九曰擇守宰，十曰禦邊患。攬威權，則天子勢重，而大臣安矣；察姦佞，則忠臣用，而小人不能幸進矣；近正人，則諫諍日聞，而聖性開明矣；明功罪，則朝廷無私，而天下服矣；息大費，則公私富，而軍旅有積矣；備凶年，則大恩常施，而禍亂不起矣；崇儉素，則自上化下，而民樸素矣；久任使，則官不虛授，而職事舉矣；擇守宰，則庶績有成，而民受賜矣；禦邊患，則四遠畏服，而中國彊矣。

除知登州。沙門島囚衆，官給粮者纔三百人，每益數，則投諸海。砦主李慶以二年殺七百人，默責之曰：「人命至重，恩旣貸其生，又從而殺之，不若卽時死鄉里也。汝胡不以乏粮告，而擅殺之如此？」欲按其罪，慶懼，自縊死。默爲奏請，更定配島法凡二十條，溢數而年深無過者移登州，自是多全活者。其後蘇軾知登州，父老迎於路曰：「公爲政愛民，得如馬使君乎？」

徙知曹州，召爲三司鹽鐵判官。以默與富弼善，且論新法不便，出知濟、兗二州。還，提舉三司帳司。爲神宗言用兵形勢，及指畫河北山川道里，應對如流。神宗喜，將用之，大臣滋不悅，以提點京東刑獄。

默性剛嚴疾惡，部吏有望風投檄去者。金鄉令以賄著，其父方執政，詒書曰：「馬公素剛，汝有過，將不免。」令懼，悉取不義之物焚撤之。改廣西轉運使，會安化等蠻歲饑內寇，默上平蠻方略，以爲「勝負不在兵而在將。富良宵遁，郭逵怯懦；邕城陷沒，蘇緘老謬；歸仁鋪覆軍，陳曙先走；崑崙關喪師，張守節不戰；儂智高破亡，因狄青之智勇；歐希範之誅滅，乃杜杞之方略，此足驗矣。」

以疾求歸，知徐州。屬城利國監苦吳居厚之虐，默皆革之。召爲司農少卿。司馬光爲相，欲盡修祖宗法，問默以復鄉差衙前法如何？默曰：「不可。如常平，自漢爲良法，豈宜盡廢？去其害民者可也。」其後役人立爲一州一縣法，常平提舉官省歸提刑司，頗自默發之。除河東轉運使。時議棄葭蘆、吳堡二砦，默奏控扼險阻，敵不可攻，棄之不便。由是二砦得不棄。移兗州，請褒錄石介後，詔官其孫。東州荐饑，流民大集，所振活數萬計。入拜衞尉卿，權工部侍郎，轉戶部。告老，以寶文閣待制復知徐州，改河北都轉運使。

初，元豐間，河決小吳，因不復塞，縱之北流。元祐議臣以爲東流便，水官遂與之合。默與同時監司上議，以北流爲便。御史郭知章復請從東流，於是作東西馬頭，約水復故道，爲長堤壅河之北流者，勞費甚大。明年，復決而北，竟不能使之東。

久之，告老，提舉鴻慶宮。紹聖時，坐附司馬光，落待制致仕。元符三年，復之。卒，年八十。紹興中，以其子純請，贈開府儀同三司，加贈太保。

論曰：詩云：「時靡有爭，王心載寧。」王安石之爲相，可謂致天下之爭，而君心不寧矣。孫覺、李常力諍新法，寧失故人之意，毅然去之而無悔，賢哉。孔文仲之策制科，以微官慷慨論事，言雖不聽，而名徹上聰。安石既斥其人，又廢其科，何遷怒之甚耶！鮮于侁早識安石敗事，與呂誨同見幾先。馬默用張方平薦爲御史，至於盡言而不諱，方平止之而不聽，斯爲不負知己矣。李周之耿介，顧臨之用兵，李之純、王覿再黜而不改其正，亦足以見一時之多賢焉。

校勘記

〔一〕齊恢　原作「齊惔」，據本書卷二〇一刑法志、長編卷二一五改。齊恢，本書卷三三二有傳。

〔二〕詩書論語說　「說」字原脫，據本書卷二〇二藝文志、東都事略卷九四本傳補。

〔三〕釋稗　原作「釋解稗」。按現存諸家書目無此書名；本書卷二〇六藝文志小說類有孔平仲釋稗一卷，遂初堂書目小說類有釋稗一書。據刪。

〔四〕減特奏名舉人　「名」原作「言」，據秦觀淮海集卷三六鮮于子駿行狀、宋會要選舉一三之二至三改。宋史卷一五五選舉志：「凡士貢于鄉而屢絀于禮部，或廷試所不錄者，積前後舉數，參其年而差等之。遇親策士，則別籍其名以奏，徑許附試，故曰特奏名。」

宋史卷三百四十五

列傳第一百四

劉安世 鄒浩 田晝 王回 曾誕附 陳瓘 任伯雨

劉安世字器之，魏人。父航，第進士，歷知虞城、犀浦縣。虞城多姦猾，喜寇盜；犀浦民弱而馴。航爲政，寬猛急緩不同，兩縣皆治。知宿州。押伴夏使，使者多所要請，執禮不遜，且欲服毬文金帶入見，航皆折正之。以羣牧判官爲河南監牧使。持節册夏主秉常，凡例所遺寶帶、名馬，却弗受。還，上禦戎書，大略云：「辨士好爲可喜之說，武夫徼冀不貲之寵，或爲所誤，不可不戒。」爲河北西路轉運使。熙寧大旱求言，航論新政不便者五，又上書言：「人主不可輕失天下心，宜乘時有所改爲，則人心悅而天意得矣。」不報。乃請提舉崇福宮，起知涇、相二州。王師西征，徙知陝府。時倉卒軍興，餽餉切急，縣令佐至荷校督民，民多棄田廬，或至自盡。航獨期會如平日，事更以辦。終太僕卿。

安世少時持論已有識。航使監牧時，文彥博在樞府，有所聞，每呼安世告之。安世從容言：「王介甫求去，外議謂公且代其任。」彥博曰：「安石壞天下至此，後之人何可爲？」安世拱手曰：「安世雖晚進，竊以爲未然。今日新政，果順人所欲而爲人利乎？若不然，公當去所害，興所利，反掌間耳。」彥博默不應，他日見航，嘆獎其堅正。

登進士第，不就選。從學於司馬光，咨盡心行己之要，光教之以誠，且令自不妄語始。調洛州司法參軍，司戶以貪聞，轉運使吳守禮將按之，問於安世，安世云：「無之。」守禮爲止。然安世心常不自安，曰：「司戶實貪而吾不以誠對，吾其違司馬公教乎！」後讀揚雄法言「君子避礙則通諸理」，意乃釋。

光入相，薦爲祕書省正字。光薨，宣仁太后問可爲臺諫于呂公著，公著以安世對。擢右正言。時執政頗與親戚官，安世言：「祖宗以來，大臣子弟不敢受內外華要之職。自王安石秉政，務快私意，累聖之制，掃地不存。今廟堂之上，猶習故態。」因歷疏文彥博以下七人，皆耆德魁舊，不少假借。

章惇以強市崑山民田罰金，安世言：「惇與蔡確、黃履、邢恕素相交結，自謂社稷之臣，貪天之功，徼幸異日，天下之人指爲『四凶』。今惇父尚在，而別籍異財，絕滅義理，止從薄罰，何以示懲？」會吳處厚解釋確安州詩以進，安世謂其指斥乘輿，犯大不敬，與梁燾等極論之，竄之新州。宰相范純仁至于御史十人，皆緣是去。

遷起居舍人兼左司諫，進左諫議大夫。有旨暫罷講筵，民間讙傳宮中求乳婢，安世上疏諫曰：「陛下富於春秋，未納后而親女色。願太皇太后保祐聖躬，爲宗廟社稷大計，淸閒之燕，頻御經帷，仍引近臣與論前古治亂之要，以益聖學，無溺於所愛而忘其可戒。」哲宗俛首不語。后曰：「無此事，卿誤聽爾。」明日，后留呂大防告之故。大防退，召給事中范祖禹使達旨。祖禹固嘗以諫，於是兩人合辭申言之甚切。

鄧温伯爲翰林承旨，安世言其「出入王、呂黨中，始終反覆。今之進用，實係君子小人消長之機。乞行免黜」。不報。遂請外，改中書舍人，辭不就。以集賢殿修撰提舉崇福宮，才六月，召爲寶文閣待制、樞密都承旨。

范純仁復相，呂大防白后欲令安世少避。后曰：「今既不居言職，自無所嫌。」又語韓忠彥曰：「如此正人，宜且留朝廷。」乃止。呂惠卿復光祿卿，分司，安世爭以爲不可，不聽。出知成德軍。章惇用事，尤忌惡之。初黜知南安軍，再貶少府少監，三貶新州別駕，安置英州。

同文館獄起，蔡京乞誅滅安世等家，議雖不行，猶徙梅州。惇與蔡卞將必寘之死，因使者入海島誅陳衍，諷使者過安世，脅使自裁。又擢一土豪爲轉運判官，使殺之。判官疾馳將至梅，梅守遣客來勸安世自爲計。安世色不動，對客飲酒談笑，徐書數紙付其僕曰：「我即死，依此行之。」顧客曰：「死不難矣。」客密從僕所視，皆經紀同貶當死者之家事甚悉。判官未至二十里，嘔血而斃，危得免。

昭懷后正位中宮，惇、卞發前諫乳媲事，以爲爲后設。時鄒浩既貶，詔應天少尹孫鼛以檻車收二人赴京師。行數驛而徽宗即位赦至，鼛乃還。凡投荒七年，甲令所載遠惡地無不歷之。移衡及鼎，然後以集賢殿修撰知鄆州、眞定府，曾布又忌之，不使入朝。蔡京既相，連七謫至峽州羈管。稍復承議郎，卜居宋都。宣和六年，復待制，中書舍人沈思封還之。明年卒，年七十八。

安世儀狀魁碩，音吐如鐘。初除諫官，未拜命，入白母曰：「朝廷不以安世不肖，使在言路。倘居其官，須明目張膽，以身任責，脫有觸忤，禍譴立至。主上方以孝治天下，若以老母辭，當可免。」母曰：「不然，吾聞諫官爲天子諍臣，汝父平生欲爲之而弗得，汝幸居此地，當捐身以報國恩。正得罪流放，無問遠近，吾當從汝所之。」於是受命。在職累歲，正色立朝，扶持公道。其面折廷爭，或帝盛怒，則執簡卻立，伺怒稍解，復前抗辭。旁侍者遠觀，蓄縮悚汗，目之曰「殿上虎」，一時無不敬懾。

家居未嘗有惰容，久坐身不傾倚，作字不草書，不好聲色貨利。其忠孝正直，皆則象司馬光。年既老，羣賢凋喪略盡，巋然獨存，而名望益重。梁師成用事，能生死人，心服其賢，求得小吏吳默嘗趨走前後者，使持書來，啖以郎大用，默因勸爲子孫計，安世笑謝曰：「吾若爲子孫計，不至是矣。吾欲爲元祐全人，見司馬光于地下。」還其書不答。死葬祥符縣。後二年，金人發其冢，貌如生，相驚語曰：「異人也！」爲之蓋棺乃去。

鄒浩字志完，常州晉陵人。第進士，調揚州、潁昌府教授。呂公著、范純仁爲守，皆禮遇之。純仁屬撰樂語，浩辭。純仁曰：「翰林學士亦爲之。」浩曰：「翰林學士則可，祭酒、司業則不可。」純仁敬謝。

元祐中，上疏論事，其略曰：「人材不振，無以成天下之務。陛下視今日人材，果有餘邪，果不足邪？以爲不足，則中外之百執事未嘗不備。以爲有餘，則自任以天下之重者幾人？正色昌言不承望風旨者幾人？持刺舉之權以肅清所部者幾人？承流宣化而使民安田里者幾人？民貧所當富也，則曰水旱如之何；官冗所當澄也，則曰民情不可擾；人物所當求也，則曰從古不乏材；風俗所當厚也，則曰不切於時變，是皆不明義理之過也。」

蘇頌用爲太常博士，來之邵論罷之。後累歲，哲宗親擢爲右正言。有請以王安石三經義發題試舉人者，浩論其不可而止。陝西奏邊功，中外皆賀，浩言：「先帝之志而陛下成之，善矣。然兵家之事，未戰則以決勝爲難，既勝則以持勝爲難，惟其時而已。苟爲不然，將棄前功而招後患。願申敕將帥，毋狃屢勝，圖惟厥終。」

京東大水，浩言：「頻年水異繼作，雖盈虛之數所不可逃，而消復之方尤宜致謹。書曰：『惟先格王正厥事。』不以爲數之當然，此消復之實也。」

蹇序辰看詳元祐章奏，公肆詆欺，輕重不平。浩言：「初旨但分兩等，謂語及先帝并語言過差而已；而今所施行，混然莫辨。以其近似難分之迹，而典刑輕重隨以上下，是乃陛下之威福操柄下移於近臣。願加省察，以爲來事之監。」

章惇獨相用事，威虐震赫，浩所言每觸惇忌，仍上章露劾，數其不忠慢上之罪，未報。

而賢妃劉氏立，浩言：

立后以配天子，安得不審。今爲天下擇母，而所立乃賢妃，一時公議，莫不疑惑，誠以國家自有仁祖故事，不可不遵用之爾。蓋郭后與尙美人爭寵，仁祖既廢后，并斥美人，所以示公也。及立后，則不選于妃嬪而卜于貴族，所以遠嫌，所以爲天下萬世法也。陛下之廢孟氏，與郭后無以異。果與賢妃爭寵而致罪乎，抑其不然也？二者必居一於此矣。孟氏罪廢之初，天下孰不疑立賢妃爲后。及讀詔書，有「別選賢族」之語；又聞陛下臨朝慨嘆，以爲國家不幸；至於宗景立妾，怒而罪之，於是天下始釋然不疑。今竟立之，豈不上累聖德？

臣觀白麻所言，不過稱其有子，及引永平、祥符事以爲證。臣請論其所以然：若曰有子可以爲后，則永平貴人未嘗有子也，所以立者，以德冠後宮故也。祥符德妃亦未嘗有子，所以立者，以鍾英甲族故也。又況貴人實馬援之女，德妃無廢后之嫌，迥與今日事體不同。頃年冬，妃從享景靈宮，是日雷變甚異。今宣制之後，霖雨飛雹，自奏告天地宗廟以來，陰淫不止。上天之意，豈不昭然！考之人事既如彼，求之天意又如此，望不以一時改命爲難，而以萬世公議爲可畏，追停册禮，如初詔行之。

帝謂：「此亦祖宗故事，豈獨朕邪？」對曰：「祖宗大德可法者多矣，陛下不之取，而效其小疵，臣恐後世之責人無已者紛紛也。」帝變色，猶不怒，持其章躊躇四顧，凝然若有所思，付外。明日，章惇詆其狂妄，乃削官，羈管新州。蔡卞、安惇、左膚繼請治其祖送者王回等，語在他傳。

徽宗立，亟召還，復爲右正言，遷左司諫。上疏謂：「孟子曰：『左右諸大夫皆曰賢，未可也；國人皆曰賢，然後察之，見賢焉，然後用之。左右諸大夫皆曰不可，勿聽；國人皆曰不可，然後察之，見不可焉，然後去之。』於是知公議不可不恤，獨斷不可不謹。蓋左右非不親也，然不能無交結之私；諸大夫非不貴也，然不能無恩讎之異。至於國人皆曰賢，皆曰不可，則所謂公議也。公議之所在，槪已察之，必待見賢然後用，見不可然後去，則所謂獨斷也。惟恤公議於獨斷未形之前，謹獨斷於公議已聞之後，則人君所以致治者，又安有不善乎？伏見朝廷之事，頗異於卽位之初，相去半年，遽已如是，自今以往，將如之何？願陛下深思之。」

改起居舍人，進中書舍人。又言：「陛下善繼神宗之志，善述神宗之事，孝德至矣。尙有五朝聖政盛德，願稽考而繼述之，以揚七廟之光，貽福萬世。」遷兵、吏二部侍郎，以寶文閣待制知江寧府，徙杭、越州。

初，浩還朝，帝首及諫立后事，獎嘆再三，詢諫草安在。對曰：「焚之矣。」退告陳瓘，瓘曰：「禍其在此乎。異時姦人妄出一緘，則不可辨矣。」蔡京用事，素忌浩，乃使其黨爲僞疏，言劉后殺卓氏而奪其子。遂再責衡州別駕，語在獻愍太子傳。尋竄昭州，五年始得歸。

初，浩除諫官，恐貽親憂，欲固辭。母張氏曰：「兒能報國，無愧於公論，吾顧何憂？」及浩兩謫嶺表，母不易初意。稍復直龍圖閣。瘴疾作，危甚。楊時過常，往省之。藹然僅存餘息，猶眷眷以國事爲問，語不及私。卒，年五十二。高宗卽位，詔曰：「浩在元符間，任諫爭，危言讜論，朝野推仰。」復其待制，又贈寶文閣直學士，賜謚忠。

浩所與游田晝、王回、曾誕，皆良士也。

晝字承君，陽翟人。樞密使況之從子，以任爲校書郎。調磁州錄事參軍，知西河縣，有善政，民甚德之。議論慨慷，有前輩風。

與鄒浩以氣節相激勵。元符中，浩爲諫官，晝監京城門，往見浩曰：「平生與君相許者何如，今君爲何官？」浩曰：「上遇羣臣，未嘗假以辭色，獨於浩差若相喜。天下事固不勝言，意欲待深相信而後發，貴有益也。」晝然之。既而以病歸許，邸狀報立后，晝謂人曰：「志完不言，可以絕交矣。」浩得罪，晝迎諸塗。浩出涕，晝正色責曰：「使志完隱默官京師，遇寒疾不汗，五日死矣。豈獨嶺海之外能死人哉？願君毋以此舉自滿，士所當爲者，未止此也。」浩茫然自失，歎謝曰：「君之贈我厚矣。」

建中靖國初，入爲大宗正丞。曾布數羅致之，不爲屈；欲與提舉常平官，亦辭。請知淮陽軍，歲大疫，日挾醫問病者藥之，遇疾卒。淮陽人祀以爲土神云。

回字景深，仙遊人。第進士，調松滋令。荊、沔俗用人祭鬼，回捕治甚嚴，其風遂革。知鹿邑縣，入爲宗正寺簿。元符中，葉祖洽薦爲睦親宅講書。與鄒浩友善，皇后劉氏立，浩將論之，密告回，回曰：「事寧有大於此者乎？子雖有親，然移孝爲忠，亦太夫人素志也。」浩南遷，人莫敢顧。回斂交游錢與治裝，往來經理，且慰安其母。邏者以聞，逮詣詔獄，衆爲之懼，回居之晏然。御史詰之，對曰：「實嘗預議，不敢欺也。」因誦浩所上章，幾二千言。獄上，除名停廢。卽徒步出都門，行數十里，其子追及，問以家事，不答。祖洽亦坐黜。

徽宗立，召還舊官，擢監察御史。數日卒，年五十三。岑象求、王覿、賈易上章，乞錄其子，恤其家，以獎勸忠義。詔除子渙老郊社齋郎，蔡京爲相，奪之，仍列名黨籍。

誕，公亮從孫也。孟后之廢，誕三與浩書，勸力請復后，浩不報。及浩以言南遷，誕著玉山主人對客問以譏之，其略曰：「客問：『鄒浩可以爲有道之士乎？』主人曰：『浩安得爲知道。雖然，予於此時議浩，是天下無全人也。言之尙足爲來世戒。易曰：「知幾其神乎？」又曰：「知進退存亡而不失其正者，其惟聖人乎？」方孟后之廢，人莫不知劉氏之將立，至四年之後而册命未行，是天子知淸議之足畏也。使當其時，浩力言復后，能感悟天子，則無今日劉氏之事，貽朝廷於過擧，再三言而不聽，則義亦當矣。使是時得罪，必不若是酷以貽老母之憂矣。嗚呼！若浩者，雖不得爲知幾之士，然百世之下，頑夫廉，懦夫有立志，尙不失爲聖人之淸也。」其書旣出，識者或以比韓愈諫臣論。誕仕亦不顯。

陳瓘字瑩中，南劍州沙縣人。少好讀書，不喜爲進取學。父母勉以門戶事，乃應舉，一出中甲科。調湖州掌書記，簽書越州判官。守蔡卞察其賢，每事加禮，而瓘測知其心術，常欲遠之，屢引疾求歸，章不得上。檄攝通判明州。卞素敬道人張懷素，謂非世間人，時且來越，卞留瓘小須之，瓘不肯止，曰：「子不語怪力亂神，斯近怪矣。州牧旣信重，民將從風而靡。不識之，未爲不幸也。」後二十年而懷素誅。明州職田之入厚，瓘不取，盡棄於官以歸。

章惇入相，瓘從衆道謁。惇聞其名，獨邀與同載，詢當世之務，瓘曰：「請以所乘舟爲喩：偏重可行乎？移左置右，其偏一也。明此，則可行矣。天子待公爲政，敢問將何先？」惇曰：「司馬光姦邪，所當先辨，勢無急於此。」瓘曰：「公誤矣。此猶欲平舟勢而移左以置右，果然，將失天下之望。」惇厲色曰：「光不務纘述先烈，而大改成緒，誤國如此，非姦邪而何？」瓘曰：「不察其心而疑其迹，則不爲無罪；若指爲姦邪，又復改作，則誤國益甚矣。爲今之計，唯消朋黨，持中道，庶可以救弊。」意雖忤惇，然亦驚異，頗有兼收之語。

至都，用爲太學博士。會卞與惇合志，正論遂絀。卞黨薛昂、林自官學省，議毁資治通鑑，瓘因策士題引神宗所製序文以問，昂、自意沮。

遷祕書省校書郎。紹述之說盛，瓘奏哲宗言：「堯、舜、禹皆以『若稽古』爲訓。『若』者，順而行之；『稽』者，考其當否，必使合於民情，所以成帝王之治。天子之孝，與士大夫之孝不同。」帝反復究問，意感悅，約瓘再入見。執政聞而憾之，出通判滄州，知衞州。徽宗卽位，召爲右正言，遷左司諫。瓘論議持平，務存大體，不以細故藉口，未嘗及人晻昧之過。嘗云：「人主託言者以耳目，誠不當以淺近見聞，惑其聰明。」惟極論蔡卞、章惇、安惇、邢恕之罪。

御史龔夬擊蔡京，朝廷將逐夬，瓘言：「紹聖以來，七年五逐言者，常安民、孫諤、董敦逸、陳次升、鄒浩五人者，皆與京異議而去。今又罷夬，將若公道何。」遂草疏論京，未及上，時皇太后已歸政，瓘言外戚向宗良兄弟與侍從希寵之士交通，使物議籍籍，謂皇太后今猶預政。由是罷監揚州糧料院。瓘出都門，繳四章奏之，幷明宣仁誣謗事。帝密遣使賜以黃金百兩，后亦命勿遽去，畀十僧牒爲行裝，改知無爲軍。

明年，還爲著作郎，遷右司員外郎兼權給事中。宰相曾布使客告以將卽眞，瓘語子正彙曰：「吾與丞相議事多不合，今若此，是欲以官爵相餌也。若受其薦進，復有異同，則公議私恩，兩有愧矣。吾有一書論其過，將投之以決去就，汝其書之。但郊祀不遠，彼不相容，則澤不及汝矣，能不介於心乎？」正彙願得書。且持入省，布使數人邀相見，甫就席，遽出書，布大怒。爭辨移時，至箕踞誶語，瓘色不爲動，徐起白曰：「適所論者國事，是非有公議，公未可失待士禮。」布矍然改容。信宿，出知泰州。崇寧中，除名竄袁州、廉州，移郴州，稍復宣德郎。

正彙在杭，告蔡京有動搖東宮迹。杭守蔡薿執送京師，先飛書告京俾爲計。事下開封府制獄，併逮瓘。尹李孝稱逼使證其妄，瓘曰：「正彙聞京將不利社稷，傳於道路，瓘豈得預知？以所不知，忘父子之恩而指其爲妄，則情有所不忍；挾私情以符合其說，又義所不爲。京之姦邪，必爲國禍。瓘固嘗論之於諫省，亦不待今日語言間也。」內侍黃經臣蒞鞫，聞其辭，失聲歎息，謂曰：「主上正欲得實，但如言以對可也。」獄具，正彙猶以所告失實流海上，瓘亦安置通州。

瓘嘗著尊堯集，謂紹聖史官專據王安石日錄改修神宗史，變亂是非，不可傳信；深明誣妄，以正君臣之義。張商英爲相，取其書，既上，而商英罷，瓘又徙台州。宰相徧令所過州出兵甲護送；至台，每十日一徙告；且命凶人石悈知州事，執至庭，大陳獄具，將脅以死。瓘揣知其意，大呼曰：「今日之事，豈被制旨邪！」悈失措，始告之曰：「朝廷令取尊堯集爾。」瓘曰：「然則何用許。使君知『尊堯』所以立名乎？蓋以神考爲堯，主上爲舜，助舜尊堯，何得爲罪？時相學術淺短，爲人所愚。君所得幾何，乃亦不畏公議，干犯名分乎？」㦤慚，揖使退。所以窘辱之百端，終不能害。宰相猶以㦤爲怯而罷之。

在台五年，乃得自便。纔復承事郎，帝批進目，以爲所擬未當，令再敍一官，仍與差遣，執政持不行。卜居江州，復有譖之者，至不許輒出城。旋令居南康，纔至，又移楚。瓘平生論京、卞，皆披擿其處心，發露其情慝，最所忌恨，故得禍最酷，不使一日少安。宣和六年卒，年六十五。

瓘謙和不與物競，閑居矜莊自持，語不苟發。通於易，數言國家大事，後多驗。靖康初，詔贈諫議大夫，召官正彙。紹興二十六年，高宗謂輔臣曰：「陳瓘昔爲諫官，甚有讜議。近覽所著尊堯集，明君臣之大分，合於易天尊地卑及春秋尊王之法。王安石號通經術，而其言乃謂『道隆德駿者，天子當北面而問焉』，其背經悖理甚矣。瓘宜特賜謚以表之。」謚曰忠肅。

任伯雨字德翁，眉州眉山人。父孜，字遵聖，以學問氣節推重鄉里，名與蘇洵埒，仕至光祿寺丞。其弟伋〔二〕，字師中，亦知名，嘗通判黃州，後知瀘州。當時稱「大任」、「小任」。

伯雨自幼，已嶠然不羣，邃經術，文力雄健。中進士第，調施州清江主簿。郡守檄使治公庫，笑曰：「里名勝母，曾子不入，此職何爲至我哉？」拒不受。知雍丘縣，御吏如束濕，撫民如傷。縣枕汴流，漕運不絕，舊苦多盜，然未嘗有獲者，人莫知其故。伯雨下令綱舟無得宿境內，始猶不從，則命東下者斧斷其纜，趣京師者護以出，自是外戶不閉。

使者上其狀，召爲大宗正丞，甫至，擢左正言〔二〕。時徽宗初政，納用讜論，伯雨首擊章惇，曰：「惇久竊朝柄，迷國罔上，毒流搢紳，乘先帝變故倉卒，輒逞異意，睥睨萬乘，不復有臣子之恭。向使其計得行，將寘陛下與皇太后〔三〕於何地！若貸而不誅，則天下大義不明，大法不立矣。臣聞北使言，去年遼主方食，聞中國黜惇，放箸而起，稱甚善者再，謂南朝錯用此人。北使又問，何爲只若是行遣？以此觀之，不獨孟子所謂『國人皆曰可殺』，雖蠻貊之邦，莫不以爲可殺也。」章八上，貶惇雷州。繼論蔡卞六大罪，語在卞傳。

建中靖國改元，當國者欲和調元祐、紹聖之人，故以「中」爲名。伯雨言：「人才固不當分黨與，然自古未有君子小人雜然並進可以致治者。蓋君子易退，小人難退，二者並用，終於君子盡去，小人獨留。唐德宗坐此致播遷之禍，建中乃其紀號，不可以不戒。」

時議者欲西北典郡專用武臣，伯雨謂：「李林甫致祿山之亂者，此也。」又論鍾傳、王贍生湟、鄯邊事，失與國心，宜棄其地，以安邊息民；張耒、黃庭堅、晁補之、歐陽棐、劉唐老等宜在朝廷。上書皇太后，乞暴蔡京之惡，召還陳瓘，以全定策之勳。

時以正月朔旦有赤氣之異，詣火星觀以禳之，伯雨上疏言：「嘗聞修德以弭災，未有禳祈以消變。洪範以五事配五行，說者謂視之不明，則有赤眚、赤祥。乞攬權綱以信賞罰，專威福以殊功罪，使皇明赫赫，事至必斷，則乖氣異象，轉爲休祥矣。」又言：「比日內降寖多，或恐矯傳制命。漢之鴻都賣爵，唐之墨敕斜封，此近監也。」

王覿除御史中丞，仍兼史官，伯雨謂：「史院宰相監修，今中丞爲屬，非所以重風憲，遠嫌疑。」已而覿除翰林，伯雨復論曰：「學士爵秩位序，皆在中丞上。今覿爲之，是諫官論事，非特朝廷不行，適足以爲人遷官爾。」

伯雨居諫省半歲，所上一百八疏，大臣畏其多言，俾權給事中，密諭以少默卽爲眞。伯雨不聽，抗論愈力，且將劾曾布。布覺之，徙爲度支員外郎，尋知虢州。崇寧黨事作，削籍編管通州。爲蔡卞所陷，與陳瓘、龔夬、張庭堅等十三人皆南遷，獨伯雨徙昌化。姦人猶未甘心，用匿名書復逮其仲子中先赴獄，妻適死于淮，報訃俱至。伯雨處之如平常，曰：「死者已矣，生者有負于朝廷，亦當從此訣。如其不然，天豈殺無辜耶！」中先在獄，鍛鍊無所傅致，乃得釋，居海上三年而歸。宣和初，卒，年七十三。

長子象先，登世科，又中詞學兼茂舉，有司啓封，見爲黨人子，不奏名，調秦州戶曹掾。聞父謫，棄官歸養。王安中辟燕山宣撫幕，勉應之，道引疾還，終身不復仕。申先以布衣特起至中書舍人。

紹興初，高宗詔贈伯雨直龍圖閣，又加諫議大夫，采其諫章，追貶章惇、蔡卞、邢恕、黃履，明著誣宣仁事以告天下。淳熙中，賜謚忠敏。

論曰：劉安世復文彥博之言，時年尚少，然其言即元祐之初政，而司馬光之用心也。鄒浩諫立劉后，反復曲折，極人所難言。二人除言官，俱入白其母，母俱勉以盡忠報國，無分毫顧慮後患意。嗚呼，賢哉！陳瓘、任伯雨抗迹疎遠，立朝寡援，而力發章惇、曾布、蔡京、蔡卞羣姦之罪，無少畏忌，古所謂剛正不撓者歟！

校勘記

〔一〕其弟伋　「伋」原作「汲」，據東都事略卷一〇〇本傳、秦觀淮海集卷三三任伋墓表改。

〔二〕左正言　原作「右正言」，東都事略卷一〇〇本傳「右」作「左」；宋會要職官六七之三三建中靖國元年二月二十六日：「武昌軍節度副使潭州安置章惇責授雷州司戶參軍員外安置，以左正言任伯雨累章數其罪，乞行誅戮故也。」作「左」是，據改。

〔三〕皇太后　「皇太」二字原倒。按此是指神宗欽聖獻肅向皇后；本書卷二四三后本傳，「哲宗立，尊爲皇太后」；卷一九徽宗紀，徽宗卽位時，「皇太后權同處分軍國事」；下文又有「上書皇太后」語。今乙正。

宋史卷三百四十六

列傳第一百五

陳次升　陳師錫　彭汝礪弟汝霖　汝方　呂陶　張庭堅
龔夬　孫諤　陳軒　江公望　陳祐　常安民

陳次升字當時，興化仙游人。入太學，時學官始得王安石字說，招諸生訓之，次升作而曰：「丞相豈秦學邪？美商鞅之能行仁政，而爲李斯解事，非秦學而何？」坐屛斥。既而第進士，知安丘縣。轉運使吳居厚以聚斂進，檄尉罔征稅於遠郊，得農家敗絮，捕送縣，次升縱遣之。居厚怒，將被以文法，會御史中丞黃履薦，爲監察御史。

哲宗立，使察訪江、湖。先是，蹇周輔父子經畫江右鹽法，爲民害，次升舉劾之。還言：「額外上供之數未除，異日必有非法之斂，願從熙寧以來創行封樁名錢悉賜蠲免。」又役法未定，人情熒惑，乞速定差顧及均數之等，先爲之節而審行之。」提點淮南、河東刑獄。

紹聖中，復爲御史，轉殿中。論章惇、蔡卞植黨爲姦，乞收還威福之柄。禁中火，孛出西方，次升請修德求言，以弭天變。掖庭鞫厭魅獄，次升言：「事關中宮，宜付外參治。今屬於閹寺之手，萬一有冤濫，貽後世譏。」濟陽郡王宗景請以妾爲妻，論其以宗藩廢禮，爲聖朝累。

初，惇、卞以次升在元祐間外遷，意其不能無怨望，卞又與同鄉里，故延寘憲府，欲使出力爲助，擠排衆賢；而一無所附。時方編元祐章疏，毒流搢紳。次升言：「陛下初卽位，首下詔令，導人使諫；親政以來，又揭敕牓，許其自新。今若考一言之失，致於譴累，則前之詔令適所以誤天下，後之敕牓適所以誑天下，非所以示大信也。」又論卞客周穜貪鄙，鄭居中憸佞。由是惇、卞交惡之，使所善太府少卿林顏致己意，嘗以美官。次升曰：「吾知守官而已，君爲天子卿士，而爲宰相傳風旨邪？」惇、卞益不樂，乘間白爲河北轉運使，帝曰：「漕臣易得耳，次升敢言，不當去。」更進左司諫。

宣仁有追廢之議，次升密言：「先太后保佑聖躬，始終無間，願勿聽小人銷骨之謗。」帝曰：「卿安所聞？」對曰：「臣職許風聞，陛下毋詰其所從來可也。」呂升卿察訪廣南，次升言：「陛下無殺流人之意，而遣升卿出使。升卿資性慘刻，喜求人過，今使逞志釋憾，則亦何所不至哉？」乃止不遣。

次升累章劾章惇，皆留中。帝嘗謂曰：「章惇文字勿令絕。」次升退告王鞏，鞏曰：「君胡不云：諫臣，耳目也；帝王，心也。心所不知，則耳目爲之傳達；既知之，何以耳目爲？」居數日，復入見，帝申前旨，乃以鞏語對。帝曰：「然。顧未有代之者爾。」訖不克去。京師富家乳婢怨其主，坐兒於上而嵩呼者三。邏繫獄。次升乞戒有司無得觀望。帝問大臣何謂，蔡卞曰：「正謂觀望陛下爾。」誣其毀先烈，擬謫監全州酒稅，帝以爲遠，改南安軍。

徽宗立，召爲侍御史。極論惇、卞、曾布、蔡京之惡，竄惇於雷，居卞於池，出京於江寧。遷右諫議大夫。獻體道、稽古、修身、仁民、崇儉、節用六事，言多規切。崇寧初，以寶文閣待制知潁昌府，降集賢殿修撰，繼又落修撰，除名徙建昌，編管循州，皆以論京、卞故。政和中，用赦恩復舊職。卒，年七十六。

次升三居言責，建議不苟合，劉安世稱其有功於元祐人，謂能遏呂升卿之行也。它所言曾肇、王覿、張庭堅、賈易、李昭玘、呂希哲、范純禮、蘇軾等，公議或不謂然。

陳師錫字伯脩，建州建陽人。熙寧中，游太學，有儁聲。神宗知其材，及廷試，奏名在甲乙間，帝偶閱其文，屢讀屢歎賞，顧侍臣曰：「此必陳師錫也。」啓封果然，擢爲第三。調昭慶軍掌書記，郡守蘇軾器之，倚以爲政。軾得罪，捕詣臺獄，親朋多畏避不相見，師錫獨出餞之，又安輯其家。

知臨安縣，爲監察御史。上言：「宋興，享國長久號稱太平者，莫如仁宗，切考致治之本，不過延直言，御羣下，進善退邪而已。明道中，親覽萬幾，見政事之多辟，輔佐之失職，自呂夷簡、張耆、夏竦、陳堯佐、范雍、晏殊等，一日罷去。寶元初，多雷地震，用諫官韓琦之言，王隨、陳堯佐、韓億、石中立同時見黜。其後，不次擢用杜衍、范仲淹、富弼、韓琦，以成慶曆、嘉祐之治。願稽皇祖納諫、御臣之意，以興治功。」帝善其言。

時詔進士習律，師錫言：「陛下方大闡學校，用經術訓迪士類，不應以刑名之學亂之。夫道德，本也；刑名，末也。教之以本，人猶趨末，况教之以末乎？望追寢其制，使得悉意本業。」用事者謂倡爲詖說，出知宿遷縣。

元祐初，蘇軾三上章，薦其學術淵源，行己潔素，議論剛正，器識靖深，德行追蹤於古人，文章冠絕於當世。乃入爲秘書省校書郎，遷工部員外郎，加祕閣校理，提點開封縣鎭。建言：「銓法，選人用舉者遷升，而歲有定額。今請託者溢數，而寒畯有不足之患，請爲之限約。」畿內將官苛慘失士心，方大閱，羣卒譁譟，將吏莫知所爲。師錫馳至軍，推首惡者致諸法，按閱如初，而劾斥其將，縣人歎服。樞密院猶以事不先白爲罪，罷知解州。歷考功員外郎，知宣州、蘇州。

徽宗立，召拜殿中侍御史。疏言：「元豐之末，中外洶洶矣。宣仁聖后再安天下，委國而治者，司馬光、呂公著爾。章惇誣其包藏禍心，至於追貶。天相陛下，發潛繼統，而惇猶據高位，光等贈謚未還，墓碑未復。願早攄宸略，以慰中外之望。」

蔡京爲翰林學士，師錫言：「京與弟卞同惡，迷國誤朝。而京好大喜功，銳於改作，日夜交結內侍、戚里，以覬大用。若果用之，天下治亂自是而分，祖宗基業自是而隳矣。京援引死黨至數百人，鄧洵武內行汚惡，搢紳不齒，豈可滓穢史筆？向宗回、宗良亦陰爲京助。是皆國之深患，爲陛下憂，爲宗廟憂，爲賢人君子憂。若出之于外，社稷之福也。」帝曰：「此於東朝有礙，卿爲我處之。」對曰：「審爾，臣當具白太后。」遂上封事言：「自昔母后臨朝，危亂天下，載在史册，可考而知。至於手書還政，未有如聖母，退抑謙遜，眞可爲萬世法。而蔡京陰通二向，妄言宮禁預政，以誣聖德，不可不察也。」

詔索祕閣圖畫，師錫言：「六經載道，諸子言理，歷代史籍，祖宗圖畫，天人之蘊，性命之妙，治亂安危之機，善惡邪正之迹在焉。望留意於此，以唐山水圖代無逸爲監。」

俄改考功郎中，師錫抗章言曰：「臣在職數月，所言皆當今急務。若以爲非，陛下方開納褒獎；若以爲是，則不應遽解言職。如蔡京典刑未正，願受竄貶。」於是出知潁、廬、滑三州。坐黨論，監衡州酒；又削官置郴州。卒，年六十九。師錫始與陳瓘同論京、卞，時號「二陳」。紹興〔一〕中，贈直龍圖閣。

彭汝礪字器資，饒州鄱陽人。治平二年，舉進士第一。歷保信軍推官、武安軍掌書記、潭州〔二〕軍事推官。王安石見其詩義，補國子直講，改大理寺丞，擢太子中允，旣而惡之。御史中丞鄧綰將舉爲御史，召之不往；旣上章，復以失舉自列。神宗怒，逐綰，用汝礪爲監察御史裏行。首陳十事：一正己〔三〕，二任人，三守令，四理財，五養民，六振救，七興事，八變法，九靑苗，十鹽事。指擿利害，多人所難言者。又論呂嘉問市易聚斂非法，當罷；兪充諂中人王中正，至使妻拜之，不當檢正中書五房事。神宗爲罷充，詰其語所從，汝礪曰：「如此，非所以廣聰明也。」卒不奉詔。及中正與李憲主西師，汝礪言不當以兵付中人，因及漢、唐禍亂之事。神宗不懌，語折之。汝礪拱立不動，伺間復言，神宗爲改容，在廷者皆歎服。宗室以女賣婚民間，有司奏罷之。汝礪言：「此雖疏屬，皆天家子孫，不可使閭閻之賤得以貨取，願更著婚法。」

元豐初，以館閣校勘爲江西轉運判官，陛辭，復言：「今不患無將順之臣，患無諫諍之臣；不患無敢爲之臣，患無敢言之臣。」神宗嘉其忠藎。代還，提點京西刑獄。元祐二年，召爲起居舍人。時相問新舊之政，對曰：「政無彼此，一於是而已。今所更大者，取士及差役法，行之而士民皆病，未見其可。」踰年，遷中書舍人，賜金紫。詞命雅正，有古人風。其論詩賦、回河事尤力，大臣有持平者，頗相左右，一時進取者病之，欲排去其類，未有以發。

會知漢陽軍吳處厚得蔡確安州詩上之，傅會解釋，以爲怨謗。諫官交章請治之，又造爲危言，以激怒宣仁后，欲寘之法。汝礪曰：「此羅織之漸也。」數以白執政，不能救，遂上疏論列，不聽。方居家待罪，得確謫命除目草詞，曰：「我不出，誰任其責者。」卽入省，封還除目，辨論愈切。諫官指汝礪爲朋黨，宣仁后曰：「汝礪豈黨確者，亦爲朝廷論事爾。」及確貶新州，又須汝礪草詞，遂落職知徐州。初，汝礪在臺時，論呂嘉問事，與確異趣，徙外十年，確爲有力。後治嘉問它獄，以不阿執政，坐奪二官。至是，又爲確得罪，人以此益賢之。

加集賢殿修撰，入權兵、刑二部侍郎。有獄當貸，執政以特旨殺之，汝礪持不下。執政怒，罰其屬。汝礪言：「制書有不便，許奏論，法也。屬又何罪？」遂自劾請去，章四上。詔免屬罰，徙汝礪禮部，眞拜吏部侍郎。

哲宗躬聽斷，修熙寧、元豐政事，人皆爭獻所聞，汝礪獨無建白。或問之，答曰：「在前日則無敢言，於今則人人能言之矣。」進權吏部尚書。言者謂嘗附會劉摯，以寶文閣直學士知成都府。未行，章數上，又降待制、知江州。將行，哲宗問所欲言，對曰：「陛下今所復者，其政不能無是非，其人不能無賢否。政惟其是，則無不善；人惟其賢，則無不得矣。」

至郡數月而病卒〔四〕。其遺表略云：「土地已有餘，願撫以仁；財用非不饒，願節以禮。佞人初若可悅，而其患在後；忠言初若可惡，而其利甚博。」至於恤河北流移，察江南水旱，凡數百言。朝廷方以樞密都承旨〔五〕命之而已卒，乃以告賜其家。年五十四。

汝礪讀書爲文，志於大者，言動取舍，必合於義，與人交，必盡誠敬。兄無子，爲立後，官之。少時師事桐廬倪天隱，既死，幷其母妻葬之，且衣食其女。同年生宋渙死，經理其後，不啻如子。所著易義、詩義、詩文凡五十卷。弟汝霖、汝方。

汝霖字巖老。第進士，以曾布薦，爲秘書丞，擢殿中侍御史，由是附布。時紹述之論復興，都水丞李夷行乞復詩賦，汝霖劾之。韓忠彥議權合祭，汝霖言其非禮。遷侍御史。門下侍郎李淸臣與布異，布先諷江公望使擊之，將處以諫議大夫，公望弗聽。汝霖竟逐淸臣，果得諫議。

鞫趙諗反獄，窮其黨與。元祐禍再興，吳材、王能甫排斥不已，汝霖言：「諸人罪狀，已經紹聖出削，案籍具在，但可據以行，不必俟指名彈擊。」於是司馬光以下復貶。布失位，汝霖能知泰州，又謫濮州團練副使。後以顯謨閣待制卒。

汝方字宜老。以汝礪蔭爲滎陽尉、臨城主簿。汝礪卒，棄官歸葬。豐稷留守南京，辟司錄。宣和初，通判衢州，使者疏其治狀，擢知州事。

方臘起睦之青溪，與衢接境。寇至，無兵可禦，衆望風奔潰。汝方獨與其僚段約介守孤城，三日而陷，罵賊以死，年六十六。徽宗褒歎之，超贈龍圖閣直學士、通議大夫，謚曰忠毅，官其家七人。

呂陶字元鈞，成都人。蔣堂守蜀，延多士入學，親程其文，嘗得陶論，集諸生誦之，曰：「此賈誼之文也。」陶時年十三，一坐皆驚。由是禮諸賓筵。一日，同遊僧舍，共讀寺碑，酒闌，堂索筆書碑十紙，行斷句闕，以示陶曰：「老夫不能盡憶，子爲我足之。」陶書以獻，不繆一字。

中進士第，調銅梁令。民龐氏姊妹三人冒隱幼弟田，弟壯，愬官不得直，貧至庸奴於人。及是又愬，陶一問，三人服罪，弟泣拜，願以田半作佛事以報。陶曉之曰：「三姊皆汝同氣，方汝幼時，適爲汝主之爾；不然，亦爲他人所欺。與其捐半供佛，曷若遺姊，復爲兄弟，顧不美乎？」弟又拜聽命。

知太原壽陽縣。府帥唐介辟簽書判官，暇日促膝晤語，告以立朝事君大節，曰：「君廊廟人也。」以介薦，應熙寧制科。時王安石從政，改新法，陶對策枚數其過，大略謂：「賢良之旨，貴犯不貴隱。臣愚，敢忘斯義。陛下初即位，願不惑理財之說，不間老成之謀，不興疆場之事。陛下措意立法，自謂庶幾堯、舜，然陛下之心如此，天下之論如彼，獨不反而思之乎？」及奏第，神宗顧安石取卷讀，讀未半，神色頗沮。神宗覺之，使馮京竟讀，謂其言有理。司馬光、范鎮見陶，皆曰：「自安石用事，吾輩言不復效，不意君及此，平生聞望，在茲一舉矣。」

安石既怒孔文仲，科亦隨罷，陶雖入等，纔通判蜀州。張商英爲御史，請廢永康軍，下旁郡議，陶以爲不可。及知彭州，威、茂夷入寇，陶召大姓潛具守備，城門啓閉如平時，因以永康前議上于朝，軍遂不廢。

王中正爲將，蜀道畏事之甚謹，而其所施悉謬盭，陶奏召還之。李杞、蒲宗閔來榷茶，西州騷動。陶言：「川蜀產茶，視東南十不及一，諸路既皆通商，兩川獨蒙禁榷。茶園本是稅地，均出賦租，自來敷賣以供衣食，蓋與解鹽、晉礬不同。今立法太嚴，取息太重，遂使良民枉陷刑辟，非陛下仁民愛物之意也。」宗閔怒，劾其沮敗新法，責監懷安商稅。或往弔之，陶曰：「吾欲假外郡之虛名，救蜀民百萬之實禍。幸而言行，所濟多矣，敢有榮辱進退之念哉。」起知廣安軍，召爲司門郎中。

元祐初，擢殿中侍御史，首獻邪正之辨曰：「君子小人之分辨，則王道可成，雜處於朝，則政體不純。今蔡確、韓縝、張璪、章惇，在先朝，則與小人表裏，爲賊民害物之政，使人主德澤不能下流；在今日，則觀望反覆，爲異時子孫之計。安燾、李淸臣又依阿其間，以伺勢之所在而歸之。昔者負先帝，今日負陛下。願亟加斥逐，以淸朝廷。」於是數人相繼罷去。

時議行差役，陶言：「郡縣風俗異制，民之貧富不均，當此更法之際，若不預設防禁，則民間雖無納錢之勞，反有偏頗之害。莫若以新舊二法，裁量厥中。」會陶謁告歸，詔於本道定議。陶考究精密，民以爲便。還朝，遂正兩路轉運使李琮、蒲宗閔之罪；又奏十事，皆利害切於蜀者。

蘇軾策館職，爲朱光庭所論，軾亦乞補郡，爭辨不已。陶言：「臺諫當徇至公，不可假借事權以報私隙。議者皆謂軾嘗戲薄程頤，光庭乃其門人，故爲報怨。夫欲加軾罪，何所不可，必指其策問以爲譏謗，恐朋黨之敝，自此起矣。」由是兩置之。

陶與同列論張舜民事不合，傅堯俞、王巖叟攻之，太皇太后不納，遷陶左諫議，繼出爲梓州、淮西、成都路轉運副使。入拜右司郎中、起居舍人。大臣上殿，有乞屏左右及史官者，陶曰：「屏左右已不可，況史官乎？大臣奏事而史官不得聞，是所言私也。」詔定爲令。遷中書舍人。奉使契丹歸，乞修邊備。哲宗喜曰：「臣僚言邊事，惟及陝西，不及河北。殊不知河北有警，則十倍陝西矣！卿言甚善。」進給事中。

哲宗始親政，陶言：「太皇太后〔六〕保祐九年，陛下所深知，尊而報之，惟恐不盡。然臣猶以無可疑爲疑，不必言而言，萬一有姦邪不正之謀，上惑淵聽，謂某人宜復用，某事宜復行，此乃治亂安危之機，不可不察也。」俄以集賢院學士知陳州，徙河陽、潞州，例奪職，再貶庫部員外郎，分司。徽宗立，復集賢殿修撰、知梓州，致仕。卒，年七十七。

張庭堅字才叔，廣安軍人。進士高第，調成都觀察推官，爲太學春秋博士。紹聖經廢，通判漢州。入爲樞密院編修文字，坐折簡別鄒浩免。徽宗召對，除著作佐郎，擢右正言。帝方銳意圖治，進延忠鯁，庭堅與鄒浩、龔夬、江公望、常安民、任伯雨皆在諫列，一時翕然稱得人。

庭堅在職踰月，數上封事，其大要言：「世之論孝，必曰紹復神考，然後謂孝。夫前後異宜，法亦隨變，而欲纖悉必復，然則將畝於一偏，久必有不便於民而招怨者，如此而謂之孝，可乎？司馬光因時變革，以便百姓，人心所歸，不爲無補於國家；陳瓘執義論諍，將以去小人，士論所推，不爲無益於宮禁。乞盡復光贈典以悅人心，召還瓘言職以慰士論。又士大夫多以繼志述事勸陛下者，臣恐必有營私之人，欲主其言以自售，謂復紹先烈非其徒不可，將假名繼述，而實自肆焉。今遠略之耗於內者，棄不以爲守，則兵可息；特旨之重於法者，删不以爲例，則刑可省。近以青唐反叛，棄鄯守湟。既以鄯爲可棄，則區區之湟，亦安足守？臣謂幷棄湟州便。」庭堅言論深切，退輒焚稿。

是時，議者往往指元祐舊臣在廷者太多。庭堅爲帝言司馬光、呂公著之賢，且曰：「陛下踐阼以來，合人心事甚衆，惟夫邪正殊未差別。如光、公著甄敍，但用赦恩，初未嘗別其無罪也。」又薦蘇軾、蘇轍可用，頗忤旨。曾布因稱其所論不當，帝命徙爲郎，俄出爲京東轉運判官。任伯雨言庭堅立身有本末，不應罷言職。庭堅亦辭新命，改知汝州，又逡吏部。伯雨復爭之，乞以庭堅章付外，考其所言，毋使言者爲三省所脅。李淸臣從而擠之，改通判陳州。

初，蔡京守蜀，庭堅在幕府與相好。及京還朝，欲引以爲己用，先令鄉人諭意，庭堅不肯往。京大恨，後遂列諸黨籍。又坐嘗談瑤華非辜事，編管虢州，再徙鼎州、象州。久之，復故官。卒，年五十七。紹興初，詔贈直徽猷閣。

龔夬字彥和，瀛州人。淸介自守，有重名。進士第三，簽書河陽判官。從曾布於瀛。紹聖初，擢監察御史，以親老，求通判相州，知洺州。

徽宗立，召拜殿中侍御史。始上殿，卽抗疏請辨忠邪，曰：「好惡未明，則人迷所向；忠邪未判，則衆必疑。今聖政日新，遠近忻悅，進退人材，皆出睿斷，此甚盛之舉也。然姦黨既破，必將早夜熟計，廣爲身謀。或遽革面以求自文，或申邪說以拒正論，或詭稱禍福以動朝廷，或託言祖宗以脅人主。巧事貴戚，陰結左右，變亂是非，姦計百出，幸其旣敗復用，已去復留。君子直道而行，則必墮其術中。然則天下治忽，未可知也。故宜洞察忠邪，行之以決。若小不忍，則害大政。臣願陛下明好惡以示之，使遠近知進賢退姦之意，太平之治，不難致也。」又言：「朝廷累下赦令，洗滌元祐悊負被坐之人，至於官職資蔭，多未給還。願申詔有司，亟爲施行，以伸先帝寬仁之意。」

時章惇、蔡卞用事，夬首論其惡，大略以爲：「昔日丁謂當國，號爲恣睢，然不過陷一寇準而已。及至於惇，而故老、元輔、侍從、臺省之臣，凡天下之所謂賢者，一日之間，布滿嶺海，自有宋以來，未之聞也。當是時，惇之威勢震於海內，此陛下所親見。蓋其立造不根之語，文致悖逆之罪，是以人人危懼，莫能自保，俾其朽骨銜冤於地下，子孫禁錮於炎荒，忠臣義士，憤悶而不敢言，海內之人，得以歸怨先帝。其罪如此，尙何俟而不正典刑哉？卞事上不忠，懷姦深阻，凡惇所爲，皆卞發之，爲力居多。望采之至公，昭示譴黜。」

又論：「蔡京治文及甫獄，本以償報私仇，始則上誣宣仁，終則歸咎先帝，必將族滅無辜，以逞其欲。臣料當時必有案牘章疏，可以見其鍛鍊附會。如方天若之凶邪，而京收寘門下，賴其傾險，以爲腹心，立起犴獄，多斥善士，天下寃之，皆京與天若爲之也。願考證其實，以正姦臣之罪。」於是三人者皆去。

又上疏乞正元祐后册位號，及元符后不當並立，書報聞。已而元祐后册再廢，言者論夬首尾建言，詔削籍，編管房州。繼徙象，又徙化。徒步適貶所，持扇乞錢以自給。逢赦令得歸，政和元年卒，年五十五。紹興元年，贈直龍圖閣。六年，再贈右諫議大夫，官其後二人。

弟大壯，少有重名，淸介自立。從兄官河陽，會布欲見之，不可得，乃往謁夬，邀之出，從容竟日，題詩壁間，有「得見兩龔」之語。夬爲御史，大壯勸使早去，夬以爲畏友。不幸早卒。

孫諤字元忠，睢陽人。父文用，以信厚稱鄉里，死謚慈靜居士。諤少挺特不羣，爲張方平所器。登進士第，調哲信〔七〕主簿，選爲國子直講。賂虞蕃獄，免。

元祐初，起爲太常博士，遷丞。哲宗卜后，太史惑陰陽拘忌之說，諤上疏太皇太后言：「家人委巷之語，不足以定大計，願斷自聖慮。」出爲利、梓路轉運判官，召拜禮部員外郎、左正言。

紹聖治元祐黨，諤言：「漢、唐朋黨之禍，其監不遠。」蹇序辰編類章疏，諤又言：「朝廷當示信，以靜安天下，請如前詔書，一切勿問。」嘗侍對，論星文變咎，願修省消復，罷幸西池及寢內降除授。帝每患臺諫乏人，諤曰：「士豈乏於世，顧陛下不知爾。」立疏可用者二十二人。章惇惡其拂己，出知廣德軍，徙唐州，提點湖南刑獄。

徽宗立，復爲右司諫，首論大臣邪正、政事可廢置因革者，帝稱其鯁直。議者欲以羣臣封事付外詳定，諤言：「君不密則失臣，是將速忠臣之禍矣，不宜宣泄。」乃止。遷左司諫，俄以疾卒。

諤與彭汝礪以氣節相尚，汝礪亡，諤語所知曰：「吾居言責，不愧器資於地下矣。」及再入諫省，不能旬月，時論惜之。

陳軒字元輿，建州建陽人。進士第二，授平江軍節度推官。元祐中，爲禮部郎中、徐王翊善，再遷中書舍人。上疏言：「祖宗舊制，諸道帥守、使者辭見之日，並召對便殿，非特可以周知利害，亦可觀閱人才。今視朝數刻而退，惟執政大臣得在帝所，或經旬閱月，臺諫官乃得覲，餘皆無因而前，殆非所謂廣覽兼聽之道。願詔有司，使如故事。」又言：「所在巡檢，招惰游惡少以隸土軍，習暴橫，爲田野患，請使以廂卒代。」皆從之。高麗入貢，軒館客，其使求市歷代史、策府元龜，抄鄭、衞曲譜，皆爲上聞。禮部尚書蘇軾劾其失體，以龍圖閣待制知廬州，徙杭州、江寧潁昌府。

徽宗立，爲兵部侍郎兼侍讀。論監司、守臣數易之弊，如江、淮發運使，十五年間至更三十二人，願稍久其任。又言：「比更定役法，欲以寬民力，而有司生事，急切苟營贏羨。散青苗以抑兼并，拯難困，不當以散多予賞。」入侍經闈，每勸帝以治貴清淨，願法文、景之恭儉，帝頗聽行之。加龍圖閣直學士、知成都府，不行，改杭州、福州。卒，年八十四。

江公望字民表，睦州人。舉進士。建中靖國元年，由太常博士拜左司諫。時御史中丞趙挺之與戶部尙書王古用赦恩理逋欠，古多所蠲釋，挺之劾古傾天下之財以爲私惠。公望以爲天子登極大赦，將與天下更始，故一切與民，豈容古行私惠於其間，乃上疏曰：「人君所以知時政之利病、人臣之忠邪，無若諫官、御史之爲可信。若挾情肆誣，快私忿以罔上聽，不可不察也。臣聞挺之與古論事每不相合，屢見於辭氣，懷不平之心，有待而發。俚語有之，『私事官讎』，此小人之所不爲，而挺之安爲之，豈忠臣乎？」

又上疏曰：「自哲宗有紹述之意，輔政非其人，以媚於己爲同，忠於君爲異。一語不合時學，必目爲流俗；一談不侔時事，必指爲橫議。借威柄以快私隙，必以亂君臣父子之名分感動人主，使天下騷然，泰陵不得盡繼述之美。元祐人才，皆出於熙寧、元豐培養之餘，遭紹聖竄逐之後，存者無幾矣。神考與元祐之臣，其先非有射鉤斬袪之隙也，先帝信仇人而黜之。陛下若立元祐爲名，必有元豐、紹聖爲之對，有對則爭興，爭興，則黨復立矣。陛下改元詔旨，亦稱思建皇極，蓋嘗端好惡以示人，本中和而立政，皇天后土，實聞斯言。今若欲渝之，奈皇天后土何？」

內苑稍畜珍禽奇獸，公望力言非初政所宜。它日入對，帝曰：「已縱遣之矣，唯一白鷴畜之久，終不肯去。」先是，帝以柱杖逐鷴，鷴不去，乃刻公望姓名於杖頭，以識其諫。蔡王似府史以語言疑似成獄，公望極言論救，出知淮陽軍。未幾，召爲左司員外郎，以直龍圖閣知壽州。蔡京爲政，編管南安軍。遇赦還家，卒。建炎中，與陳瓘同贈右諫議大夫。

陳祐字純益，仙井人。第進士。元符末，以吏部員外郎拜右正言。上疏徽宗曰：「有旨令臣與任伯雨論韓忠彥援引元祐臣僚事。按賈易、岑象求、豐稷、張來〔八〕、黃庭堅、龔原、晁補之、劉唐老、李昭玘人才均可用，特迹近嫌疑而已。今若分別黨類，天下之人，必且妄意陛下逐去元祐之臣，復興紹聖政事。今紹聖人才比肩於朝，一切不問；元祐之人數十，輒攻擊不已，是朝廷之上，公然立黨也。」

遷右司諫。言：「林希紹聖初掌書命，草呂大防、劉摯、蘇轍、梁燾等制，皆務求合章惇之意。陛下頃用臣言褫其職，自大名移揚州，而希謝表具言皆出於先朝。大抵姦人詆毀善類，事成則攄己所憤，事敗則歸過於君。至如過失未形而訓辭先具，安得爲責人之實？歷辨詆誣而上侵聖烈，安得爲臣子之誼？不一二年，致位樞近，而希尙敢忿躁不平，謗章慢上不敬。此而可忍，孰可不忍！」希再降知舒州。又論章惇、蔡京、蔡卞、郝隨、鄧洵武，忤旨，通判滁州。卞乞貶伯雨等，祐在數中，編管澧州，徙歸州。復承議郎，卒。

常安民字希古，邛州人。年十四，入太學，有俊名。熙寧以經取士，學者翕然宗王氏，安民獨不爲變。春試，考第一，主司啓封，見其年少，欲下之。判監常秩不可，曰：「糊名較藝，豈容輒易？」具以白王安石。安石稱其文，命學者視以爲準，由是名益盛。安石欲見之，不肯往。登六年進士舉，神宗愛其策，將使魁多士。執政謂其不熟經學，列之第十。

授應天府軍巡判官，選成都府教授。與安惇爲同僚，惇深刻姦詐，嘗偕謁府帥，輒毀素所厚善者。安民退謂惇曰：「若人不厚於君乎？何詆之深也。」惇曰：「吾心實惡之，姑以爲面交爾。」安民曰：「君所謂匿怨而友其人，乃李林甫也。」惇笑曰：「直道還君，富貴輸我。」安民應之曰：「處厚貴，天下事可知，我當歸山林，豈復與君校是非邪！第恐累陰德爾。」後惇貴，遂陷安民，而惇子坐法誅死，如安民言。秩滿寓京師。妻孫氏與蔡確之妻，兄弟也。確時爲相，安民惡其人，絕不相聞。確夫人使招其妻，亦不往。

調知長洲縣，以主信爲治，人不忍欺。縣故多盜，安民籍嘗有犯者，書其衣，揭其門，約能得它盜乃除，盜爲之息。追科不下吏，使民自輸，先它邑以辦。轉運使許懋、孫昌齡入境，邑民頌其政，皆稱爲古良吏。元祐初，李常、孫覺、范百祿、蘇軾、鮮于侁連章論薦，擢大理、鴻臚丞。

是時，元豐用事之臣，雖去朝廷，然其黨分布中外，起私說以搖時政。安民竊憂之，貽書呂公著曰：「善觀天下之勢，猶良醫之視疾，方安寧無事之時，語人曰『其後必將有大憂』，則衆必駭笑。惟識微見幾之士，然後能逆知其漸。故不憂於可憂，而憂之於無足憂者，至憂也。今日天下之勢，可爲大憂。雖登進忠良，而不能搜致海內之英才，使皆萃于朝，以勝小人，恐端人正士，未得安枕而臥也。故去小人不爲難，而勝小人爲難。陳蕃、竇武協心同力，選用名賢，天下想望太平，然卒死曹節之手，遂成黨錮之禍。張柬之五王中興唐室，以謂慶流萬世，及武三思一得志，至於竄移淪沒。凡此者皆前世已然之禍也。今用賢如倚孤棟，拔士如轉巨石，雖有奇特瓌卓之才，不得一行其志，甚可歎也。猛虎負嵎，莫之敢攖，而卒爲人所勝者，人衆而虎寡也。故以十人而制一虎則人勝，以一人而制十虎則虎勝，奈何以數十人而制千虎乎？今怨忿已積，一發其害必大，可不謂大憂乎。」及章惇作相，其言遂驗。

歷太常博士，轉爲丞。與少卿朱光庭論不合，出爲江西轉運判官，不行，改宗正丞。蘇轍薦爲御史，宰相不樂，除開封府推官。紹聖初，召對，爲哲宗言：「今日之患，莫大於士不知恥。願陛下獎進廉潔有守之士，以厲風俗。元祐進言者，以熙、豐爲非，今之進言者反是，皆爲偏論。願公聽並觀，擇其中而歸於當。」拜監察御史。論章惇顓國植黨，乞收主柄而抑其權，反復曲折，言之不置。惇遣所親信語之曰：「君本以文學聞於時，奈何以言語自任，與人爲怨？少安靜，當以左右相處。」安民正色斥之曰：「爾乃爲時相游說邪？」惇益怒。

中官裴彥臣建慈雲院，戶部尚書蔡京深結之，彊毀人居室。訴於朝，詔御史劾治。安民言：「事有情重而法輕者，中官豪横，與侍從官相交結，同爲欺罔，此之姦狀，恐非法之所能盡。願重爲降責，以肅百官。」獄具，惇主之甚力，止罰金。安民因論京：「姦足以惑衆，辨足以飾非，巧足以移奪人主之視聽，力足以顚倒天下之是否。內結中官，外連朝士，一不附己，則誣以黨於元祐；非先帝法，必擿之而後已。今在朝之臣，京黨過半，陛下不可不早覺悟而逐去之。他日羽翼成就，悔無及矣。」是時，京之姦始萌芽，人多未測，獨安民首發之。

又言：「今大臣爲紹述之說，皆借此名以報復私怨，朋附之流，遂從而和之。張商英在元祐時上呂公著詩求進，諂佞無恥，近乞毀司馬光及公著神道碑。周秩爲博士，親定光謚爲文正，近乃乞斲棺鞭尸。陛下察此輩之言，果出於公論乎？」章疏前後至數十百上，度終不能回，遂丐外，帝慰勉而已。

大饗明堂，劉賢妃從侍齋宮。安民以爲萬衆觀瞻，虧損聖德，語頗切直，帝微怒。曾布始以安民數憾章惇，意其附己，屢稱之於朝。其後併論，曾布亦恨，於是與惇比而排之，乃取其所貽呂公著書白于帝。它日，帝謂安民曰：「卿所上宰相書，比朕爲漢靈帝，何也？」安民曰：「姦臣指擿臣言，推其世以文致臣爾，雖辨之，何益？」

董敦逸再爲御史，欲劾蘇軾兄弟，安民謂二蘇負天下文章重望，恐不當爾。至是，敦逸奏之，詔與知軍，惇徑擬監滁州酒稅。至滁，日親細務。郡守曾肇約爲山林之游，曰：「謫官例不治事。」安民謝曰：「食焉而怠其事，不可。」滿三歲，通判温州。

徽宗立，朝論欲起爲諫官，曾布沮之，以提點永興軍路刑獄。蔡京用事，入黨籍，流落二十年。政和末，卒，年七十。建炎四年，贈右諫議大夫。子同，爲御史中丞，自有傳。

論曰：次升從容一言，止呂升卿之使嶺南，大有功於元祐諸臣。師錫謂蔡京若用，天下治亂自是而分，惜其言不行於當時，而徒有驗於其後。汝礪辨救蔡確，以直報怨。陶言権茶爲西南害，毅然觸蒲、李之鋒。庭堅論紹復未足以盡孝道。諤言世非乏士，患上不知，乃薦可用者二十有二人，號稱鯁直，裨益尤多。軒力陳青苗貽害，願以清淨爲治。旣擊林希，且論惇、京、卞輩，斥死弗悔。公望謂神宗於元祐諸臣非有射鉤斬祛之隙，而終不能移姦邪先入之言。夬擊逐章惇、蔡京、蔡卞于外，亦足少泄四海臣民之憤；然京、卞旣仆卽起，已去復來，至於阽危不悟也。庸暗之主，可與言哉！安民人虎多少之喩，惴惴焉懼不足以勝小人。不幸而羣姦相繼用事，在廷忠直之臣，動因事而斥去之，馴致靖康之禍，其所由來遠矣。小人之得政，可畏夫！

校勘記

〔一〕紹興　原作「紹聖」，據宋會要儀制一一之一三、繫年要錄卷四三改。

〔二〕潭州　原作「彰州」，按宋無「彰州」，據琬琰集中編卷三一曾肇彭汝礪墓誌銘改。

〔三〕正己　疑當作「正本」，見同上書同卷同篇和東都事略卷九四本傳。

〔四〕至郡數月而病卒　「卒」原作「去」。按琬琰集彭汝礪墓誌銘，「迺以寶文閣待制知江州，……至郡數月，得疾，……公終于正寢」；東都事略本傳，此語作「知江州卒」。「去」字當爲「卒」字之誤，據改。

〔五〕樞密都承旨　「承」原作「丞」，據本書卷一六二職官志、琬琰集彭汝礪墓誌銘改。

〔六〕太皇太后　「太后」二字原脫，據編年綱目卷二三、東都事略本傳補。

〔七〕哲信　按宋代無此縣，九域志卷五、輿地廣記卷二〇泗州有招信縣，疑爲「招信」之訛。

〔八〕張來　此人身世不詳。按本書卷四四四張耒傳，耒於元祐八年擢起居舍人，後坐黨籍徙宣州，與二蘇、黃庭堅、晁補之等齊名。疑陳祐所論當是其人。

宋史卷三百四十七

列傳第一百六

孫鼛　吳時　李昭玘　吳師禮　王漢之弟渙之　黃廉　朱服
張舜民　盛陶　章衡　顏復　孫升　韓川　龔鼎臣　鄭穆
席旦　喬執中

孫鼛字叔靜，錢塘人。父直言，徙揚之江都。鼛年十五，游太學，蘇洵、滕甫稱之。用父任，調武平尉，捕獲名盜數十，謝賞不受。再調越州司法參軍，守趙抃薦其材。知偃師縣，蒲中優人詭僧服隱民間，以不語惑衆，相傳有異法，奔湊其門。鼛收按姦狀，立伏辜。韓縝鎭長安，辟入府；縝去，後來者仍挽之使留，居五年，簽書西川判官。或薦於朝，召對，擢提舉廣東常平。徽宗初，徙兩浙。由福建轉運判官召爲屯田員外。

鼛微時與蔡京善，常曰：「蔡子，貴人也；然才不勝德，恐貽天下憂。」至是，京還朝，遇諸塗。旣見，京逆謂曰：「我若用於天子，願助我。」蘷曰：「公誠能謹守祖宗之法，以正論輔人主，示節儉以先百吏，而絕口不言兵，天下幸甚。蘷何爲者。」京默然。旣相，出提點江東刑獄。

未幾，入爲少府少監、戶部郎中。縣官用度無藝，蘷與尙書曾孝廣、侍郎許幾謀曰：「日增一日，歲增一歲，天下之財豈能給哉？」共疏論之。當國者不樂，孝廣、幾由是罷，徙蘷開封。遷太僕卿、殿中少監。

四輔建，以顯謨閣待制知曹州。論經始規畫之勞，轉太中大夫，徙鄆州。邑人子爲「草祭」之謠，指切蔡京。蘷以聞，京怒，使言者誣以它謗，提舉鴻慶宮。起知單州，遂致仕。靖康二年卒，年八十六。贈銀青光祿大夫，謚曰通靖。

蘷篤於行義，在廣東時，蘇軾謫居惠州，極意與周旋。二子娶晁補之、黃庭堅女，黨事起，家人危懼，蘷一無所顧。時人稱之。

吳時字伸道，邛州人。初舉進士，得學究出身；再試，中甲科。知華州鄭縣，轉運使檄州餫米五萬輸長安，鄭獨當三萬。時貽書使者曰：「會三萬斛之費，以車則千五百乘，以卒則五萬夫，縣民可役者纔二百五十八戶耳。古者用師則贏糧以養兵，無事則移兵以就食，誠能移兵於華，則前費可免。華、雍相去百六十里，一旦欲用，朝發而夕至矣。」使者從其言。

陸師閔幹秦、蜀茶馬，辟爲屬。章楶欲以御史薦，力辭之。徽宗求言，遠臣上章，封識多不能如式，有司悉卻之，時建言，乃得達。爲睦親宅教授，提舉永興軍路學事。華州諸生有觸忌諱者，教授欲上之，曰：「是間言語，皆臣子所不忍聞。」時卽火其書，曰：「臣子不忍聞，而令君父聞乎？」

召爲工部員外郎，改禮部，兼辟雍司業。大觀興算學，議以黃帝爲先師。時言：「今祠祀聖祖，祝板書臣名，而釋奠孔子，但列中祀。數學，六藝之一耳，當以何禮事之？」乃止。遷太僕少卿。

張商英罷相，言者指時爲黨，出知耀州，又降通判鼎州；未赴，提舉河東常平。歲饑，發公粟以振民。童貫經略北方，每訪以邊事，輒不答。還爲大晟典樂，擢中書舍人、給事中。內侍何訢謫監衡州酒，猶領節度使，時奏奪之。

又因進對及取燕事，曰：「祖宗盟血未乾，渝之必速亂。」蔡攸聞之，以告王黼，黼怒，斥爲腐儒。時求去，以徽猷閣待制兼侍讀，俄提舉上淸太平宮。西歸，遇其里人趙雍，爲言：

取燕必召禍。吾老，得不遭其變，幸矣。」累歲而卒，年七十八。時敏於爲文，未嘗屬稿，落筆已就，兩學目之曰「立地書廚」。

李昭玘字成季，濟南人。少與晁補之齊名，爲蘇軾所知。擢進士第，徐州教授。守孫覺深禮之，每從容講學及古人行己處世之要，相得驩甚。用李淸臣薦，爲祕書省正字、校書郎〔一〕，加祕閣校理。

通判潞州，潞民死多不葬，昭玘斥官地，畫兆竁，具棺衾，作文風曉之，俗爲一變。入爲祕書丞、開封推官，俄提點永興、京西、京東路刑獄，坐元符黨奪官。

徽宗立，召爲右司員外郎，遷太常少卿。韓忠彥欲用爲起居舍人，曾布持之，布使山陵，命始下。爲陳次升所論，出知滄州。崇寧初，詔以昭玘嘗傾搖先烈，每改元豐敕條，倡從寬之邪說，罷主管鴻慶宮，遂入黨籍中。居閑十五年，自號樂靜先生。寓意法書、圖畫，貯於十囊，命曰「燕游十友」，爲之序，以爲：「與今之人友，或趨附而陷於禍，吾寧與十者友，久益有味也。」

初，昭玘校試高密，得侯蒙。蒙執政，思顧舊恩，使人致己意，昭玘唯求祕閣法帖而已。

使陝西時，延安小將車吉者被誣爲盜，昭玘察知無它。吉後立戰功，至皇城使，遇昭玘京師，拜于前曰：「感公生存之恩，願以名馬爲獻。」笑卻之。

晚知歙州，辭不行。靖康初，復以起居舍人召，而已卒。紹興初，追復直徽猷閣。

吳師禮字安仲，杭州錢塘人。太學上舍賜第，調涇縣主簿，知天長縣。召太學博士、祕書省正字，預餞鄒浩，免。徽宗初，爲開封府推官。蔡王似宮吏有不順語，下之府，師禮主治。獄成，不使一詞及王；吏雖有死者，亦不被以指斥罪。擢右司諫，改右司員外郎。師禮工翰墨，帝嘗訪以字學，對曰：「陛下御極之初，當志其大者，臣不敢以末伎對。」聞者獎其得體。以直祕閣知宿州，卒。

師禮游太學時，兄師仁爲正，守春秋學。它學官有惡之者，條其疑問諸生，師禮悉以兄說對。學官怒，鳴鼓坐堂上，衆質之，師禮引据三傳，意氣自如。江公望時在旁，心竊喜。後相遇於泌陽，公望謂曰：「子異日得志，當如何？」曰：「但爲人作豐年耳。」遂定交。

師仁字坦求。篤學厲志，不事科舉。喪親，廬墓下，日倩旁寺僧造飯一鉢以充飢，不復置庖爨及蓄僮僕。郡守陳襄、鄧潤甫、蒲宗孟皆以遺逸薦于朝。元祐初，召爲太學正，遷博士，十年無它除。後爲潁川、吳王宮教授，卒。

王漢之字彥昭，衢州常山人。父介，舉制科，以直聞，至祕閣校理。漢之進士甲科，調秀州司戶參軍，知金華、澠池二縣，爲鴻臚丞，知眞州。時詔諸道經畫財用上諸朝，漢之言：「所在無都籍，是以不能周知而校其登耗以待用。願令郡縣先置籍，總之諸道，則天下如指諸掌矣。」從之。入爲開封府推官，歷工、吏、禮三部員外郎，太常少卿。

蔡京置講議司。漢之，其客也，引爲參詳官。擢禮部侍郎，轉戶部，以顯謨閣待制知瀛州。言：「自何承矩規塘濼之地屯田，東達于海。其後又修保塞五州爲隄道，備種所宜木至三百萬本，此中國萬世之利也。今寖失其道，願講行之。」雄州歸信、容城災，兩輸戶請蠲稅，吏不聽。漢之言：「雄州規小利，失大體，萬一契丹蠲之，爲朝廷羞。」

徙江寧、河南府，不至，而爲蘇、潭、洪三州。召拜兵部侍郎，復以顯謨閣直學士知成都，又不至，連徙五州，入爲工部侍郎。奉使契丹，還，言其主不恤民政，而掊克荒淫，亡可跂而待也。徽宗悅，以知定州。久之，徙江寧。

方臘之亂，錄奏報禦捕功，加龍圖閣直學士，又進延康殿學士。卒，年七十。弟渙之。

渙之字彥舟。未冠，擢上第，有司疑年未及銓格，特補武勝軍節度推官。方新置學官，以爲杭州教授，知潁上縣。元祐中，爲太學博士，校對黃本祕書。通判衞州，入編修兩朝魯衞信錄。

徽宗立，以日食求言。渙之用大臣交薦召對，因言：「求言非難，聽之難；聽之非難，察而用之難。今國家每下求言之詔，而下之報上，乃或不然，以指陳闕失爲訕上，以阿諛佞諂爲尊君，以論議趨時爲國是，以可否相濟爲邪說。志士仁人知言之無益也，不復有言，而小人肆爲詭譎可駭之論，苟容偷合。願陛下虛心公聽，言無逆遜，唯是之從；事無今昔，唯當爲貴；人無同異，唯正是用。則人心說，治道成，天意得矣。」帝欣然延納，欲任以諫官、御史。辭曰：「臣由大臣薦，不可以居是官。」乃拜吏部員外郎，遷左司員外郎、起居舍人，擢中書舍人。趨省之日，詞頭三十三，下筆卽就。

崇寧初，進給事中、吏部侍郎，以寶文閣待制知廣州。言者論渙之當元祐之末，與陳瓘、龔夬、張庭堅游，旣棄於紹聖，而今復之，有害初政。解職知舒州，入黨籍。尋知福州，未至，復徙廣州。蕃客殺奴，市舶使据舊比，止送其長杖笞，渙之不可，論如法。

召詣闕，言者復拾故語以沮之，罷爲洪州。改滁州，歷潭、杭、揚三州。張商英相，爲給事中、吏部侍郎。商英去，亦出守。越八年，知中山府，加寶文閣直學士。朝廷議北伐，渙之以疾提舉明道宮。又四年卒，年四十五〔三〕。

渙之性淡泊，恬於仕進，每云：「乘車常以顚墜處之，乘舟常以覆溺處之，仕宦常以不遇處之，則無事矣。」其歸趣如此。

黃廉字夷仲，洪州分寧人。第進士，歷州縣。熙寧初，或薦之王安石。安石與之言，問免役事，廉据舊法以對，甚悉。安石曰：「是必能辨新法。」白神宗，召訪時務，對曰：「陛下意在便民，法非不良也，而吏非其人。朝廷立法之意則一，而四方推奉，紛然不同，所以法行而民病，陛下不盡察也。河朔被水，河南、齊、晉旱，淮、浙飛蝗，江南疫癘，陛下不盡知也。」帝卽命廉體量振濟東道，除司農丞。還報合旨，擢利州路轉運判官，復丞司農。

爲監察御史裏行，建言：「成天下之務，莫急於人才，願令兩制近臣及轉運使各得舉士。」詔各薦一人。繼言：「寒遠下僚，既得名聞於上，願令中書審其能而表用，則急才之詔，不虛行於天下矣。」又言：「比年水旱，民蒙支貸倚閣之恩，今幸歲豐，有司悉當舉催。久飢初稔，累給併償，是使民遇豐年而思歉歲也，請令諸道以漸督取之。」

論俞充結王中正致宰屬，并言中正任使太重。帝曰：「人才蓋無類，顧駕御之何如耳。」對曰：「雖然，臣慮漸不可長也。」

河決曹村，壞田三十萬頃、民廬舍三十八萬家。受詔安撫京東，發廩振飢，遠不能至者，分遣吏移給，擇高地作舍以居民，流民過所毋征算，轉行者賦粮，貿私牛而與之錢，養男女棄于道者，丁壯則役其力，凡所活二十五萬。

相州獄起，鄧温伯〔三〕、上官均論其寃，得譴去，詔廉詰之，竟不能正。未幾獄成，始悔之。加集賢校理，提點河東刑獄。

遼人求代北地，廉言：「分水畫境，失中國險固，啓豺狼心。」其後契丹果包取兩不耕地，下臨鴈門，父老以爲恨。王中正發西兵，用一而調二，轉運使又附益之，廉曰：「民朘剝至骨，斛酌不乏興，足矣！忍自竭根本邪？」卽奏云：「師必無功，盍有以善其後？」既，大軍潰歸，中正嫁罪於轉餉。廉詣上黨對理，坐貶秩。

元祐元年，召爲戶部郎中。陸師閔茶法爲川、陝害，遣廉使蜀按察，至則奏罷其泰甚者。且言：「前所爲誠病民，若悉以予之，則邊計不集，蜀貨不通，園甿將受其敝。請榷熙、秦茶勿改，而許東路通商；禁南茶毋入陝西，以利蜀貨。定博馬歲額爲萬八千匹。」朝廷可其議，使以直祕閣提舉。

明年，還，爲左司郎中，遷起居郎、集賢殿修撰、樞密都承旨。上官均論其往附蔡確爲獄，改陝西都轉運使。拜給事中，卒，年五十九。

朱服字行中，湖州烏程人。熙寧進士甲科，以淮南節度推官充修撰、經義局檢討，歷國子直講、祕閣校理。元豐中，擢監察御史裏行。參知政事章惇遣所善袁默、周之道見服，道薦引意以市恩，服舉劾之。惇補郡，免默、之道官。

受詔治朱明之獄。故事，制獄許上殿，非本章所云者皆取旨。服論其非是，罷之。俄知諫院，遷國子司業、起居舍人，以直龍圖閣知潤州，徙泉、婺、寧、廬、壽五州。廬人飢，守便宜振護，全活十餘萬口。明年大疫，又課醫持善藥分拯之，賴以安者甚衆。

當元祐時，未嘗一日在朝廷，不能無少望。値紹聖初政，因表賀，乃力詆變亂法度之故。召爲中書舍人。使遼，未反而母死，詔以其家貧，賜帛三百。喪除，拜禮部侍郎。湖州守馬城言其居喪疏几筵而獨處它室，謫知萊州。

徽宗即位，加集賢殿修撰，再爲廬州；越兩月，徙廣州。哲宗旣祥，服賦詩有「孤臣正泣龍髯草」之語，爲部使者所上，黜知袁州。又坐與蘇軾游，貶海州團練副使，蘄州安置。

改興國軍，卒。

張舜民字芸叟，邠州人。中進士第，爲襄樂令。王安石倡新法，舜民上書言：「裕民所以窮民，強內所以弱內，辟國所以蹙國。以堂堂之天下，而與小民爭利，可恥也。」時人壯之。元豐中，朝廷討西夏，陳留縣五路出兵，環慶帥高遵裕辟掌機宜文字。王師無功，舜民在靈武詩有「白骨似沙沙似雪」，及官軍斫受降城柳爲薪之句，坐謫監邕州鹽米倉；又追赴鄜延詔獄，改監郴州酒稅。

會赦北還，司馬光薦其才氣秀異，剛直敢言，以館閣校勘爲監察御史。上疏論西夏彊臣爭權，不宜加以爵命，當興師問罪，因及文彥博，左遷監登聞鼓院。臺諫交章乞還職，不聽。通判虢州，提點秦鳳刑獄。召拜殿中侍御史，固辭，改金部員外郎。進祕書少監，使遼，加直祕閣、陝西轉運使，知陝、潭、青三州。元符中，罷職付東銓，以爲坊州、鳳翔，皆不赴。

徽宗立，擢右諫議大夫，居職才七日，所上事已六十章。陳陝西之弊曰：「以庸將而御老師，役饑民而爭曠土。」極論河朔之困，言多剴峭。徙吏部侍郎，旋以龍圖閣待制知定州，改同州。坐元祐黨，謫楚州團練副使，商州安置。復集賢殿修撰，卒。

舜民慷慨喜論事，善爲文，自號浮休居士。其使遼也，見其太孫禧好音樂、美姝、名茶、古畫，以爲他日必有如唐張義潮挈十三州來歸者，不四十年當見之。後如其言。紹興中，追贈寶文閣直學士。

盛陶字仲叔，鄭州人。第進士。熙寧中，爲監察御史。神宗問河北事，對曰：「朝廷以便民省役，議廢郡縣，誠便。然沿邊地相屬，如北平至海不過五百里，其間列城十五，祖宗之意固有所在，願仍舊貫。」慶州李復圭輕敵敗國，程昉開河無功，籍水政以擾州縣，皆疏其過。二人實王安石所主，陶不少屈，出簽書隨州判官。

久之，入爲太常博士、考功員外郎、工部右司郎中，至侍御史。陳官冗之敝，謂恩澤舉人，宜取嘉祐、治平之制；選人改官，宜準熙寧、元豐之法。諫官劉安世等攻蔡確爲謗詩，陶曰：「確以弟碩有罪，但坐罷職，不應懷恨。注釋詩語，近於捃摭，不可以長告訐之風。」安世疏言：「陶居風憲地，目覩無禮於君親之人，而附會觀望，紀綱何賴。」出知汝州，徙晉州，召爲太常少卿。

議合祭天地，請從先帝北郊之旨；旣而合祭，陶卽奉行，亦不復辨執也。進權禮部侍郎、中書舍人，以龍圖閣待制知應天府、順昌府、瀛州。元符中，例奪職，卒，年六十七。

論曰：王氏、章、蔡之當國也，士大夫知拂之必斥，附之必進也，而孫諤正言蔡京，不肯爲之助；吳時卻童貫，忤王黼，乃幸於罷歸；昭玘辭侯蒙之延致；朱服發章惇之薦引；舜民詆新法；而盛陶不屈於安石：其大節皆可取。獨漢之爲京客，黃廉附蔡確獄，有媿諤等多矣。易曰：「介于石，不終日，貞吉。」故君子貴乎知幾。

章衡字子平，浦城人。嘉祐二年，進士第一。通判湖州，直集賢院，改鹽鐵判官，同修起居注。物有掛空籍者，奏請蠲之。又言：「三司經費，取領而無多寡，率不預知。急則斂於民，倉卒趣迫，故苦其難供。願敕三部判官，簿正其數，卽有所賦，先期下之，使公私皆濟。」三司使忌其能，出知汝州、潁州。

熙寧初，還判太常寺。建言：「自唐開元纂禮書，以『國恤』一章爲豫凶事，删而去之。故不幸遇事，則捃摭墜殘，茫無所据。今宜爲厚陵集禮，以貽萬世。」從之。出知鄭州，奏罷原武監，弛牧地四千二百頃以予民。復判太常，知審官西院。使遼，燕射連發破的，遼以爲文武兼備，待之異於他使。歸復命，言遼境無備，因此時可復山後八州。不聽。

衡患學者不知古今，纂歷代帝系，名曰編年通載，神宗覽而善之，謂可冠冕諸史；且念其嘗先多士，進用獨後，面賜三品服。判吏部流內銓，嘗有員闕，既擬注，而三班院輒用之，反訟吏部。宰相主其說，衡連奏疏與之辨。或曰宰相之勢，恐不可深校，衡不爲止，至訴於御前。神宗命內侍偕至中書，宰相見之怒，衡曰：「衡爲朝廷法耳。」以狀上請而視之，相悟曰：「若爾，吏部是矣。」乃罪三班。

未幾，知通進銀臺司、直舍人院，拜寶文閣待制、知澶州。神宗曰：「卿爲仁宗朝魁甲，寶文藏御集之處，未始除人，今以之處卿。」衡拜謝。至郡，會官立法禁民販鹽，衡言：「民恃鹽以生，生之所在，雖犯法不顧。空令犴獄日繁，請如故便。」徙知成德軍，坐事免。元祐中，歷秀、襄、河陽、曹、蘇州，加集賢院學士，復以待制知揚、廬、宣、潁州，卒，年七十五。

顏復字長道，魯人，顏子四十八世孫也。父太初，以名儒爲國子監直講，出爲臨晉簿。嘉祐中，詔郡國敦訪遺逸，京東以復言。凡試於中書者二十有二人，考官歐陽脩奏復第一。賜進士，爲校書郎，知永寧縣。熙寧中，爲國子直講。王安石更學法，取士率以己意，使常秩等校諸直講所出題及所考卷，定其優劣，復等五人皆罷。

元祐初，召爲太常博士。建言：「士民禮制不立，下無矜式。請令禮官會萃古今典範爲五禮書。又請攷正祀典，凡干讖緯曲學、汚條陋制、道流醮謝、術家厭勝之法，一切芟去。俾大小羣祀盡合聖人之經，爲後世法。」遷禮部員外郎。孔宗翰請尊奉孔子祠，復因上五議，欲專其祠饗，優其田祿，蠲其廟幹，司其法則，訓其子孫。朝廷多從之。

兼崇政殿說書，進起居舍人兼侍講，轉起居郎。請擇經行之儒，補諸縣教官；凡學者攷其志業，不由教官薦，不得與貢舉、升太學。拜中書舍人兼國子監祭酒。言：「太學諸生，有誘進之法，獨教官未嘗旌別，似非嚴師勸士之道。」未踰年，以疾改天章閣待制，未拜而卒，年五十七。王巖叟等言復學行超特，宜加優賻，詔賜錢五十萬。子岐，建炎中爲門下侍郎。

孫升字君孚，高郵人。第進士，簽書泰州判官。哲宗立，爲監察御史。朝廷更法度，逐姦邪，升多所建明。嘗上疏曰：「自二聖臨御，登用正人，天下所謂忠信端良之士，豪傑俊偉之材，俱收並用，近世得賢之盛，未有如今日者。君子日進而小人日退，正道日長而邪慝日消，在廷濟濟有成周之風，此首開言路之効也。願於耳目之臣，論議之際，置黨附之疑，杜小人之隙；疑間一開，則言者不安其職矣。言者不安其職，則循默之風熾，而壅蔽之患生，非朝廷之福也。」遷殿中侍御史。

梁燾責張問，升從而擊之，執政指爲附燾，出知濟州。踰年，提點京西刑獄，召爲金部員外郎，復拜殿中侍御史，進侍御史。時翰林承旨鄧溫伯爲臺臣所攻，升與賈易論之尤力。謂草蔡確制，稱其定策功比漢周勃，欺天負國，豈宜親承密命？不報。由起居郎擢中書舍人，直學士院，以天章閣待制知應天府。董敦逸、黃廷基摭升過，改集賢院學士。

紹聖初，翟思、張商英又劾之，削職，知房州、歸州；貶水部員外郎，分司；又貶果州團練副使，汀州安置。卒，年六十二。

升在元祐初，嘗言：「王安石擅名世之學，爲一代文宗。及進居大位，出其私智，以蓋天下之聰明，遂爲大害。今蘇軾文章學問，中外所服，然德業器識，有所不足。爲翰林學士，已極其任矣；若使輔佐經綸，願以安石爲戒。」世譏其失言。

韓川字元伯，陝人。進士上第，歷開封府推官。元祐初，用劉摯薦，爲監察御史。極論市易之害，以爲：「雖曰平均物直，而其實不免貨交以取利，就使有獲，尙不可爲，況所獲不如所亡，果何事也？願量留官吏，與之期，使趣罷此法。」從之。

遷殿中侍御史。疏言：「朝廷於人才，常欲推至公以博采，及其弊也，則幾於利權勢而抑孤寒；常欲收勤績以赴用，要其終也，則莫不收虛名而廢實效。近制太中大夫以上歲舉守臣，遇大州闕，則選諸所表；他雖考課上等，皆莫得預。推原旨意，固欲得人。然所謂太中大夫以上，率在京師，唯馳騖請求者，得之爲多；至於淹歷郡縣治狀應法者，顧出其下，則是謹身修潔之人，不若營求一章之速化也。」於是詔吏部更立法。

張舜民論西夏事，乞停封册，朝廷以爲開邊隙，罷其御史。梁燾等爲舜民爭之。川與呂陶、上官均謂舜民之言，實不可行。燾等去，川亦改太常少卿，不拜，加集賢校理、知潁州。還爲侍御史、樞密都承旨，進中書舍人、吏、禮二部侍郎，以龍圖閣待制復守潁，徙虢州。與孫升同受責，由坊州、郢州貶屯田員外郎，分司，岷州團練副使，道州安置。徽宗立，得故官，知靑、襄二州，卒。

龔鼎臣字輔之，鄆之須城人。父誘夷，武陵令。鼎臣幼孤自立，景祐元年第進士，爲平陰主簿，疏泄瀦水，得良田數百千頃。調孟州司法參軍，以薦，爲泰寧軍節度掌書記。徂徠石介死，讒者謂介北走遼，詔兗州劾狀。郡守杜衍會問，掾屬莫對，鼎臣獨曰：「介寧有是，願以闔門證其死。」衍探懷出奏稿示之，曰：「吾旣保介矣，君年少見義如是，未可量也。」舉爲秘書省著作佐郎、知萊蕪縣。大臣薦試館職，坐與石介善，不召。徙知濮陽縣，轉秘書丞。丁母憂，服除，知安丘縣。以賢良方正召試秘閣，轉太常博士，賜五品服，知渠州。渠故僻陋無學者，鼎臣請于朝，建廟學，選邑子爲生，日講說，立課肄法，人大勸，始有登科者。郡人繪像事之。

召入編校史館書籍，轉都官，擢起居舍人、同知諫院。歲冬旱，將錫春宴，鼎臣曰：「旱菑太甚，非君臣同樂之時，請罷宴以答天戒。」日當食，陰雲不見，鼎臣曰：「陽精旣虧，四方必見，爲異益大，願精思力行，進賢遠佞，以應皇極。」又論內侍都知鄧保信罪狀，不應出入禁中；蘇安靜年未五十，不應超押班；妃嬪贈三代，僭后禮；董淑妃賜謚，非是；凡大禮赦，請準太平興國詔書，前期下禁約，後有犯不原，以杜指赦爲姦者，宜著爲令；開封三司於法外斷獄，朝廷多曲徇其請，願先付中書審畫。仁宗悉從之。

尋兼管勾國子監，判登聞檢院，詳定寬恤民力奏議。淮南災，以鼎臣體量安撫，蠲逋振貸，全活甚衆。爲遼正旦使，鼎臣奏：「景德中，遼犯淄、靑，臣祖母、兄、姊皆見略，義不忍往。」許之，仍詔後子孫並免行焉。

俄拜戶部員外郎兼侍御史知雜事，賜三品服。轉吏、禮二部郎中。論宗室宜歲試補外官，請汰濫官冗兵，蓄財用，禁奢靡。連劾薛向姦暴，鬻鹽、市馬皆罔上。英宗登位，屢乞延訪臣下，親決國事。上疏勸皇太后早還政；及卷簾而御璽未復，又極論。謂昭陵宜儉葬，景靈神御殿不宜增修，以彰先帝恭德。鼎臣在言路累歲，闊略細故，至大事，無所顧忌。然其言優游和平，不爲峻激，使人主易聽，退亦未嘗語人，故其事多施行。

改集賢殿修撰、知應天府，徙江寧。召還，判太常寺兼禮儀事。神宗卽位，判吏部流內銓、太常寺。選人得官，待班謝辭，率皆留滯。鼎臣奏易爲門謝辭，甚便之。明堂議侑帝，或云以眞宗，或云以仁宗。鼎臣曰：「嚴父莫大於配天，未聞以祖也。」乃奉英宗配。王安石侍講，欲賜坐。事下禮官，鼎臣言不可，安石不悅。求補外，知兗州。

是時，諸道方田使者希功賞，槪取稅虛額及嘗所蠲者，加舊籍以病民。鼎臣獨按籍差次爲十等，一無所增，竟人德之。改吏部，提舉西京崇福宮。復判太常寺，留守南京。陛辭，神宗顧語移晷，喜曰：「人言卿老不任事，精明乃爾，行且用卿矣。」

時河決曹村，流殍滿野，鼎臣勞來振拊，歸者不勝計。拜諫議大夫、京東東路安撫使、知青州，改太中大夫，請老，提舉亳州太清宮。尋以正議大夫致仕，年七十七，元祐元年卒。

鄭穆字閎中，福州侯官人。性醇謹好學，讀書至忘櫛沐，進退容止必以禮。門人千數，與陳襄、陳烈、周希孟友，號「四先生」。舉進士，四冠鄉書，遂登第，爲壽安主簿。召爲國子監直講，除編校集賢院書籍。歲滿，爲館閣校勘，積官太常博士。乞納一秩，先南郊追封考妣，從之。改集賢校理，求外補，通判汾州。

熙寧三年，召爲岐王侍講。嘉王出閤，改諸王侍講。府僚闕員，御史陳襄請擇人，神宗曰：「如鄭穆德行，乃宜左右王者。」凡居館閣三十年，而在王邸一紀，非公事不及執政之門。講說有法，可爲勸戒者，必反復擿誦，岐、嘉二王咸敬禮焉。

元豐三年，出知越州，加朝散大夫。先是，鑑湖旱乾，民因田其中，延袤百里，官籍而稅之。既而連年水溢，民逋官租積萬緡，穆奏免之。未滿告老，管勾杭州洞霄宮。

元祐初，召拜國子祭酒。每講說，無問寒暑，雖童子必朝服延接，以禮送迎。諸生皆尊其經術，服其教訓。故人張景晟者死，遺白金五百兩，託其孤，穆曰：「恤孤，吾事也，金於何有？」反金而收其子，長之。三年，揚王、荆王請爲侍講，罷祭酒，除直集賢院，復入王府。荆王薨，爲揚王翊善。太學生乞爲師，復除祭酒，兼徐王翊善。四年，拜給事中兼祭酒；五年，除寶文閣待制，仍祭酒。

六年，請老，提舉洞霄宮。敕過門下，給事中范祖禹言：「穆雖年出七十，精力尙強。古者大夫七十而致仕，有不得謝，則賜之几杖。祭酒居師資之地，正宜處老成，願毋輕聽其去。」不報。太學之士數千人，以狀詣司業，又詣宰相請留，亦不從。於是公卿大夫各爲詩贈其行。空學出祖汴東門外，都人觀者如堵，歎未嘗見。明年卒，年七十五。子璆，軍事推官。

席旦字晉仲，河南人。七歲能詩，嘗登沉黎嶺，得句警拔，觀者驚異。元豐中，舉進士，禮部不奏名。時方求邊功，旦詣闕上書言：「戰勝易，守勝難，知所以得之，必知所以守之。」

神宗嘉納，令廷試賜第。歷齊州司法參軍、鄭州河陽教授、敕令所删定官。

徽宗召對，擢右正言，遷右司諫。御史中丞錢遹率同列請廢元祐皇后而册劉氏爲太后，旦面質爲不可。遹劾旦陰佐元祐之政，左轉吏部員外郎。改太常少卿，遷中書舍人、給事中。新建殿中省，命爲監，俄拜御史中丞兼侍講。

內侍郝隨驕横，旦劾罷之，都人誦其直。帝以其章有「媚惑先帝」之語，嫌爲指斥，旋改吏部侍郎，以顯謨閣待制知宣州。召爲戶部侍郎，還吏部。郝隨復入侍，乃以顯謨閣直學士知成都府。

自趙諗以狂謀誅後，蜀數有妖言，議者遂言蜀土習亂。或導旦治以峻猛，旦政和平，徙鄭州。入見，言：「蜀人性善柔，自古稱兵背叛，皆非其土俗，願勿爲慮。」遂言：「蜀用鐵錢，以其艱於轉移，故權以楮券，而有司冀贏羨，爲之益多，使民不敢信。」帝曰：「朕爲卿損數百萬虛券，而別給緡錢與本業，可乎？」對曰：「陛下幸加惠遠民，不愛重費以救獘法，此古聖王用心也。」自是錢引稍仍故。

坐進對淹留，黜知滁州。久之，帝思其治蜀功，復知成都。朝廷開西南夷，黎州守詣幕府白事，言雲南大理國求入朝獻，旦引唐南詔爲蜀患，拒卻之。已而威州守焦才叔言，欲誘保、霸二州內附。旦上章劾才叔爲姦利斂困諸蕃之狀，宰相不悅，代以龐恭孫，而徙旦永興。恭孫俄罪去，加旦述古殿直學士，復知成都。時郢永壽、湯延俊〔四〕納土，樞密院用以訹旦，旦曰：「吾以爲朝廷悔開疆之禍，今猶自若邪？」力辭之。卒于長安，年六十二，贈太中大夫。

旦立朝無所附徇，第爲中丞時，蔡王似方以疑就第，旦糾其私出府，請推治官吏，議者哂之。子益，字大光，紹興初，參知政事。

喬執中字希聖，高郵人。入太學，補五經講書，五年不謁告。王安石爲羣牧判官，見而器之，命子弟與之游。擢進士，調須城主簿。時河役大興，部役者不得人，一夕，譟而潰，因致大獄。執中往代，終帖然。富民賂吏，將創橋所居以罔市利，執中疏其害，使者入吏言使成之，執中曰：「官可去，橋不可創也。」卒不能奪。

王安石爲政，引執中編修熙寧條例，選提舉湖南常平。章惇討五溪，檄執中取大田、離子二峒。峒路險絕，期迫，執中但走一校諭其酋，卽相率歸命。錄功當遷秩，辭以及父母。

就徙轉運判官，召爲司農丞、提點開封縣鎭。諸縣牧地，民耕歲久，議者將取之，當夷丘墓，伐桑柘，萬家相聚而泣。執中請於朝，神宗詔復予民。改提點京西北路刑獄。時河決廣武，埽危甚，相聚莫敢登。執中不顧，立其上，衆隨之如蟻附，不日埽成。

元祐初，爲吏部郎中，請選人由縣令、錄事參軍致仕者，升朝籍，得封其親。兼徐王府侍講、翊善，遷起居舍人、起居郎，權給事中。有司以天下讞獄失出入者同坐，執中駁之曰：「先王重入而輕出，恤刑之至也。今一旦均之，恐自是法吏不復肯與生比，非好生洽民之意也。」進中書舍人。邢恕遇赦甄復，執中言：「恕深結蔡確，鼓唱扇搖，今復其官，懼疑中外。」遷給事中、刑部侍郎。

紹聖初，上官均摭執中爲呂大防所用，以寶文閣待制知鄆州。執中寬厚有仁心，屢典刑獄，雪活以百數。明年，夢神人畀以騎都尉，詰旦爲客言之，少焉，談笑而逝，年六十三。

論曰：宋之人才，自祖宗涵養，至於中葉，盛矣。顏復、鄭穆醇然儒者，宜居師表。龔鼎臣、喬執中始終不渝厥守，豈易得哉。章衡欲復山後八州，爲國啓釁；孫升以蘇軾比王安石爲人；韓川詆張舜民之言不可行；席旦以蔡王見疑，因而擠之。然瑕不掩瑜，它善蓋亦有可稱者。古稱「才難不其然」者，其斯之謂歟？